DOMINANDO A MAGIA

Um Curso de Feitiços para
A BRUXA PSÍQUICA

MAT AURYN

DOMINANDO A MAGIA

Traduzido de: *Mastering Magick: A Course in Spellcasting for the Psychic Witch*
Direitos autorais © 2022 Mat Auryn | Publicado por Llewellyn Publications
Woodbury, MN 55125 EUA | www.llewellyn.com
© 2023 Editora Nova Senda

Tradução: Renan Papale
Revisão: Luciana Papale
Diagramação: Décio Lopes
Ilustração da capa: Tim Foley
Ilustrações internas produzidas por: Llewellyn; Benebell Wen (Selo dos Nove Céus);
Laura Tempest Zakroff (Sigilo de Visão Interior) e Tim Foley (Olho, Mariposa, Estrelas)

DADOS INTERNACIONAIS DE CATALOGAÇÃO NA PUBLICAÇÃO (CIP)
Angélica Ilacqua CRB-8/7057

Auryn, Mat, 1986 –	
Dominando a magia: Um Curso de Feitiço para a Bruxa Psíquica / Mat Auryn; Tradução de Renan Papale. São Paulo: Editora Nova Senda, 2025. 2ª edição. 272 páginas: il.	
ISBN 978-65-87720-16-6 Título original: *Mastering Magick: A Course in Spellcasting for the Psychic Witch*	
1. Magia 2. Feitiçaria 3. Habilidade Psíquica I. Título	
21-0857	CDD 133.43

Índices para catálogo sistemático:
1. Magia e feitiçaria 133.43

Proibida a reprodução total ou parcial desta obra, de qualquer forma ou por qualquer meio, seja eletrônico ou mecânico, inclusive por meio de processos xerográficos, incluindo ainda o uso da internet sem a permissão expressa da Editora Nova Senda, na pessoa de seu editor (Lei nº 9.610, de 19/02/1998).

Direitos de publicação no Brasil reservados para Editora Nova Senda.

EDITORA NOVA SENDA
Rua Jaboticabal, 698 – Vila Bertioga – São Paulo/SP
CEP 03188-001 | Tel. 11 2609-5787
contato@novasenda.com.br | www.novasenda.com.br

Em memória de Scott Cunningham
(1956-1993)

A Arte, então, é mais do que um trabalho manual. É uma conexão com nós mesmos; uma ferramenta valiosa que podemos utilizar para alterar nossa vida. A Arte pode ser dominada por qualquer pessoa com vontade de aprender e um profundo desejo de autotransformação.

— Scott Cunningham
Spell Crafts: Creating Magical Objects

∾ DEDICATÓRIA ∾

Este livro é dedicado a algumas pessoas especiais sem as quais ele não existiria – ou pelo menos não exatamente como ele é.

Jason Mankey, você foi a primeira pessoa a acreditar na minha escrita e que me deu a oportunidade de escrever em um blogue em uma grande plataforma. Você manteve sua decisão mesmo quando outros blogueiros Pagãos, em outros sites, escreveram publicamente que ninguém se importava com o que eu tinha a dizer, e que você estava supostamente desesperado ao me colocar lá. Se não fosse por essa oportunidade, eu não estaria escrevendo livros. Eu nunca esquecerei aquilo.

Laura Tempest Zakroff, você não é apenas uma das minhas Bruxas, artistas e escritoras de ocultismo favoritas, você é também um dos meus seres humanos favoritos. Sua amizade e assistência na minha vida de autor, desde minha primeira proposta de um livro, até a ajuda de como navegar por vários elementos para ser um escritor público, foram inestimáveis, incluindo ter ouvido meus desabafos. Que você manifeste todas as bétulas para sempre.

Elysia Gallo e Holly Vanderhaar, vocês não são apenas editores, vocês são santos   em termos de paciência, dedicação e capacidade milagrosa de pegar meus escritos e me ajudar a esclarecê-los e a torná-los compreensíveis. Eu aprecio muito vocês dois. Elysia, você não apenas foi incrivelmente útil, mas também sempre me apoiou, lutou por mim e ajudou a representar minhas ideias e preocupações de maneiras que me asseguram que a Llewellyn é onde quero estar.

Ivo Dominguez Jr., muitas vezes (meio) brincando digo, que quando eu "crescer", quero ser você. Tenho muito amor, admiração e respeito por você em todos os níveis. Você viu algo em mim desde o primeiro dia, e sua crença em mim tem sido uma força motriz de motivação para este trabalho, quando me sinto sobrecarregado. Sem seus livros, seus ensinamentos e sua gentileza em atender meus telefonemas para discutir e me ajudar a esclarecer conceitos, grande parte deste livro não seria o que é. Sua orientação, até mesmo informal, e acima de tudo, sua amizade, são inestimáveis para mim.

Mortellus, sua leitura sensível deste manuscrito, seus conselhos, paciência e orientação para navegar em uma linguagem complicada para garantir que seja um livro acolhedor para todos foram uma bênção para mim, assim como sua amizade. Obrigado por me ajudar a melhorar a inclusão e a integridade deste projeto.

Chas Bogan, Devin Hunter e Storm Faerywolf – as outras três partes da Casa Fourlocks, eu amo muito todos vocês. Obrigado por toda paciência quando estou estressado com meus manuscritos e me isolando. Estou ansioso pelo nosso futuro, juntos, e não consigo imaginá-lo sem nenhum de vocês. Um agradecimento especial a Storm, por sua enorme assistência em me ajudar a polir a poesia em meus feitiços e em ajudar a elaborar as meditações da jornada elemental.

Por último, mas não menos importante, a todos os meus leitores. Nada disso seria possível sem vocês. Mesmo como escritor, é difícil expressar em palavras o sentimento que tenho quando leio ou ouço vocês discutirem como o livro anterior mudou sua vida e melhorou seu ofício e psiquismo. Seu apoio, críticas incríveis e recomendações do meu trabalho para outras pessoas significam o mundo para mim. Sinto-me humilde, honrado e grato. Vocês são a razão de eu fazer isso.

∾ AVISO ∾

A editora e o autor não assumem qualquer responsabilidade por quaisquer danos ou prejuízos causados ao leitor que possam resultar do uso do conteúdo contido nesta publicação e recomendam o bom senso ao contemplar as práticas descritas.

O material deste livro não pretende substituir os aconselhamentos médicos ou psicológicos profissionais. Os leitores são aconselhados a consultar seus profissionais de saúde pessoais sobre qualquer tratamento. Ervas, plantas e óleos essenciais devem ser usados com cautela e a pesquisa completa de qualquer planta mencionada neste livro deve ser realizada pelo leitor antes de trabalhar com ela.

Nem o editor nem o autor assumem qualquer responsabilidade por quaisquer possíveis consequências de qualquer tratamento, ação ou aplicação de medicamento, suplemento, erva, óleo essencial ou preparação a qualquer pessoa que leia ou siga as informações deste livro.

Certifique-se de praticar as precauções de segurança contra incêndio ao trabalhar com fogo e velas e nunca deixe velas ou outras formas de fogo scm vigilância.

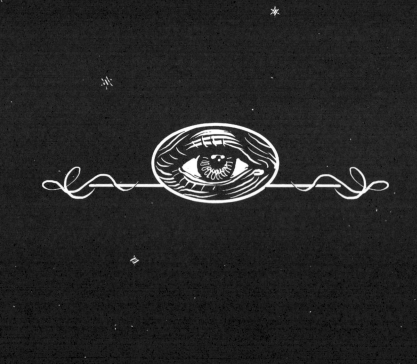

SUMÁRIO

Consagração 21

Outros agradecimentos 23

Prefácio 25

Introdução 27

Dominando a Magia 32

Como Usar Este Livro 37

Capítulo 1: Abrangendo o Poder da Bruxa 39

Os Mistérios da Magia 43

Objetos Físicos são Necessários para a Magia? 47

Feitiços *versus* Orações 48

O Alfabeto das Bruxas 57

Sobras de um Feitiço 60

Capítulo 2: Entendendo o Lançamento de Feitiços 63

Improvisação Intuitiva 63

Obtendo o Equilíbrio Correto 67

A Ciência e a Arte da Magia 69

Mudando a Consciência 72

Dificuldade com Foco e Visualização 76

Sinceridade e Entusiasmo 86

Imersão Mágica 87

Objetivos Mágicos Estratégicos 90

Desejo, Intenção e Vontade 93

Associar em vez de usar 95

Capítulo 3: Aproximando-se dos Mistérios 103

As Três Almas 104

Os Três Caldeirões 105

Os Três Fundamentos Alquímicos 106

Os Três Mundos da Árvore da Bruxa 107

Princípios Herméticos 109
Princípio do Mentalismo. 110
Princípio da Correspondência 110
Princípio da Polaridade 111
Princípio da Vibração 111
Princípio do Ritmo. 112
Princípio de Causa e Efeito 112
Princípio do Gênero. 113

Capítulo 4: Limpando e Protegendo 119
Diferença entre limpeza e purificação 121
Importância da Blindagem e da Proteção 133

Capítulo 5: Formas e Espaços Espirituais 149
Círculos 151
A Cruz e o X 159
Triângulos e Pirâmides 164
Quadrados e Cubos 172

Capítulo 6: Ferramentas Interiores e Exteriores 177
O Altar 180
As Ferramentas Elementais. 184
Athame e Bastão, Ar ou Fogo? 185
O Bastão do Fogo 186
O Athame do Ar 189
A Pedra da Terra. 191
O Cálice da Água 194
O Quinto Elemento 197
O Peyton e o Caldeirão 198
Os Elementos, os Sentidos e as Clairs 205

Capítulo 7: Sincronizando com o Sol, a Lua e as Estações 207
O Sol. 208
Primavera. 208
Verão 209
Outono. 209
Inverno. 210

Horas do dia 210

Alvorecer 210

Meio-dia. 210

Pôr do Sol. 211

Meia-noite 211

Habilidade Psíquica, Manifestação do Espírito, Períodos de Luz
e Escuridão 213

A Lua 219

Lua Nova / Lua Negra 220

Lua Cheia. 220

Crescente e Minguante 221

Quartos Lunares 222

Lua sem rumo 224

Capítulo 8: Energias Planetárias 229

Olhando para os Poderes Planetários através das
Lentes do Psiquismo e da Magia 230

Sol 231

Lua 232

Mercúrio 233

Vênus 234

Marte 235

Júpiter 235

Saturno. 236

Horas Planetárias 238

Energia Zodiacal e as Três Modalidades 245

Energia Cardinal. 245

Energia Fixa. 246

Energia Mutável 247

Amarrando tudo junto. 251

A Sabedoria de Laurie Cabot e Sybil Leek 252

Conclusão 253

Sobre os Contribuidores. 261

Bibliografia 267

≈ EXERCÍCIOS ≈

Capítulo 1

Exercício 1: Ancoragem (Técnica de Aterramento). 45

Exercício 2: O Coração da Presença (Técnica de Centralização). 46

Exercício 3: Caminhada Reflexiva 48

Exercício 4: Oração para pedir Bênçãos 51

Exercício 5: Feitiço para Recuperar seu Poder como Bruxa Psíquica. . . 51

Exercício 6: Sigilo para Desbloquear a Visão Interior,
de Laura Tempest Zakroff 52

Exercício 7: Sigilo da Roda da Bruxa para Sabedoria 54

Exercício 8: Método de Sigilo para Empoderamento Mágico 55

Exercício 9: Fazendo um Boneco de Si Mesmo 58

Capítulo 2

Exercício 10: Feitiço de Colagem para Melhorar a Intuição,
de Skye Alexander 66

Exercício 11: Feitiço de Vela para ouvir sua Intuição,
de Astrea Taylor 70

Exercício 12: Respiração Colorida – Um jeito simples
de entrar em *Alfa* 75

Exercício 13: Entrando em *Alfa* com um Pêndulo. 80

Exercício 14: Entrando em *Alfa* – Método da Piscina. 81

Exercício 15: Entrando em *Alfa* – Método do Banho de Sol 83

Exercício 16: Colar Chave da Lua. 84

Exercício 17: Identificando e Fortalecendo a Vontade 94

Exercício 18: Conectando-se com o Material. 97

Exercício 19: Limpando e Energizando suas cartas de Tarô,
de Theresa Reed 98

Exercício 20: Confirmando o Feitiço com Técnicas de Adivinhação . . 100

Capítulo 3

Exercício 21: Jornada para Árvore do Mundo 108

Exercício 22: Meditação da Transmutação Mental 115

Exercício 23: Feitiço de Vela para Transmutação de Energia......... 117

Capítulo 4

Exercício 24: Elixir de Limpeza 122

Exercício 25: Banho de Limpeza Psíquica
– Mistura de Ervas de Adam Sartwell 124

Exercício 26: Aprimoramento Psíquico com Sais de Banho.......... 125

Exercício 27: Vermífugo Espiritual, de Christopher Penczak 127

Exercício 28: Purificação com Fogo e Sal Marinho 130

Exercício 29: Ritual de Purificação com Canela.................... 131

Exercício 30: Selo dos Nove Céus, de Benebell Wen................ 135

Exercício 31: Uma Noite de Proteção Psíquica, de Storm Faerywolf .. 139

Exercício 32: Feitiço de Garrafa contra Mau-olhado................ 140

Exercício 33: Técnica de Raspagem 142

Exercício 34: Cordão da Bruxa Psíquica, de Devin Hunter 144

Exercício 35: Lavagem de Conexão Psíquica
com Lavanda e Limão, de Lilith Dorsey 147

Capítulo 5

Exercício 36: Conjurando o Círculo Mágico com um anel 152

Exercício 37: Círculo de Contenção para Cura 153

Exercício 38: Vidência com o Antigo Olho de Bruxa 154

Exercício 39: Poção de Visão da Lua – Pó de Mariposa 157

Exercício 40: Conjuração das Encruzilhadas 160

Exercício 41: A Cruz da Absolvição............................. 162

Exercício 42: Triângulo de Manifestação 166

Exercício 43: Pirâmide de Amplificação 167

Exercício 44: Triângulo Energizador 168

Exercício 45: Lançando o Espaço Triplo 170

Exercício 46: Bloqueando um Espírito Assediador 172

Exercício 47: Técnica do Cubo Psíquico – Incorporação e Extração .. 174

Capítulo 6

Exercício 48: Jornada ao seu Templo Interior pela Primeira Vez 179

Exercício 49: Jornada do Fogo 187

Exercício 50: Jornada do Ar 189

Exercício 51: Jornada da Terra 192

Exercício 52: Jornada da Água 195

Exercício 53: Jornada do Espírito 199

Exercício 54: Ritual de Inspiração da Alma 202

Capítulo 7

Exercício 55: Feitiço para abrir seu Terceiro Olho,
de Melanie Barnum 211

Exercício 56: Adorações Solares 216

Exercício 57: Águas Luminares 225

Exercício 58: Óleo do Terceiro Olho da Lua Cheia, de Kate Freuler . . . 226

Capítulo 8

Exercício 59: Trabalhando com o Signo de Peixes
para Receber Orientação Psíquica e Visão,
de Durgadas Allon Duriel 242

Exercício 60: Talismã de Botão-de-ouro para
a Segunda Visão do "Dr. Buck", de Jake Richars 249

Exercício 61: Banho Ritual da Jornada Psíquica, de Juliet Diaz 254

Exercício 62: Poção Psíquica da Hora do Chá, de Madame Pamita . . . 255

Exercício 63: Incenso Dream de Onze Ingredientes, de Judika Illes . . . 258

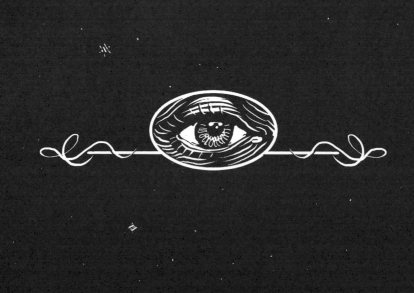

ILUSTRAÇÕES

Figura 1: Técnica de Aterramento e Ancoragem 46

Figura 2: Sigilo para desbloquear a Visão Interior,
de Laura Tempest Zakroff 53

Figura 3: Criando um Sigilo com a Roda da Bruxa 54

Figura 4: Transformando letras em Sigilo 56

Figura 5: Escrita Tebana – O Alfabeto Bruxo 57

Figura 6: Conjurando o Círculo Mágico com um anel 151

Figura 7: Papel de absolvição 163

Figura 8: Gesto do Triângulo de Manifestação 166

Figura 9: Espaço Triplo 170

Figura 10: Layout de Inspiração do Ritual da Alma 201

Figura 11: O Pentáculo Psíquico 204

Figura 12: Espectro de Luz 214

Figura 13: Dias Planetários 241

Figura 14: Horas Planetárias diurnas e noturnas 242

Figura 15: Pentagrama de Invocação de Peixes 243

Figura 16: Roda Energética 248

∽ CONSAGRAÇÃO ∽

Este livro é consagrado em nome da alma com asas de mariposa que alcançou a apoteose. Ela, que é a esposa ressuscitada do próprio amor, que habitou no palácio das trevas, que recolheu as águas do Mundo Inferior e ascendeu aos salões do Olimpo.

Este livro é consagrado em nome do flautista rústico que dança nas grutas. Aquele que é o fauno da luz que ensina profecias e o sátiro sombrio do pavor mortal. Aquele que incita a gnose extática, cujo corpo compõe a totalidade de todos os reinos.

Este livro é consagrado em nome da primeira de nossa espécie, a Bruxa de Aeaea. A criança limiar empunhando o Bastão de Helios, que é o tecelão da Magia, o cantor de feitiços e o nevoeiro da transformação.

Salve à alma do humano, a divindade da natureza, e tudo o que está entrelaçado.

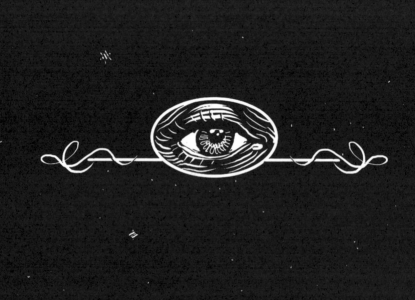

OUTROS AGRADECIMENTOS

Em primeiro lugar, um agradecimento especial aos meus leitores sensitivos e ao meu grupo de teste de pessoas com TDAH, afantasia e neurodivergência: Mortellus, Elizabeth Autumnalis, Rowan, Jade, Flora, Merc, Aaliyah, Imani, Josh, Mark, Sara e àqueles de vocês que pediram para não serem reconhecidos ou mencionados – vocês sabem quem são, e eu os aprecio.

Outro agradecimento especial a todos os incríveis colaboradores deste livro: Judika Illes, Madame Pamita, Juliet Diaz, Jake Richards, Durgadas Allon Duriel, Kate Freuler, Melanie Barnum, Lilith Dorsey, Devin Hunter, Storm Faerywolf, Benebell Wen, Christopher Penczak, Adam Sartwell, Theresa Reed, Astrea Taylor, Skye Alexander e Laura Tempest Zakroff.

Obrigado a Hannah Cartwright da Snow Ghosts, Chelsea Wolfe, Boulet Brothers, Rachel True, Eliza Rickman e Nika Danilova (Zola Jesus). Ter o apoio de pessoas que admiro imensamente é ao mesmo tempo mortificante e uma honra alucinante. Obrigado pela arte e entretenimento que enriqueceram profundamente minha vida.

Agradeço à Modern Witch University, ao Temple of Witchcraft, à Sacred Fires Tradition of Witchcraft, à Black Rose Witchcraft, à Assembly of the Sacred Wheel, à Cabot Tradition of Witchcraft, ao Coven of the Crown, ao Black Flame Council, Nick Dickinson e à Circe Academy of Feral Witchcraft, Matthew Venus e Spiritus Arcanum e, claro, à Llewellyn Worldwide.

Acima de tudo, obrigado ao Kai por enviar suas cartas, sua arte incrível e pelo rock especial. Você lembra a mim quando criança, escrevendo cartas para Silver RavenWolf, depois de ler seus livros. Você não sabe o quão profundamente isso me tocou, desejo nada além de bênçãos em sua vida.

PREFÁCIO
por Silver RavenWolf

A jornada de transformação pessoal começa com "eu escolho". Eu escolho abrir minha mente. Decido explorar as respostas aos mistérios – da vida, das possibilidades, de mim mesmo. Busco realização, mudança, sucesso, liberdade, conhecimento, cura, paz...

Eu escolho.

Decido me conectar com outras pessoas ao longo do meu caminho. Mentores, autores, amigos, artesãos, artistas, músicos, poetas, visionários, parceiros, empresários, ritualistas e aqueles que oferecem gentileza em vez de discórdia.

Eu escolho… dançar a teia da nossa conexão, equilibrar-me nos fios de luz que me levam às ferramentas que posso usar para elevar meu espírito.

E, à medida que aprendo, aqueles ao meu redor voam com meu sucesso e se tornam bem-sucedidos também, ou voam para longe. Eles escolhem o que acham que é certo para eles. E eu os honro por isso.

Eu abraço.

Abraço novas experiências, novas ideias, novas formas de atuação pessoal. Estou embriagada de gratidão pelos milagres que experimentei.

A cura. O amor. A alegria. O sucesso.

E aprendo que o momento é a Magia. Que a respiração é o poder da conexão. Que a chave... sou eu.

Descubro que meu verdadeiro triunfo está na realização daqueles a quem ajudo. E quando escolho abrir a porta para outra pessoa? Ah, esse é um poder que não pode ser derrotado.

E graças aos esforços de Mat, seu amor por seus leitores e seu respeito pelo caminho, você vai encontrar neste livro as ferramentas para esse poder, que é ilimitado. O trabalho dele vai ajudar a forjar você – a personificação da chave maravilhosa e brilhante que avançará com confiança, alegria e sucesso.

Tudo vai depender de como você vai integrar as informações convincentes deste livro em sua vida e para onde vai levá-las. Mat não apenas forneceu aqui técnicas valiosas, às quais você pode retornar várias vezes, como também acrescentou contribuições de algumas das principais mentes mágicas de hoje – pessoas que generosamente forneceram adições interessantes a este livro em seus campos de especialização. Dentre essas pessoas estão o encantador e experiente Christopher Penczak, o dinâmico Jake Richards, a talentosa Laura Tempest Zakroff e a poderosa Madame Pamita, bem como a sabedoria de Storm Faerywolf e muito mais.

Desde abraçar seu próprio poder até preparar sua mente, desde reconhecer a ciência da energia inteligente até alinhar seu Espaço Sagrado para o sucesso ideal, despertar suas ferramentas rituais e fortalecer sua vontade, este livro oferece um caminho bem construído com muito espaço para exploração.

Ciência! Tempo! Blindagem! E uma poderosa Magia de Proteção – um compêndio de tópicos relevantes para aprimorar sua prática e elevar a essência vibratória de seu trabalho. Que adição maravilhosa à sua biblioteca mágica! Tenho a certeza de que este livro rapidamente se tornará uma valiosa referência em sua jornada espiritual!

Não espere! Mergulhe! Este é um prefácio, afinal. Então, vamos seguir em frente com alegria e abraçar a inspiração divina de Mat sobre o domínio de si mesmo! O próximo capítulo emocionante de sua vida o espera!

Paz com os Deuses
Paz com a natureza
Paz interior
Que assim seja!

— Silver RavenWolf

INTRODUÇÃO

Quando criança, morando em uma pequena cidade no norte da Califórnia, devorei todos os livros sobre Bruxaria que consegui encontrar. Eu economizava um pouquinho do meu dinheiro de aniversários ou feriados, ia à livraria do shopping e, um por um, aos poucos adquiri uma seleção limitada de livros que pareciam atraentes para mim. Foi apenas o suficiente para mergulhar no aprendizado sobre o mundo da Magia completamente, e ainda pouco o suficiente para me esconder com sucesso de meus rígidos avós religiosos, com quem eu morava na época.

No ensino médio, mudei-me para o sul da Califórnia para morar com outros membros da família e, infelizmente, tive que deixar meus livros de Magia para trás. No entanto, ouvi falar de uma loja na praia, conhecida como "loja de Bruxaria". Na realidade, era uma loja metafísica, mas logo descobri que eles de fato tinham um forte foco na Wicca, Bruxaria e outras formas de Magia. Por fim, comecei a fazer viagens de ônibus para lá, lembro-me nitidamente de como aquela loja parecia mágica para mim quando criança.

Com entusiasmo, curiosidade e nervosismo, abri a porta da pequena loja. Sinos tocaram na maçaneta da porta, anunciando minha chegada. Imediatamente, uma mistura exótica de aromas me cumprimentou. Havia um cheiro de fumaça e óleos perfumados impregnados com um toque de incenso, lavanda, nag champa, sândalo e cedro, misturando-se em uma cornucópia aromática que criou o cheiro exclusivo da loja. A fragrância pairava no ar com a música que tocava na loja – diferente de tudo que eu já tinha ouvido. Aquilo tudo era exótico, reconfortante e, acima de tudo, criava uma aura de misticismo.

Atrás do balcão, uma mulher simpática me recebeu e me cumprimentou com certa relutância e um pouco desconfiada – o que fazia sentido, pois logo descobriria que sempre fui o cliente mais jovem a entrar na loja desacompanhado. No entanto, explorei a loja com admiração e reverência, observando suas belas estátuas, objetos ritualísticos e seleção de cristais. Lembro-me de ter lido cuidadosamente cada placa de exibição, aprendendo o máximo possível com a quantidade limitada de tempo que tive lá.

Ocasionalmente, a taróloga e leitora psíquica saía de sua cabine nos fundos da loja e vinha conversar com a senhora que trabalhava no caixa. Lembro-me de ficar fascinado e aterrorizado com aquela personalidade. Ela poderia ler minha mente? Ela sabia de todos os meus segredos? Melhor tentar não chamar a atenção para mim e manter minha cabeça baixa. As duas mulheres conversavam um pouco antes de a leitora voltar para sua cabine, o que significava que eu podia respirar aliviado por ela não anunciar publicamente quaisquer segredos que meu cérebro infantil achava tão importante proteger.

À medida que me tornei mais regular na loja, apesar de poder comprar apenas as coisas menores, como alguns cristais rolados ou outros itens pequenos e baratos, comecei a me sentir mais à vontade lá. Lentamente, a loja se tornou um refúgio para todos os meus interesses, os mesmos que pareciam tão estranhos para as outras pessoas que eu conhecia na época. Mas ali, esses interesses não eram considerados estranhos – eles eram aceitos. Aos poucos fui me tornando mais confortável e constantemente fazia o máximo de perguntas possível à mulher atrás do balcão, ao mesmo tempo em que tentava impressioná-la com meu parco conhecimento sobre o ocultismo, eu procurava aprender tudo e qualquer coisa vinda dela.

Já se passaram muitos anos desde que eu era aquela criança curiosa em uma livraria. Eu continuaria aprendendo Magia e desenvolvimento psíquico com cada professor respeitável que encontrasse e em qualquer livro que pudesse colocar em minhas mãos; faço isso até hoje. Se há uma coisa que eu sei sobre as artes mágicas ou habilidades psíquicas, é que quando você pensa que já descobriu tudo, acaba percebendo que a toca do coelho da experiência e do conhecimento continua se aprofundando cada vez mais. Esses assuntos se relacionam com a mecânica e os mistérios do próprio Universo. Como tal, sempre há terrenos para explorar, incluindo revisitar e reexaminar as coisas que vemos como fundamentais.

A intenção do meu primeiro livro, *Bruxa Psíquica: Um Guia Metafísico para Meditação, Magia e Manifestação*, foi a de despertar todos os seus sentidos internos e fazer engenharia reversa desse processo para criar uma Magia que afeta e influencia mudanças apenas com sua mente, corpo e espírito. O objetivo era desenvolver uma base sólida para percepção e manipulação de energia, para que seu mundo interior pudesse fazer mudanças substanciais em seu mundo exterior. O oposto é igualmente verdadeiro; podemos realizar feitiços e Magias externas que ajudam a despertar, movimentar e aprimorar nossas habilidades psíquicas. O desenvolvimento das faculdades psíquicas o tornará mais apto a realizar Magia e aumentar a sua sensibilidade psíquica. Como Christopher Penczak escreve em *A Magia do Reiki*, "Para o praticante de Magia, há pouca diferença entre a realidade interna e a realidade externa. São simplesmente pontos de vista diferentes. Para fazer mudança em um, você deve fazer mudança no outro."[1]

Escrevi este livro como uma continuação de *Bruxa Psíquica*; como tal, revisitarei alguns temas-chave e práticas com uma perspectiva diferente. Em primeiro lugar, este livro se concentrou na construção de uma base sólida de psiquismo e Magia, de modo a usar o menor número possível de ferramentas externas além de sua mente, corpo e espírito. Em segundo lugar, omiti completamente os feitiços tradicionais, para que o leitor não se distraísse do trabalho interno do livro. Mas isso não quer dizer que os feitiços convencionais também não possam ser uma ferramenta poderosa para o despertar psíquico.

Bruxas adoram lançar feitiços, inclusive eu. Se você está lendo este livro, há uma grande chance de também gostar de feitiços. Não há nada como acender velas no escuro e observar a interação da fumaça do incenso com a chama bruxuleante, enquanto começa o seu trabalho. Há algo verdadeiramente encantador em lançar feitiços que envolvem os sentidos físicos primários e criam uma atmosfera sobrenatural. Minha intenção com este livro é compartilhar a mecânica e a teoria da Magia e incluir muitos de meus feitiços, trabalhos mágicos, orações e fórmulas diretamente voltadas ao fortalecimento psíquico. Eu estava curioso sobre o que outras Bruxas e praticantes de Magia faziam em relação à conjuração de feitiços para o psiquismo. Então, procurei e pedi a uma grande variedade de amigos magistas que respeito, para compartilhar alguns de seus próprios segredos, feitiços e receitas para este livro.

É de minha firme convicção que a Magia (combinada com a ação) pode curar e salvar nosso mundo. Acredito que isso seja extremamente necessário. Mas para isso, precisamos "reencantá-lo". Por "reencantamento", não quero dizer usar Magia como forma de escapismo ou fantasia, mas, sim, que precisamos nos reconectar com o mundo e realmente vê-lo como ele é antes de tentar

---

1. Penczak, *Magick of Reiki*, 5.

curá-lo. Ver o mundo como ele é não significa apenas ver as pessoas como elas são. Significa realmente ver a natureza como ela é, conectar-se genuinamente com seu espírito, com a ecologia espiritual de onde vivemos e com todos os habitantes que aqui existem. Significa criar laços com essas forças e espíritos. Acima de tudo, significa nos lembrarmos de quem somos.

O caminho da Bruxa sempre foi de Soberania. Por "Soberania", quero dizer assumir responsabilidade pessoal por si mesmo, sua vida e seu impacto no mundo. Uma das minhas citações favoritas, que chega ao cerne dessa questão, é de Devin Hunter, em seu livro *The Witch's Book of Power*; ele escreve: "Acreditamos que se você tem a capacidade e os meios para mudar sua vida para melhor, então você tem a obrigação espiritual de fazê-lo. Por causa disso, nossas práticas são centralizadas em obter poder e influência pessoais e usá-los para melhorar o mundo."[2]

Soberania também significa aumentar seu poder pessoal e usá-lo para ajudar os outros a chegar ao poder deles também. Como população, temos uma relação horrível com o conceito de poder. Muitas vezes vemos o abuso disso por parte das autoridades, para tentar dominar os outros com efeitos devastadores e horrendos nas pessoas, animais e natureza. O verdadeiro poder pessoal não procura dominar os outros, porque o empoderamento de terceiros não é visto como uma ameaça.

Para mudar o mundo, precisamos nos tornar espiritualmente capacitados para fazer as magias certas, começando por nós mesmos e pela nossa vida. Por essas razões, meu primeiro livro é fortemente focado no fortalecimento da habilidade psíquica e da meditação. Não apenas porque os atos mágicos são bastante fortalecidos quando você está ciente da energia com a qual está trabalhando, mas porque a habilidade psíquica nos permite ver as coisas pelo que elas são, pouco a pouco: nós mesmos, uns aos outros e o mundo como um todo. Isso nos permite dar os primeiros passos na realização da "Grande Obra de Transformação", e de nos tornarmos inteiros, fortalecidos e equilibrados. A jornada nos levará aos poços mais sombrios da nossa psique e às experiências mais transcendentes e divinas de nossa alma. Mas primeiro precisamos aprender a nos confrontar para nos curarmos. Não é fácil, mas é essencial à Grande Obra.

---

2. Hunter, *The Witch's Book of Power*, 4.

Muitas pessoas correm para a Magia pensando que os feitiços podem resolver imediatamente todos os seus problemas. Superficialmente, isso é um pouco verdade. Os feitiços podem remediar problemas em nossa vida e torná-la mais fáceis de administrá-los. No entanto, a maioria dos feitiços geralmente se concentra em lidar com situações cotidianas da nossa vida, como o dinheiro, as pessoas ou circunstâncias difíceis. A Magia mais potente e eficaz que se pode realmente lançar é sobre si mesmo para despertar, curar e crescer em sabedoria. Quando você desperta seus sentidos psíquicos, abre um canal para ter uma experiência direta com a divindade. Essa divindade pode estar na forma de outros espíritos, Deuses e Deusas. No entanto, a consciência dessas divindades também está crescendo dentro de todas as pessoas e de todas as coisas, e talvez o mais importante, dentro de si mesmo. Para fazer isso, devemos tirar nossas vendas.

Reencantar o mundo é encantar a nós mesmos primeiro para realmente despertarmos, é responder ao mundo em vez de reagir a ele. Reencantar o mundo é realmente ver, sonhar novamente e assumir o controle da narrativa por meio da Magia combinada com a ação.

A Magia transformou completamente a mim e a minha vida de maneiras irreconhecíveis. Testemunhei esse mesmo efeito em muitos outros também. Isso me ajudou a encontrar um senso mais profundo de mim mesmo, bem como um senso mais profundo de conexão com o mundo ao meu redor. Eu me descobri mais aberto a novas e diferentes ideias e formas de pensar. Estou mais confiante e encontrei minha voz, o que me ajudou a ser mais assertivo e me abriu para novas e excitantes oportunidades, que eu não teria conseguido sem isso. Descobri que sou mais compassivo com os outros e estou mais consciente do meu poder. A Magia me ajudou a superar meus medos e inseguranças e me afastou de relacionamentos e situações voláteis. Ajudou-me a curar a mim mesmo e aos outros, interna e externamente. E ainda alterou o curso de situações em minha vida de uma maneira que beira ao milagre.

Alguns dizem que a Magia não tem nada a ver com autoajuda, autoaperfeiçoamento, psicologia ou autotransformação. Eu discordo fortemente. Então tudo isso é a totalidade do que é Magia? Não. Mas quase todos os caminhos mágicos que consigo pensar se concentram em melhorar e curar o indivíduo, no intuito de prepará-lo para trabalhos e experiências mágicas cada vez maiores. No ocultismo, tudo isso é a *Magnum Opus*, a Grande Obra, que é a única obra verdadeira que vale a pena ser feita. Escrevi em *Bruxa Psíquica* que, "a Magia muda tudo o que toca". Um bom reflexo e barômetro do seu caminho é parar e avaliar com frequência "quem você foi, quem você é e em quem você está se tornando", e ver se você está crescendo ou não. A mudança deve começar internamente para que sua vida e o mundo mudem externamente. "Como dentro, assim fora". Não se trata de ser perfeito, neurotípico, ou algo assim. É sobre se esforçar para se tornar uma pessoa melhor, um ser humano melhor. Não importa quanto tempo tenha que estudar ou praticar. Seres humanos gentis, amorosos e empáticos são as coisas mais radicalmente mágicas do mundo. Esses tipos de pessoas são tão raros, quanto as Bruxas eram séculos atrás. Nós precisamos de mais. Concentrar-se em melhorar a si mesmo ajuda a ficar mais bem equipado para melhorar o mundo, o que é extremamente impressionante. Isso me impressiona muito mais do que qualquer tipo de conhecimento oculto ou experiência que alguém possa ter. Por autotransformação, não quero dizer desviar-se espiritualmente de si mesmo ou dos outros. Refiro-me ao crescimento e transformação reais e genuínos, que muitas vezes são feios, confusos, desconfortáveis e às vezes dolorosos.

Dominando a Magia

O termo "maestria" na Magia significa muitas coisas diferentes para muitas pessoas diferentes. Para mim, significa um acúmulo gradual e contínuo de conhecimento, sabedoria e experiência em um campo específico que muitas vezes é difícil de entender ou transmitir em palavras, devido à sua natureza subjetiva. "Dominar" a Magia não é aprender tudo o que há para saber e não ter mais nada para buscar ou experimentar. E lhe direi agora mesmo que isso é impossível enquanto existir nesta vida. O beco sem saída da estagnação surge quando paramos de buscar sabedoria e experiências para crescer em conhecimento e espírito. O objetivo de "Dominar a Magia" é continuar crescendo e se expandindo; à medida que fazemos isso, começamos a nos transformar na força da própria Magia através do reconhecimento.

Alcançar a maestria não é sobre fazer os feitiços e rituais mais chamativos ou impressionantes ou sobre ter a mais extensa coleção de livros de ocultismo ou a variedade mais cara de ferramentas de Bruxaria. Embora essas coisas não sejam inerentemente erradas em si mesmas, elas não são o objetivo único de seguir esse caminho. Dominar a Magia não é simplesmente algo que você faz. É um estado de ser, de conhecer a si mesmo, aos outros e sua realidade com a magia. É aquilo que você lentamente começa a perceber através de uma prática mágica. Você começa a ver Magia em tudo e em todos, assim como começa a vê-la dentro de si mesmo.

No entanto, ainda não me considero um mestre no sentido que a maioria das pessoas conhece a palavra, como alguém que chegou ao fim de um aprendizado. Mas eu posso me considerar um mestre na Magia da minha própria vida. Sou um mestre quando se trata de entender como a Magia mudou minha vida, como passei a entender como ela funciona e como integrei esse conhecimento até agora. Mas a maestria não é um destino; ao contrário, é uma busca vitalícia no caminho sem fim da evolução pessoal. Livros, professores e tradições são úteis nesse caminho, mas só podem levá-lo até certo ponto em sua experiência e crescimento. Uma reclamação comum é que não há livros de Bruxaria "avançados" suficientes disponíveis. Isso porque os livros só podem levá-lo até certo ponto. Chega uma hora que devemos buscar a conexão com a força da Magia, e então ela começa a nos guiar e a nos ensinar. Scott Cunningham escreve brilhantemente: "Busque sabedoria em livros, manuscritos raros e poemas enigmáticos, se quiser, mas procure também em pedras simples, em ervas frágeis e nos gritos de pássaros selvagens. Ouça os sussurros do vento e o rugido da água se quiser descobrir a Magia, pois é aqui que os velhos segredos são preservados."[3]

Embora eu encoraje ativamente as pessoas a aprenderem de tantas fontes quanto puderem, por meio de treinamento formal e estudo informal de livros e outras mídias, o caminho para Dominar a Magia sempre será o caminho da Bruxa Solitária, e sempre foi. O caminho da Bruxaria é aquele que você percorre forjando-o para si mesmo. Nesse caminho, a Bruxa está sempre sozinha, mas nunca verdadeiramente sozinha. Isso porque, Dominar a Magia, é sobre como você se conecta pessoalmente à força dessa Magia e como escolhe incorporá-la em sua própria vida. É sobre como você se relaciona com os espíritos, com o divino, com os outros e com você mesmo, e como vivencia os mistérios da Bruxaria.

Nesse sentido, não existe uma resposta única, pois todos somos entidades espirituais únicas e expressões da força vital.

Ao longo deste livro, você verá que um conceito-chave para mim é que a conexão está no cerne da Bruxaria. Esta é a razão pela qual coloquei uma ênfase tão forte na habilidade psíquica e na meditação no livro anterior, e tento aqui focar no ensino de Magia através desse ponto de vista. Muitas pessoas comparam a "oração" ao falar e a "meditação" ao ouvir. Eu comparo "Magia" e "habilidade"

---

3. Cunningham, *Wicca*.

psíquica da mesma maneira. Os quatro se unem para criar uma conversa genuína com o Universo, na qual estamos cocriando em soberania e serviço.

Na Rede Wiccana o conselho é dado "olhos suaves e toque leve, fale pouco, ouça muito". Esta passagem parece estar dizendo para tentar não julgar ou ser severo com os outros, ser gentil em suas ações e ouvir mais do que falar. Talvez seja precisamente isso que significa e tudo o que significa. Ao meditar nessa passagem, porém, ganhei outras visões sobre ela. Para mim, é também sobre uma abordagem equilibrada da "habilidade psíquica" (o olhar suave usado ao olhar para energia ou vidência) e da "Magia" (o toque e a manipulação de energia sutil) para o caminho da maestria da Bruxa. Trata-se de ouvir conscientemente mais do que falar em nossa conversa com o Universo. Claro, esta é apenas a minha interpretação, e "Rede" significa simplesmente "conselho". No entanto, acho mérito nesta interpretação. É por isso que a maioria dos feitiços e Magias deste livro são voltados para as artes psíquicas de uma forma ou de outra, para aprofundar nossa conexão com o Universo ao nosso redor, visível e invisível, e para conhecer nossa Verdadeira Vontade e o papel que desempenhamos na intrincada teia da existência.

Como continuação de *Bruxa Psíquica*, continuarei compartilhando minha compreensão, conhecimento, experiência, visões, práticas, meditações e feitiços. Saiba que essas são minhas abordagens e entendimentos pessoais, não necessariamente os de toda Bruxa ou praticante de Magia. Encontre aquilo que ressoa bem para você e incorpore em suas práticas; modifique e ajuste o que for necessário; faça com que reflitam em seu caminho espiritual, em seu relacionamento com a Magia e em sua conexão com o mundo dos espíritos. Descubra quais práticas-chave realmente falam com você e se elas devem ser integradas como práticas diárias, semanais, mensais ou sazonais em sua vida. É minha esperança que, ao compartilhar como eu abordo a Magia, eu possa inspirá-lo a começar a formular sua própria prática mágica ou a incorporar novas abordagens à sua prática já existente e, é claro, a se tornar mais proficiente em lançar feitiços que funcionem.

De certa forma, não sou muito diferente hoje daquele garotinho que entrou naquela loja esotérica tantos anos atrás. Eu ansiava por conhecimento sobre o ocultismo e os poderes do Universo. Devorei livros, pratiquei feitiços e experimentei meus poderes sempre que tive oportunidade. Estou constantemente aprendendo e crescendo, e tenho esperança de que sempre estarei. Quando olho para trás em minha vida, posso ver que meu apetite voraz por conhecimento tem sido minha força orientadora, trouxe-me até onde estou hoje e não tenho dúvidas de que continuará a fazê-lo. Essa atração pela Magia é um sentimento familiar entre a maioria das Bruxas, quer tenham agido cedo ou tarde em suas vidas. Se você está lendo este livro, provavelmente também sente essa atração.

Costumo comparar o caminho para dominar a Magia como o de uma lagarta faminta. Eventualmente, chega um momento em que o simples acúmulo de conhecimento e treinamento não é suficiente por si só. Você deve começar a aplicar todo o conhecimento que adquiriu na prática, girando e tecendo-o como um casulo de seda ao seu redor e focando em seus objetivos. Ao fazer isso, sua visão de si mesmo, dos outros e do mundo começa a mudar completamente, como a carta do Enforcado no Tarô, suspensa como um casulo de mariposa que balança como um ornamento na Árvore do Mundo. A Bruxaria é uma prática inerentemente transformadora, mas assim como a lagarta dentro do casulo, é um processo, que por si só é uma experiência totalmente solitária e exclusiva para cada pessoa. Espero conseguir fornecer uma base sólida o suficiente para ajudá-lo a tecer sua própria prática de criação e lançamento de feitiços, na esperança de que você embarque no processo de transformação para desbloquear o domínio da Magia em sua própria vida, guiado pelo luar sutil e sagrado de sua intuição.

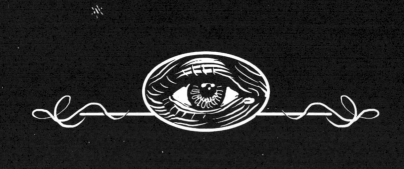

COMO USAR ESTE LIVRO

Ensinar Magia e feitiços de uma maneira que irá prepará-lo para resultados proficientes e ao mesmo tempo tocar os mistérios é uma tarefa esmagadora, principalmente, porque muitos dos conceitos que aprendemos não podem ser ensinados de maneira linear. Da maneira como a nossa educação secular é estabelecida, aprendemos de forma progressiva: partimos de um conceito simples e construímos algo a partir dali. O ocultismo é um campo no qual retornamos continuamente a conceitos e ideias anteriores, encontrando novas camadas de profundidade e compreensão à medida que progredimos, experimentamos e aprendemos mais no caminho. Embora a compreensão do oculto se desenvolva definitivamente na medida em que progredimos, há um retorno constante aos conceitos e práticas fundamentais que assumem um novo significado quando revisitados; isso muda a compreensão de ideias que pareciam básicas a princípio.

Esse foi meu maior obstáculo com o *Bruxa Psíquica*: como ensinar essas coisas de maneira linear o máximo possível, sem ir e voltar. Com este livro foi um pouco mais difícil do que com o anterior. Decidi me ater ao processo primário que ensino no *Bruxa Psíquica* e que emprego em minha prática pessoal: os Sete Planos da Realidade e o conceito das Três Almas, Três Mundos e Três Caldeirões. À medida que nos elevamos através dos Planos da Realidade ao longo deste livro, os aspectos da elaboração e lançamento de feitiços por meio desta estrutura serão apresentados. Isso significa que, na primeira vez que ler este livro, você pode lançar um feitiço, mas depois de lê-lo uma segunda vez, estará equipado com mais ferramentas e mais conhecimento para lançar novamente o mesmo feitiço, agora com muito mais proficiência. Como minha Magia e o conteúdo deste livro dependem fortemente de minha cosmologia espiritual, do Eu e do Universo, bem como de conceitos e técnicas anteriores explorados como base no *Bruxa Psíquica*, achei que seria útil revisar alguns dos conceitos primários e trazer um pouco mais de informação e compreensão para os conceitos atuais. Você vai descobrir que os conceitos começam a se entrelaçar e a formar uma tapeçaria de um entendimento mais intrincado e proficiente em relação a como a Magia funciona. Se você é um Bruxo iniciante, algumas informações deste livro podem parecer um pouco avançadas às vezes, ou podem se referir a algo com o qual não está familiarizado. Se isso acontecer, continue lendo, pois tudo será explicado. Por exemplo, um feitiço pode se referir a um Signo do Zodíaco ou Signo Planetário antes que esse tópico seja explorado em profundidade. Eu fiz o meu melhor para tentar explicar tudo de uma maneira agradável para os iniciantes, em uma linguagem tão simples e acessível quanto possível, sem condescendência ou infantilização emburrecendo qualquer coisa. Não importa o seu nível de experiência, espero que você leia este livro mais de uma vez e obtenha novos esclarecimentos a cada leitura.

Capítulo 1

ABRANGENDO O PODER DA BRUXA

Se há uma coisa que quero transmitir neste livro é que você tem poderes além da medida, mesmo em pontos aparentemente mais fracos de sua vida. Às vezes, a Magia vem até nós quando mais precisamos, quando estamos nos pontos mais sombrios de nossas vidas. Pelo menos foi assim para mim. Quando eu era uma pequena criança, por volta dos seis anos de idade, finalmente me acomodei em viver com meus novos responsáveis. Nos três anos anteriores, morei com vários parentes diferentes, orfanatos e famílias adotivas. Depois de anos trocando de cuidadores com a mesma frequência que o Sr. Rogers trocava de sapatos na televisão, comecei a me sentir indesejado, como se eu fosse um fardo para os outros. Enfim, agora eu tinha um lugar que poderia chamar de "lar". No entanto, apesar de finalmente ter um pouco de estabilidade, eu estava no momento mais impotente da minha vida. Meu avô e sua nova esposa ganharam a minha custódia e a de meu irmão mais velho depois de uma batalha judicial. Aprendi rapidamente, porém, que apesar de todas as maneiras nas quais a minha vida foi aprimorada, meu avô era um homem abusivo e controlador, física, mental e emocionalmente.

Sendo um homem muito musculoso e intimidador, apesar da idade, meu avô rapidamente me treinou para silenciar minha voz; seu lema era "crianças devem ser vistas e não ouvidas". Toda vez que nos dirigíamos a um adulto, tínhamos que chamá-los de "senhor" ou "senhora" – quebrar qualquer uma dessas regras levava a graves consequências. Meu irmão mais velho recebeu menos severidade, pois era tradicionalmente mais masculino. Em contraste, eu era uma criança mais afeminada, mais interessada em brincar com *Treasure Trolls* e *My Little Ponies* do que com armas de brinquedo e caminhões. Eu até costumava me apresentar como um "menino sensível" para as pessoas quando criança. Ele costumava me dizer (com desdém na voz) que eu o lembrava de minha mãe. Assim, aprendi a ser invisível e silencioso, encolhendo-me na presença dos outros.

Uma lembrança ainda permanece comigo até hoje, como se fosse ontem, e isso mudou minha vida e criou o cenário para a pessoa na qual eu me tornaria. Não me lembro das circunstâncias exatas, mas meu professor ligou para meu avô sobre meu comportamento na escola, pois, compreensivelmente, eu estava tendo problemas para me ajustar. Lembro-me vividamente, porém, do que aconteceu quando desci do ônibus escolar naquele dia e entrei em casa. Depois de ser espancado com um cinto, fui informado pelo meu avô de que ele iria me tirar da escola por alguns dias, alegando para o diretor que eu estava doente. Durante esse tempo, eu deveria permanecer na cama. Eu não podia usar nenhuma eletricidade, incluindo as luzes. Para garantir isso, meu avô desligou o disjuntor da energia do meu quarto. Eu não tinha permissão para comer, a menos que fosse convidado a fazê-lo, e não tinha permissão para me levantar para usar o banheiro, a menos que ele entrasse e me permitisse. Ele me avisou com total sinceridade que era melhor eu não fazer absolutamente nada além de ficar deitado na minha cama, e deixou claro que iria me checar periodicamente.

Como tenho a total certeza de que você sabe, crianças dessa idade estão pulando de energia, então isso foi particularmente difícil para mim, especialmente porque eu ainda tinha um pouco de medo do escuro. Por vários dias fiquei ali deitado, sem nada além da mente para me fazer companhia e em jejum forçado, comendo uma refeição a cada dois dias. Embora seja algo que nenhuma criança deveria passar, aquilo despertou algo em mim. Percebi que poderia fluir algum tipo de força das minhas mãos, e se eu as juntasse, uma bola de energia invisível se formava, fazendo parecer que minhas mãos eram dois lados opostos de um ímã se afastando um do outro. Eu comecei a sentir e a ver presenças no meu quarto, a maioria delas apenas de passagem, mas algumas paravam e me observavam um pouco antes de seguirem seu caminho.

Sonhar tornou-se meu refúgio durante esse tempo, um meio de escapar do confinamento solitário de minha cama. Comecei a me perguntar o que acontecia quando eu dormia. Como eu passava dessa consciência desperta para dentro do sonho? Refletir sobre isso me levou a prestar muita atenção e a me tornar lúcido durante a transição entre os estados de consciência. Atrás de minhas pálpebras, eu via um borrão de cores em movimento, como se estivessem sido pintadas com aquarela. Essas formas giravam e eventualmente criavam o que parecia ser uma mandala caleidoscópica, que então começava a tomar conta do meu campo de visão com meus olhos fechados, até que eu estivesse efetivamente sonhando. Se eu precisasse usar o banheiro, já que não podia me levantar ou ligar para meu avô, eu o visualizava entrando no meu quarto e dizendo que eu poderia ir ao banheiro. Com a prática, essa habilidade se tornou cada vez mais eficiente, até que eu pudesse chamá-lo em minha mente, trazendo-o ao quarto em poucos minutos. Não havia me dado conta ainda, mas eu tinha tocado a Magia, e a Magia tinha me tocado, e eu nunca mais seria o mesmo.

Dois anos depois, devido a uma série de sincronicidades, consegui uma cópia de *To Ride a Silver Broomstick*, de Silver RavenWolf. Comecei a devorar qualquer um de seus livros em que conseguisse pôr as mãos. Como meus avós eram muito conservadores e religiosos, tive que manter essa parte da minha vida em segredo. Se não tivesse feito isso, minha história poderia ser completamente diferente e este livro (e o anterior) provavelmente não existiriam. Estremeço ao pensar no que teria acontecido comigo se meus livros e ferramentas de Bruxaria secretas tivessem sido descobertos, ou se eu tivesse sido tolo o suficiente para ser honesto sobre meus interesses naquele momento da minha vida.

Quando penso na minha atração original pela Bruxaria naquela idade, encontro vários motivos pelos quais mergulhei nela. Primeiro, percebi que tive experiências que não se encaixavam na minha doutrinação religiosa, a qual eu já havia questionado. Depois a Magia se tornou uma forma de escapismo para mim, da mesma forma que muitas pessoas se refugiam na ficção e nos *fandoms*. Acima de tudo, porém, o fascínio do poder em um momento em que eu me sentia mais impotente em minha vida foi, talvez, o aspecto mais sedutor da Bruxaria para mim. A Magia me permitiu escapar, e isso me fortaleceu, mas não da maneira que eu esperava quando comecei minha exploração inicial.

Embora não me lembre do primeiro feitiço que tentei lançar formalmente, ou qual dos meus feitiços se manifestou primeiro na minha infância, lembro-me do primeiro que lancei quando minha força de vontade era totalmente inabalável, e que funcionou inegavelmente. Alguns anos se passaram e eu lancei um feitiço para nunca mais ser intimidado, pensando diretamente em meu avô; foi mais ou menos uma adaptação do "Bully Frog Banish Spell", um Feitiço de Banimento fornecido no livro de Silver RavenWolf, *Teen Witch*.[4] Dentro de uma semana, ele deu resultado. Meu avô veio me dar uma surra e eu me lembro, quando ele estava em cima de mim com um cinto na mão, uma criança encolhida no chão

---

4. RavenWolf, *Teen Witch*, 208.

ao lado da cama, que algo de repente mudou nele. Congelado por um segundo, ele suspirou e disse: "Você não tem jeito. Eu não consigo enfiar o bom senso em você." Ele então se virou, saiu do meu quarto e foi se sentar em sua poltrona reclinável na sala de estar. Até hoje não entendo como ele agiu daquela maneira tão inesperada, que não era típica de seu comportamento. Mais tarde naquela noite, ele me deu a declaração de manipulação emocional que costumava dizer para me manter refém. "Eu juro, se você não entrar na linha, vou ligar para sua assistente social e pedir que o levem daqui de novo." Durante anos, essa tática funcionou, pois a única coisa que eu temia mais do que meu avô era a ideia de ter que passar pelo sistema de adoção novamente.

No entanto, não funcionou desta vez. Lembro-me de que algum tipo de força se apoderou de mim de forma palpável e de repente fui tomado pelo espírito da coragem. Como Davi encarando Golias bem nos olhos, eu disse com uma voz calma e uma força centrada que nunca tinha experienciado na vida: "Faça isso". Cada grama do meu ser quis dizer isso, e aquela convicção inaba-lável foi transmitida. Lembro-me do choque em seus olhos e de sua expressão. Testando-me novamente, ele disse: "Vou ligar para ela agora mesmo", enquanto pegava o telefone, encarando-me firmemente em um confronto contencioso de vontade, esperando que eu recuasse. Não me mexi. Irritado com a minha reação, ele ligou bem na minha frente. Rezei silenciosamente em minha cabeça para a Deusa que eu pudesse escapar, e não acabar em um orfanato. Alguns dias depois, minha assistente social veio falar comigo. Ela havia me informado que o irmão do meu pai, no sul da Califórnia, havia entrado em contato sincronicamente sem meu conhecimento, dizendo que ele e sua esposa me acolheriam até que meu pai passasse pelas batalhas legais para obter a minha custódia total novamente.

O feitiço do sapo valente funcionou. Minha oração à Deusa funcionou. A Magia funciona. Através da Bruxaria, aprendi que não preciso ser um per-sonagem passivo em minha história, vítima das circunstâncias. Descobri que poderia ser o autor e diretor da minha própria história e dirigir a narrativa e o curso da minha existência. A Bruxaria tem continuamente transformado a mim e a minha vida. E ela pode fazer tudo isso por você também. É por isso que sou tão apaixonado por ensinar e compartilhar Bruxaria com outras pessoas. É por isso também que escrevi este livro: para compartilhar o que aprendi desde meu interesse inicial pela Bruxaria e como entendo o funcionamento da Magia, associado às minhas observações, dicas e solução de problemas. Quero que assuma o controle da narrativa da sua vida quando parecer que tudo está sem esperança e trabalhando contra você. Quero que você seja fortalecido através da Bruxaria, assim como eu fui.

Os Mistérios da Magia

Na Bruxaria, temos um termo chamado "os Mistérios", que são grandes verdades entendidas por meio de experiências. É possível entender intelectualmente os Mistérios até certo ponto, mas não se pode conhecê-los completamente como verdades até experimentá-los diretamente. Uma das melhores citações sobre os Mistérios como experienciais vem de um lugar improvável: o romance *Duna*, de Frank Herbert. No livro, o protagonista Paul Atreides está conversando com Thufir, um "Mentat" e chefe de segurança da família Atreides. No universo *Duna*, um "Mentat" é uma pessoa que desenvolveu a capacidade de usar suas faculdades mentais para cálculos complicados, já que computadores e "máquinas pensantes" foram banidos pela humanidade. Dentro do romance e de suas sequências, há uma organização secreta de mulheres semelhantes às freiras, chamada "Bene Gesserit". Elas passaram por condicionamento físico e mental para desenvolver poderes e habilidades sobre-humanas semelhantes à Magia e à habilidade psíquica, e são frequentemente chamadas de Bruxas. Paul conta a Thufir sobre uma conversa que teve com a Reverenda Madre da Bene Gesserit: "Ela disse que o mistério da vida não é um problema a resolver, mas uma realidade a ser experimentada. Então citei a Primeira Lei do Mentat para ela: 'Um processo não pode ser entendido parando-o. A compreensão deve se mover com o fluxo do processo, deve juntar-se a ele e fluir com ele.' Isso pareceu satisfazê-la".[5]

Uma frase de sabedoria entre os anciões da Bruxaria é "Guarde os Mistérios. Revele-os constantemente." Portanto, antes de explorarmos mais a Magia, quero revelar um dos Grandes Mistérios do caminho da Bruxaria que repetirei várias vezes ao longo deste livro. Você está pronto para isto? É melhor se sentar.

Bem, aqui está. Somos todos Um e o Todo é você. É isso. Nada assombroso, não é mesmo? Tenho a certeza de que você estava esperando algo muito mais profundo, misterioso e secreto do que isso. No entanto, cheguei a acreditar que toda Bruxaria e toda Magia são baseadas nesse Mistério. Então, o que exatamente isso significa? Para descompactar, vamos discutir sobre o que é Bruxaria.

---

5. Herbert, *Duna*, 40.

Sempre que sou entrevistado, uma das perguntas mais comuns que me fazem é: "o que exatamente é a Bruxaria?". Você pode pensar que é uma pergunta fácil, mas não é; isso se deve à diversidade de práticas existentes e ao fato de que não há um Papa da Bruxaria nos guiando oficialmente. Mas deve haver algo que unifique a Magia. Para mim, essa resposta envolve o Mistério que acabei de revelar. Passei a conhecer a Bruxaria como a "Arte da Conexão e do Relacionamento", e a trabalhar com essa arte por meio da Lei de Causa e Efeito para criar mudanças internas e externas.

A Bruxaria forja relacionamentos através da conexão. A realidade pode ser vista em camadas. As formas mais básicas dessa ideia no ocultismo são chamadas de "macrocosmo" e "microcosmo", o "Universo Maior" e o "Universo Menor". Vejamos o corpo e a mente humanos para ilustrar isso. Eu, Mat Auryn, sou uma pessoa autônoma individual. Dentro de mim há um microcosmo de células vivas individuais. Se pudéssemos falar com uma dessas células dentro de mim, tenho a certeza de que não teríamos a menor noção de quem eu sou como um todo. Provavelmente também refutaríamos a ideia de que aquela e outra célula eram as mesmas células ou o mesmo ser, assim como você e eu concordamos que somos indivíduos diferentes e não o mesmo ser humano. No entanto, as células fazem parte de um sistema intrincado que me compõe em um nível maior, estejam elas conscientes disso ou não.

Da mesma maneira, você e eu fazemos parte de sistemas que compõem formas maiores de consciência em níveis mais elevados. Esta é uma verdade para todas as coisas no Universo, visíveis e invisíveis, físicas e não físicas, não apenas as células do meu corpo e não apenas os humanos como um todo. Tudo está interligado com tudo mais. À medida que nos aproximamos do macrocosmo, tudo se unifica, e quando nos aproximamos do microcosmo, tudo se diferencia e se separa. No entanto, no nível mais fundamental da realidade, somos todos Um; o Todo. Essa individuação e unificação ocorrem em um padrão repetitivo ao longo dos diferentes níveis de realidade e consciência. Esta ideia é o cerne do axioma hermético de "Como acima, assim embaixo. Como dentro, assim fora".

A Bruxaria, então, está nos orientando para nos aproximarmos e nos conectarmos com tudo no Universo, tanto como indivíduos menores quanto como forças coesivas maiores – inclusive dentro de nós mesmos. Construímos e fortalecemos relacionamentos para beneficiar a nós mesmos e aos outros mutuamente, e para influenciar mudanças tanto no microcosmo quanto no macrocosmo. Mais uma vez, esse conceito é bastante fácil de entender intelectualmente, mas assume novos níveis de significado, uma vez que essa orientação espiritual é posta em prática, levando à experiência. Por esta razão, a maioria das Bruxas são animistas ativas. Interagimos com todas as coisas como espíritos individuais por direito próprio, seja uma erva, seja uma pedra, seja uma inteligência não física, seja até mesmo seu par de sapatos. Essa abordagem do animismo está reconhecendo a essência animada inerente e única a todas as coisas. Aos olhos da Bruxa, tudo tem consciência em algum nível; tudo pode ser conectado, e um relacionamento pode ser forjado no qual ajudamos uns aos outros.

Exercício 1

Ancoragem (Técnica de Aterramento)

Antes de prosseguirmos para qualquer um dos trabalhos adiante, é importante garantirmos uma técnica de aterramento. Aterrar nos ajuda a garantir que não estamos sobrecarregando nosso sistema de energia. Isso nos mantém saudáveis, equilibrados e seguros antes de nos envolvermos em qualquer tipo de meditação, Magia ou exercícios que envolvam energia. Essa técnica também é boa para qualquer situação em que você se sinta um pouco sobrecarregado ou esgotado pelo ambiente, como estar em lugares barulhentos ou se sentir um pouco perdido. O aterramento deve ser realizado antes e depois de qualquer técnica energética, desde lançamentos de feitiços até meditação e leituras psíquicas. Negligenciar isso criará problemas ao longo do tempo.

Comece relaxando o máximo possível. Visualize um tubo de energia descendo da sola de cada um de seus pés. Se você estiver sentado no chão, poderá visualizá-lo descendo de cada coxa. Esses dois tubos de energia entram na terra e se conectam, entrelaçando-se para criar um ciclo. A partir daí, uma corrente vai se formando, descendo profundamente na terra. Na parte inferior da corrente, visualize uma âncora. Sinta a âncora afundar em uma parte muito sólida e resistente da terra abaixo de você, mantendo-o seguro e firme e estável. Afirme para si mesmo que qualquer excesso de energia além do que é apropriado e saudável para você está fluindo automaticamente de seu corpo e campo de energia para a corrente e âncora douradas, como a eletricidade viajando por um para-raios. Se a qualquer momento você se sentir sobrecarregado com energia ou emoção, envie-a para fora de seu corpo descendo pelos pés até a corrente, fortalecendo-a e a empoderando.

Quando terminar qualquer técnica mágica, meditação ou trabalho de energia que tenha realizado, ancore novamente, afirmando e visualizando qualquer excesso de energia além do que é apropriado e saudável, deixando seu corpo e campo de energia e reentrando em sua cadeia de ancoragem. Em seguida, visualize a cadeia de energia se dissolvendo na Terra, ajudando-a a se curar e a estar disponível para aqueles que dela possam precisar.

Figura 1: Técnica de Aterramento e Ancoragem

Exercício 2

O Coração da Presença (Técnica de Centralização)

A segunda técnica de energia mais crucial após o aterramento é o centramento. A centralização e o aterramento tendem a ser muito agrupados, pois são frequentemente e de forma correta usados juntos. No entanto, entender a diferença entre elas é essencial, e eu gosto de separar as técnicas ao ensinar qualquer meditação ou trabalho de energia para obter uma melhor sensação e compreensão dos processos. Centralizar é focar sua consciência e energia em seu centro espiritual no momento presente. O objetivo é essencialmente trazer consciência para onde você está em relação à realidade metafísica maior, de modo que você tenha um ponto de vantagem para trabalhar. Isso garante que seus pensamentos e energia estejam focados e sintonizados no aqui e agora e não dispersos ou distraídos.

Depois de se ancorar, feche os olhos e concentre sua atenção na respiração. Visualize seu campo áurico ao seu redor na forma de um ovo de luz branca. Ao inspirar, visualize essa energia encolhendo e condensando no centro do seu coração, no meio do peito. Ao expirar, visualize sua aura se expandindo do centro do coração de volta para a aura em forma de ovo ao seu redor. A cada inspiração, sinta sua mente se concentrando; a cada expiração, sinta-se relaxando. Continue essa respiração e visualização por cerca de trinta segundos. Traga sua consciência para o fato de que você é o centro de sua realidade dentro do espaço físico do seu ponto de vista, e que seu coração é o centro de sua essência física e espiritual dentro do espaço metafísico de sua realidade. Afirme que você está bem aqui, agora. Toda a sua atenção está no momento presente, neste momento e neste lugar.

Objetos Físicos são Necessários para a Magia?

Em *Bruxa Psíquica*, propus que tudo o que precisamos para lançar Magia eficaz é o poder da própria mente. Muitas vezes me perguntam por que alguém usa velas, ervas e outros itens físicos tangíveis se podemos lançar feitiços de forma eficaz apenas com nossa mente. A resposta mais honesta é que é mais fácil fazer isso com esses objetos (que chamamos de "material" ao trabalhar com eles). Aprender a trabalhar com energia e a realizar Magia sem objetos físicos vai tornar sua conjuração mais forte na medida em que fizer isso.

No entanto, a mente consciente tem capacidade de armazenamento limitada, assim como a memória RAM de um computador. Quanto mais coisas você se apega mentalmente, mais difícil pode ser concentrar energia mental e psíquica para lançar um feitiço. Ao usar a matéria em nossa Magia, liberamos um pouco de nossa memória RAM interna e usamos esse espaço de dados liberado para realizar rituais e feitiços mais elaborados.

Outra razão é que somos compostos de diversas partes; muitas tradições de Bruxaria se referem a essas partes como "as Três Almas", compostas pelo Eu Inferior, Eu Médio e Eu Superior. Quando estamos nos movendo em um ritual, segurando objetos mágicos, trabalhando com ferramentas ritualísticas e acendendo velas, envolvemos nosso Eu Inferior. Estamos dando ao nosso aspecto animal físico algo para ele fazer no intuito de mantê-lo ocupado e alinhado com a intenção do trabalho, ajudando assim a trazer todas as partes de nós mesmos para o trabalho do objetivo mágico em questão.

Exercício 3

Caminhada Reflexiva

Esta é uma meditação para fazer andando, um exercício de energia que venho praticando há mais de duas décadas. É ridiculamente simples, mas alguns dos exercícios e práticas mais simples podem ser os mais poderosos. Este exercício estabelece a conexão consigo mesmo e com o outro, por meio do reconhecimento, o passo mais básico da formação do relacionamento. Uma Bruxa psíquica habilidosa pode mudar as perspectivas da unidade para a separação e pode trabalhar de acordo com suas intenções mágicas ou psíquicas. Neste exercício faremos uma bênção através de nossa intenção e gratidão.

> *Caminhe devagar e a seu tempo. Enquanto caminha, cumprimente mentalmente todas as plantas, animais e pessoas que encontrar. Agradeça-os pelo papel que desempenham no sistema maior do nosso Planeta. Abençoe-os com saúde, força e felicidade. Não pense nessas coisas apenas mentalmente, tente encontrar o espaço dentro de você que genuinamente sente gratidão e amor e projete isso.*

Uma adaptação que vale a pena incorporar em sua vida é passar o tempo reconhecendo as coisas que você encontra diariamente em sua casa e no trabalho como entidades individuais. Agradeça-os pelo papel que desempenham em sua vida e como eles o ajudam diariamente. Isso pode parecer muito bobo no começo, mas você está reconhecendo e abordando as coisas em sua vida como expressões do Espírito, separadas de você, com as quais interage diariamente. Este é um passo importante para encantar sua vida.

Feitiços *versus* Orações

Às vezes, os feitiços são comparados à oração. Há alguma verdade nisso, e há sobreposição. No entanto, eu os defino um pouco diferente. Compreender a diferença entre uma oração e um feitiço pode ajudá-lo a entender o mistério de uma Magia eficaz. Comecemos pelas semelhanças. Tanto as orações quanto os feitiços são métodos para manifestar um resultado ou objetivo usando meios metafísicos e espirituais. Para mim, é aí que as semelhanças terminam.

Para tornar isso um pouco mais complicado, o que um grupo vê como uma simples oração, outro grupo pode ver como um feitiço e vice-versa. Por exemplo, um cristão devoto pode usar um salmo da Bíblia como uma oração, enquanto um praticante de Magia popular pode usar o mesmo salmo como um feitiço. Então, o que faz de um uma oração, e o que faz do outro um feitiço? Vamos usar uma metáfora para ajudar a esclarecer a diferença.

Digamos que tanto as orações quanto os feitiços são sobre usar um carro para chegar ao seu destino. Orar é pedir a uma entidade espiritual – seja uma divindade, um espírito, um santo, ou quem quer que seja – para dirigir o carro e confiar que eles sabem o melhor caminho para chegar lá. Você conhece a expressão "Jesus, assume o volante"? Esse é o exemplo perfeito de oração e se encaixa perfeitamente com nossa metáfora. Com a oração, você está solicitando que outra entidade faça o trabalho pesado em seu lugar e confiando que ela sabe a melhor maneira de chegar lá. Você é um destinatário passivo no processo. Para continuar com nossa metáfora, você está sentado no banco do passageiro solicitando simplesmente para onde gostaria que o carro fosse.

Com os feitiços, você está se tornando um participante ativo para alcançar seu objetivo. Metaforicamente, você está entrando no banco do motorista e assumindo responsabilidade pessoal e envolvimento direto. Mesmo envolvendo divindades e espíritos no lançamento de feitiços, o objetivo ainda é a parceria com você se engajando diretamente no trabalho de energia. Nesse sentido, a divindade é o seu GPS, guiando-o, mas não dirigindo por você.

Em outras palavras, a oração geralmente envolve súplica – é uma petição de um lugar de humildade e entrega; você está pedindo aos poderes animados, sejam espíritos, sejam Deuses, que realizem sua vontade em relação ao seu pedido. E está essencialmente pedindo que eles façam o trabalho nos termos deles, confiando que sabem como fazer isso de uma maneira que seja melhor para você. Mesmo aqueles feitiços que pedem a ajuda desses poderes superiores envolvem unir sua vontade com a deles, e assim não são os assuntos passivos que as simples orações seriam.

Há mais vontade e energia da Bruxa em um feitiço do que na maioria das formas de oração. Mas em um nível mais profundo, a Bruxa entende que ela mesma é parte da Mente Universal, Deusa Estrela, ou como ela define a realidade animada final, mesmo em feitiços que envolvam reverência e adoração a esse poder. A Bruxa entra em sua divindade e soberania e tece sua vontade e energia com qualquer divindade ou espírito que invocar durante a conjuração. Não estou dizendo que a oração não tenha seu lugar na vida de uma Bruxa ou que também não seja potente. Absolutamente ela tem e é. Só que a oração não trata necessariamente em seus termos sobre o que vai acontecer e quando.

No entanto, essa fronteira entre oração e feitiços pode ser borrada entre o trabalho de energia passiva e ativa. Por exemplo, nas tradições de Magia folclórica dos apalaches, há uma técnica de oração que Orion Foxwood chama de "oração verdadeira". Esta prática é quando há união com a divindade como "criador e criação".[6] Também vemos essa técnica de oração verdadeira em ação em formas de rezas como as do cristianismo carismático, onde a oração é usada para invocar o Espírito Santo e onde os adoradores recebem autoridade como instrumentos do Espírito Santo para realizar milagres em nome dele. Também vemos isso em tradições de Magia popular como Braucheri[7] e American Conjure[8], onde orações e salmos são frequentemente combinados com atos simbólicos, confundindo as linhas entre oração e o que chamamos de feitiços.

A principal diferença para mim está na relação entre unidade e separação e os diferentes pontos de vista de cada um. A oração é do ponto de vista dos poderes de petição que a pessoa reconhece estar separados dela; e solicita coisas de um local de necessidade para que possam decretar suas solicitações conforme julgar apropriado. É a pessoa no microcosmo, abordando o macrocosmo. Os feitiços partem do ponto de vista da ação de seu próprio lugar de divindade, de ver a pessoa e o macrocosmo divino como um só. Feitiços de petição em que divindades e espíritos são invocados obscurecem as linhas, muitas vezes trabalhando de um lugar de autoridade e poder pessoal, mas solicitando e atuando com poderes reconhecidamente separados de si mesmo e assumindo a sua divindade, dizendo a elas exatamente o que quer e como deseja que ela realize. Em minha história no início do capítulo, eu havia empregado tanto a conjuração quanto a oração, em momentos diferentes para objetivos semelhantes. Para ilustrar as relações de diferenças entre oração e feitiço, vamos realizar um exercício de cada para ver como eles se apresentam para você.

---

6. Foxwood, *Mountain Conjure and Southern Rootwork*, 79–80.

7. RavenWolf, *HexCraft: Dutch Country Magick*.

8. Bogan, *The Secret Keys of Conjure*.

Exercício 4

Oração para pedir Bênçãos

Guias espirituais, aliados, ancestrais e divindade,
Peço orientação para o que é apropriado para mim,
Peço suas bênçãos neste dia,
Peço para tornar conhecido o caminho da minha verdadeira vontade

Bênçãos de proteção, bênçãos de riqueza,
Bênçãos de felicidade, bênçãos de saúde,
Bênçãos de sabedoria, bênçãos de paz,
Bênçãos do Norte, Oeste, Sul e Leste.

Para que a obra da minha vontade seja desimpedida
Para que o impacto seja benéfico onde for necessário.

Exercício 5

Feitiço para Recuperar seu Poder como Bruxa Psíquica

Momento mágico: noite. De preferência durante a Lua cheia. Seu aniversário também é um excelente momento para isso.

Material:
- Cinco-em-rama
- Uma vela de carrilhão branco

Objetivo: este é um feitiço para chamar de volta seu poder como uma Bruxa psíquica. Na vida, é comum ter nosso poder tirado de nós por outros. Também é normal doar aspectos de nós mesmos e nossa energia de maneira intencional ou não para outras pessoas, outros lugares ou para certos eventos no tempo. Com este feitiço, você vai chamar de volta todo o seu poder, agarrando-se a ele e proclamando sua capacidade de ser o autor da narrativa de sua vida, tornando-se soberano no curso que ela tomar. Este feitiço usa apenas uma vela branca e cinco-em-rama, que é frequentemente usado em Magia para agarrar as coisas com seus "cinco dedos".

Instruções: usando um prego ou outro objeto pontiagudo, grave seu nome na lateral da vela branca. Se você também tem um nome mágico ou outros nomes pelos quais foi conhecido em vida, como um "nome morto" ou seu nome de solteira, ou de casamentos anteriores, pode esculpi-los em sua vela com seu nome atual se quiser. Forme um anel sólido de cinco-em-rama ao redor da vela a cerca de cinco centímetros dela própria. Aterre e centralize. Acenda a vela e diga:

> *Pela chama da vela acesa esta noite*
> *Eu reivindico a força do meu direito de primogenitura.*
> *Neste lugar, nesta mesma hora*
> *eu chamo de volta o poder da minha Bruxa.*
> *Como a mariposa é atraída pela luz suave da Lua,*
> *eu atraio de volta meu poder e minha segunda visão.*
> *Eu chamo de volta minha força vital de onde quer que seja.*
> *Em pessoa, objeto, em terra ou no mar.*
> *Eu agarro o poder de moldar meu destino.*
> *Aceito a coroa da minha própria soberania.*

Exercício 6

Sigilo para Desbloquear a Visão Interior, de Laura Tempest Zakroff

Momento mágico: Lua nova a Lua cheia

Material:
- Marcador para desenho ou instrumento para esculpir o sigilo na vela
- Um óleo favorito para unção própria e da vela
- Vela azul ou roxa (recomendado: votiva curta ou longa)

Objetivo: este sigilo foi projetado para ajudá-lo a remover as barreiras emocionais e/ou mentais que possam estar bloqueando sua capacidade de acessar sua visão interior. Ele fornece base, proteção, suporte, clareza e direção, enquanto ajuda a eliminar obstáculos.

Instruções: existem muitas maneiras de trabalhar com este sigilo – pode ser aplicado ao corpo, colocado em seu altar, usado como foco de meditação, trabalhado em outros feitiços ou para qualquer outra coisa que pareça estar de acordo com a sua intenção e o seu foco. Uma das coisas mais simples e fáceis que você pode fazer é incorporá-lo em um feitiço de vela. Isso já pode ser um trabalho em si mesmo, ou você pode usá-lo como preparação para adivinhação ou atividade similar.

Figura 2: Sigilo para Desbloquear a Visão Interior, de Laura Tempest Zakroff

Embora possa fotocopiar o sigilo e colá-lo em um castiçal, é melhor desenhá-lo ou esculpi-lo diretamente na vela para que possa sentir a energia nas formas e nas linhas. Comece com o círculo, depois a Lua crescente, o triângulo, a linha em espiral dupla, depois o asterisco que sai do topo do triângulo e por último os três pontos. Coloque a vela em um suporte resistente. Em seguida, pegue o óleo que você selecionou e unte seu Terceiro Olho, o interior de ambos os pulsos e o sigilo da vela. Acomode-se diante da vela e acenda-a. Olhe para a vela de forma que possa ver tanto a luz quanto o sigilo em sua visão, e deixe seus olhos desfocarem. Em seguida, feche os olhos e veja essa luz dentro de você, tornando-se cada vez mais brilhante e se expandindo até atingir seu corpo. Se for realizar a adivinhação em seguida, quando se sentir pronto, abra os olhos e comece esse trabalho. Deixe a vela queimar enquanto estiver trabalhando ou até quando achar necessário.

Exercício 7

Sigilo da Roda da Bruxa para Sabedoria

Momento mágico: a qualquer momento.

Material:
- Pedaço de papel
- Desenho, impressão ou fotocópia da Roda da Bruxa (você pode encontrar isso facilmente on-line, pesquisando)
- Utensílio de escrita

Objetivo: a Roda da Bruxa é um método simples para criar um sigilo. Neste exercício, vamos criar um sigilo para aumentar a sabedoria. Você pode usar este método para criar um sigilo de qualquer coisa que desejar. Embora menos intuitivo ou artístico do que alguns métodos, este foi o primeiro que aprendi e, como tal, quero compartilhá-lo com você, pois é provavelmente o método de sigilo mais rápido que existe.

Instruções: a primeira coisa a fazer é escrever uma declaração curta e simples retratando sua intenção. Quanto mais clara, sucinta e curta a declaração, melhor. A intenção aqui é a de aumentar nossa sabedoria, então a simples declaração de "aumentar a sabedoria" é perfeita. Comece encontrando a letra "I"[9] e desenhando um pequeno círculo nesse espaço. A partir do círculo, desenhe uma linha reta para cada letra, ignorando os espaços entre as palavras. Na letra final "M" desenhe uma linha horizontal para finalizar.

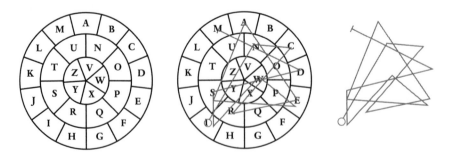

Figura 3: Criando um Sigilo com a Roda da Bruxa

---

9. O sigilo foi feito com base na imagem da roda, que está em inglês, *Increase Wisdom*, para fazer o exercício em português, use a mesma roda com o alfabeto e comece com a primeira letra da frase que escolher. (N.T.)

Exercício 8

Método de Sigilo para Empoderamento Mágico

Momento mágico: a qualquer hora, de preferência na Lua cheia.

Objetivo: esta é uma das técnicas de criação de sigilos mais famosas. Criada pelo artista e ocultista Austin Osman Spare, que se tornou uma grande influência na Magia do Caos. Austin afirmou ter aprendido Magia pela primeira vez com uma idosa chamada Sra. Patterson, que ele disse vir de uma linhagem de Bruxas de Salem que não foram pegas durante os julgamentos das Bruxas. Isso provavelmente não é historicamente verdade, pois sabemos que as vítimas dos julgamentos das Bruxas de Salem não eram de Bruxas reais, mas de vítimas da histeria em massa e fanatismo de outras pessoas. Também não há evidências de que tal mulher tenha existido. Como outras reivindicações históricas de Bruxas e Magos, há duas possibilidades principais, a primeira e mais óbvia é que ele a inventou completamente, talvez devido à necessidade de legitimar suas práticas mágicas. Outra possibilidade, e eu acho que esta é completamente possível, é a de que a Sra. Patterson (a quem ele carinhosamente se referia como sua "Mãe Bruxa") de fato existiu, mas era um espírito ou uma forma-pensamento, em vez de uma pessoa interagindo com ele. Independentemente disso, os métodos mágicos de Spare são populares há tanto tempo, porque funcionam, e as Bruxas usam o que funciona.

Instruções: ao contrário do método da Roda da Bruxa, seja muito claro sobre sua declaração e use uma frase completa, começando com as palavras "É de minha vontade..." Seja muito específico sobre o que você quer, evitando quaisquer palavras negativas como "não", "jamais" ou "nunca". Também é importante neste método, garantir que sua declaração seja tão clara que não saia pela culatra ou se manifeste de maneiras indesejáveis. Neste exemplo, faremos um sigilo para o empoderamento mágico. Mas queremos ter a certeza de que esse empoderamento mágico não nos prejudique ou se manifeste de maneira negativa. Então, como temos coisas que queremos que nosso sigilo evite, devemos retrabalhá-lo em uma declaração que seja positiva e escrevê-la. Se começarmos com a frase "É de minha vontade ser magicamente capacitado de uma maneira segura, saudável e equilibrada"[10], então riscaremos todas as letras repetidas até ficarmos com as letras GKPF.

---

10. Aimagem está retratando a frase em inglês, consequentemente, o sigilo resultante dela será concebido para a frase neste idioma. Você pode adaptar o exercício para o português com os mesmos resultados. (N.T.)

IT IS MY WILL TO BE MAGICKALLY EMPOWERED
IN A MANNER THAT IS
SAFE, HEALTHY, AND BALANCED

~~IT IS MY WILL TO BE MAGICKALLY EMPOWERED~~
~~IN A MANNER THAT IS~~
~~SAFE, HEALTHY, AND BALANCED~~

G K P F

Determinando suas Letras de Sigilo

Em seguida, pegamos as letras restantes e começamos a formá-las em um único símbolo. Depois de fazermos isso, damos a ele estilo como um símbolo inteiro, usando nossa criatividade artística até que fique irreconhecível como letras. Ao criar o sigilo, é importante passar por todo o processo de escrever a declaração e eliminar letras. A razão é que você está engajando ativamente o hemisfério esquerdo do seu cérebro, o lado lógico e analítico, e então convertendo-o no hemisfério direito do seu cérebro, engajando suas faculdades artísticas e intuitivas, traduzindo a afirmação de algo conscientemente entendido para algo que envolve o subconsciente. Depois de criá-lo pela primeira vez, não precisa mais repetir o processo. Apenas desenhe o próprio sigilo.

Figura 4: Transformando letras em Sigilo

O Alfabeto das Bruxas

A Escrita Tebana é um alfabeto mágico comumente chamado de "Alfabeto das Bruxas". Publicado pela primeira vez na obra *Polygraphia*, um livro sobre alfabetos mágicos escrito por Trithemius, em 1518. Mais tarde, foi apresentado nos *Três Livros de Filosofia Oculta,* de Cornélio Agripa, creditado a Honório de Tebas, que é de onde o nome "Tebano" vem. Honório de Tebas é uma figura lendária, possivelmente mítica, da Idade Média. A lenda diz que durante o tempo em que a Igreja Católica estava destruindo todas as obras de Magia por toda a Europa, um bando de magos e feiticeiros se reuniu para ter seus textos sagrados e grimórios traduzidos em um código secreto, para permanecer a salvo dos inquisidores. Dentre eles, Honório foi eleito como mestre para criar uma nova escrita. Ele escreveu sete volumes sobre as mais altas artes mágicas em seu novo alfabeto, com a ajuda de um anjo chamado Hocroell. A lenda afirma que a Magia dentro desses volumes era tão poderosa, que apenas poucos poderiam ser encarregados dos livros.[11]

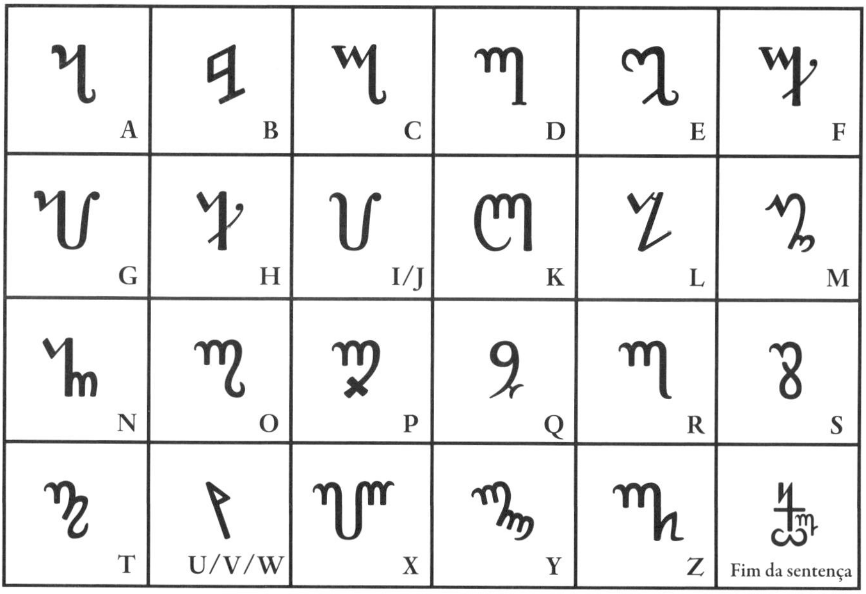

Figura 5: Escrita Tebana – O Alfabeto Bruxo

---

11. Jenkins, *The Theban Oracle*, 23–31.

O ocultista David Goddard, em seu livro *A Magia Sagrada dos Anjos*, também sugere que a escrita é angelical e parece conectada com a natureza lunar. Mais tarde, foi publicado *Magus*, de Francis Barrett, em 1801, que reviveu o interesse no trabalho de Agripa e que, a partir deste trabalho, muitas tradições de Bruxaria e ordens ocultas começaram a incluí-lo em sua Magia. Desde então, grimórios completos e Livros das Sombras foram escritos no Alfabeto Tebano e as Bruxas o usam em grande parte de sua Magia, inscrevendo-o em ferramentas mágicas e velas, bem como em petições para diferentes divindades e espíritos. Embora talvez nunca saibamos as verdadeiras origens desse alfabeto, o que sabemos é que inúmeros praticantes de Magia o usam desde pelo menos 1528, quando ele aparece no livro *Polygraphia*. Isso não apenas mostra que há uma eficácia por trás do emprego dessas letras, mas também que elas são altamente carregadas magicamente como uma forma-pensamento do uso repetido da Magia.

Exercício 9

Fazendo um Boneco de Si Mesmo

Momento mágico: a qualquer hora, mas de preferência em uma Lua nova

Material:
- Agulha e linha
- Seu nome (ou nome mágico) escrito em tebano
- Sigilo da Roda da Bruxa para Sabedoria
- Sigilo para Desbloquear a Visão Interior
- Tecido e algodão (como alternativa, você pode comprar bonecos on-line ou na maioria das lojas esotéricas focadas em Bruxaria, ou em lojas de artesanato, por um preço bastante barato)
- Um link pessoal
- Um pequeno pedaço de papel quadrado

Objetivo: "fantoche" é outra palavra para boneco. O uso de bonecos na Magia é provavelmente tão antigo quanto a própria prática mágica e abrange o antigo Egito, Caldeia, Grécia, Roma, China e partes da África e da Europa. Criar um boneco de si mesmo é uma das maneiras mais eficientes de lançar Magia em seu benefício. O boneco se torna um substituto para um indivíduo específico que, neste caso, é você mesmo, então qualquer coisa que fizer magicamente com o boneco fará magicamente em si mesmo. Em muitos casos, lançar um feitiço em um alvo é mais fácil do que lançar em nós mesmos. O boneco nos ajuda a remediar isso, sendo um espelho energético de nós mesmos. Bonecos usam "Magia Simpática", que é quando você declara que uma coisa é outra, e "Magia de Contágio", quando você cria uma ligação energética entre duas coisas pelo contato, usando algo pessoal, como cabelo, sangue, cuspe, uma assinatura ou um item de propriedade do indivíduo. Esses itens também são chamados de "interesses, informações ou links pessoais". Como este é um boneco que vai representar você mesmo, tenha a certeza de que vai cuidar bem dele, deixando- o em um espaço bem protegido, onde outros não se intrometerão. É bom também garantir que todos os trabalhos mágicos que executar em seu boneco sejam feitos um de cada vez. Você não vai querer sobrecarregar seu boneco com diferentes instruções mágicas de uma só vez, mas, sim, mantê-lo focado em seu funcionamento.

Instruções: comece criando um Espaço Sagrado lançando um Círculo ou, de preferência, usando o lançamento do Espaço Tríplice ensinado mais adiante neste livro. Se gostar de artes e ofícios, monte seu boneco sem costurá-lo completamente. Se comprar um boneco em branco, corte-o aberto (geralmente na parte de trás ou na área do bumbum). Coloque seus links pessoais, o seu nome escrito em tebano, o Sigilo para Desbloquear a Visão Interior e o Sigilo da Roda da Bruxa para Sabedoria dentro do boneco, depois costure-o. O tempo todo em que você estiver trabalhando em seu boneco, procure ficar atento ao que está fazendo e na sua intenção. Quando seu boneco estiver pronto para ser empoderado, segure-o em sua mão e diga o seguinte enquanto o visualiza brilhando com força vital:

> *Com a respiração da Bruxa em sua forma,*
> *não é mais um boneco, agora se transforma.*
> *Pela Água e Terra, Ar e Fogo,*
> *desperte agora pequenino, no mundo novo.*
> *Pelo poder da divindade fora e dentro de mim.*
> *Pela palavra da Bruxa e pela minha vontade: você é (nome) enfim.*
> *Nesta hora, nesta noite, então,*
> *um elo bem apertado não será em vão.*
> *O que eu faço para você, eu faço para mim.*
> *Encantando nós dois igualmente assim.*

Respire no rosto do boneco nove vezes. Agora qualquer Magia que fizer no boneco será feita também a você.

Para desmanchar o boneco, faça a seguinte declaração vendo seu brilho energético escurecendo.

Você já teve um nome,
nós já fomos iguais.
Meu link energético agora some.
Retorne a ser boneco e nada mais.

Em seguida, abra o boneco e desmonte-o, retirando todos os links pessoais que você colocou nele.

Sobras de um Feitiço

O que você faz com seu material depois de lançar um feitiço? Bem, isso depende. A primeira consideração a ser feita é a natureza do feitiço que foi lançado. Foi para atrair algo para você? Foi para banir ou se livrar de alguma coisa? Em seguida, considere se o feitiço é um trabalho de longo ou curto prazo. Por exemplo, um feitiço para conseguir um novo emprego provavelmente será de curto prazo, enquanto um feitiço para sabedoria ou clareza psíquica provavelmente será de longo prazo. A próxima consideração é ter consciência de quais itens foram usados em sua composição. A última, mas definitivamente não menos importante consideração, é o impacto ambiental do descarte do material.

Se eu lançar um feitiço para atrair algo para mim, quero manter o material desse feitiço o máximo possível. Eu costumo pegar o material, incluindo restos de cera, e colocá-lo em um sachê ou em uma garrafa de feitiços e fazer uma magia final para dar um impulso extra e manter a energia daquele trabalho em minha casa. Isso é particularmente verdadeiro se este feitiço for de longo prazo ou permanente. Se for algo temporário, tento me livrar adequadamente dos restos depois que o feitiço se concretizar.

Se o material for reutilizável, como cristais ou outras ferramentas, eu os reciclo energeticamente usando a técnica de compostagem energética ensinada mais adiante neste livro. Se eu quiser me livrar do material, seguro minhas mãos sobre os objetos, agradeço a eles por sua ajuda e declaro que seu propósito mágico acabou. Costumo dizer algo como:

Sobras de alimentos eu costumo colocar na composteira, e qualquer vidro (como os de velas) ou papel eu procuro reciclar, a não ser que o papel seja para afastar ou banir alguma coisa, então eu vou queimá-lo no meu Caldeirão. As ervas eu enterro ou polvilho no jardim da frente de minha casa se for para um feitiço de atração, para manifestação de algo ou de proteção. Ervas usadas em feitiços de longo prazo eu polvilho ou enterro no quintal. Esteja atento à ecologia de sua área antes de espalhar ervas; você deve ter a certeza de que é seguro para a vida selvagem local. Independentemente de onde eu coloco as ervas no meu quintal, vou abençoá-las para um futuro empreendimento. Por exemplo, se eu fiz um feitiço de dinheiro e estou descartando as ervas, digo algo como: "Que essas ervas abençoem esta casa com a energia da prosperidade".

Se as ervas foram usadas para banir algo, vou jogá-las na compostagem. Todo e qualquer sal eu jogo fora. Por favor, nunca coloque sal no chão, pois isso pode arruinar o solo; vale especialmente para o lançamento de Círculos de sal. Nunca lance um Círculo de sal em qualquer tipo de solo. Todo o resto eu jogo fora, mas tento fazer isso o mínimo possível. A linha inferior é que você quer ser engenhoso e reutilizar o máximo e desperdiçar o mínimo possível, tanto física quanto energeticamente.

Capítulo 2
ENTENDENDO O LANÇAMENTO DE FEITIÇOS

Embora não haja necessariamente uma maneira certa ou errada de lançar um feitiço se você consegue alcançar os resultados desejados, existem, porém, maneiras mais eficientes de fazê-los. O que quero dizer com isso é que a Magia pode funcionar independentemente de ser feita ou não de uma maneira ritualizada específica. Muitas pessoas podem lançar feitiços e manifestá-los sem necessariamente passar por nenhum procedimento tradicional. Abordagens específicas, como mudar sua consciência, encontrar maneiras de envolver sua imaginação, sinceridade, entusiasmo, imersão, ter objetivos mágicos sólidos, aproveitar sua força de vontade e intenções, fazer parceria com seu material e manter o silêncio são benéficas para o lançamento de feitiços bem-sucedido. Embora isso possa parecer esmagador no início, pode tanto ajudar como orientar você nesses aspectos. Tente não se sobrecarregar com essas várias abordagens. Em vez disso, procure abordar as informações contidas aqui como algo que você integra à sua prática normalmente, e em um ritmo confortável para si mesmo, e veja como sua Magia melhora.

Improvisação Intuitiva

Às vezes, nem tudo sai exatamente como planejado durante um ritual de conjuração. Você pode esquecer certas palavras ou perder uma etapa do processo, ou algo imprevisível pode acontecer. Isso já aconteceu comigo, e com certeza vai acontecer com você, se é que já não aconteceu. Não se preocupe, o tecido da realidade não vai começar a se deteriorar só porque algo deu errado em seu ritual. Quando algo der errado, sugiro que apenas lide com a situação. O ritual faz parte da performance teatral, mesmo que o público seja apenas você e os espíritos. Assim como se apresentar em uma peça na frente de uma plateia ao vivo, confie em sua intuição e improvise quando esquecer uma linha ou quando algo der errado. Alguns anos atrás, eu era um apresentador na Pantheacon, uma das maiores conferências Pagãs e de Bruxaria dos Estados Unidos na época, realizada na Califórnia. Pessoas de todo o país, e às vezes do mundo, vinham a Pantheacon para fazer *workshops* e participar de rituais em grupo de professores e autores da Bruxaria e do mundo Pagão. Neste evento em particular, além de ensinar, eu também tive que ajudar a liderar um ritual para a Black Rose Witchcraft.[12]

Eu estava muito nervoso, pois este era um grupo maior do que qualquer ritual que já tinha participado, muito menos um com a função de ajudar a liderar. Estive em alguns rituais bem grandes, onde houve muitos participantes, mas esse foi maior, já que os rituais de Bruxaria da Black Rose sempre foram populares no Pantheacon. Para tornar as coisas ainda mais assustadoras, não apenas antigos e atuais instrutores e mentores meus de várias Tradições estavam na plateia, como também Selena Fox estava lá, o que me intimidou além da crença. Selena me intimidou não porque é uma pessoa intimidadora – pelo contrário, ela é uma das pessoas mais acessíveis e amigáveis que eu tive o prazer de conhecer –, mas porque ela é um pouco lendária no mundo da Bruxaria. Selena foi fundamental para conscientizar o que a Bruxaria realmente é aos olhos do público, ajudando a dissipar equívocos horríveis sobre isso. Ela também é histórica na luta por direitos legais e igualdade para Bruxas Modernas nos Estados Unidos, inclusive (mas não se limitando a isso), o direito de incluir o Pentagrama como um emblema religioso nos túmulos de veteranos que eram Wiccanianos, Bruxos ou Pagãos. E não apenas isso. Ela também lidera rituais e pratica a Bruxaria há muito mais tempo do que eu existo. O nível de respeito que tenho por essa lendária anciã em nossa comunidade é monumental.

Para mostrar o quão intimidado eu estava com a presença dela, aqui está uma pequena história. Na reunião do Pantheacon do ano anterior, eu estava descendo para o saguão do hotel onde a conferência estava sendo realizada, quando o elevador parou em outro andar e Selena entrou. Ela entrou alegremente, deu um sorriso amigável e apertou o botão do seu andar. Essa foi

---

12. Para aprender mais sobre a Black Rose Witchcraft visite Modern Witch University em: www.modernwitchuniversity.com

provavelmente a única vez na minha vida em que a presença de alguém me fez perder completamente a capacidade de falar. Minha mente correu entre "Caramba, essa é a Selena Fox!", e a tentativa de descobrir algo a dizer para me apresentar. Ela saiu do elevador antes que meu cérebro decidisse me devolver o poder da fala. Um ano depois, lá estava eu ajudando a liderar um ritual no qual Selena estaria participando, sem eu saber de antemão que ela iria comparecer. Sem pressão, né?!

O ritual Black Rose que planejamos envolvia música, que seria tocada em um sistema de som. A música era um elemento crucial do próprio rito, pois ajudava a construir energia durante uma parte do ritual, quando os participantes andavam em círculo ao redor do altar central. Tínhamos cartas de Tarô de vários baralhos, todas misturadas e espalhadas pelo altar viradas para baixo, das quais os participantes vinham um a um e escolhiam uma carta aleatória para uma mensagem. Infelizmente, como tem sido minha experiência em rituais, quando há muita energia mágica sendo levantada por várias pessoas, a eletrônica pode dar errado. Foi exatamente isso que aconteceu.

Quando as pessoas começaram a andar no Círculo para construir energia, o sistema de som decidiu desligar completamente, e nem era Mercúrio retrógrado! Todos simplesmente pararam onde estavam e começaram a olhar ao redor. O clima ritual estava sendo ameaçado e o aumento de energia havia parado. Felizmente, em um momento de pânico, rapidamente me sintonizei e tive a cutucada intuitiva do que fazer, o que foi uma coisa boa, já que eu tinha que agir rapidamente ou todo o ritual corria o risco de ser arruinado. Gritando para que todos pudessem me ouvir, eu falei: "Ok, todo mundo. Vamos fazer um 'IAHU' rápido para levantar um pouco de energia!" A sala inteira se encheu com um estrondoso IIIIIIIIAAAAAAAAHUUUUUUH. Eu comecei a bater palmas e todos se juntaram a mim, e então continuamos nossa caminhada ao redor do altar e conseguimos terminar o ritual. Uau! Crise evitada! Muitas pessoas vieram nos elogiar pelo ritual depois, incluindo Selena. Independentemente do contratempo ou imprevisto que ocorra durante seus próprios feitiços e rituais, é importante reservar um momento para sintonizar, ouvir sua intuição e falar com seu coração conforme seu espírito o move a fazer.

Exercício 10

Feitiço de Colagem para Melhorar a Intuição, de Skye Alexander

Momento mágico: quando a Lua está em Câncer, Escorpião ou Peixes

Material:
- Cola em pasta
- Lápis de cor, marcadores, giz de cera, tintas, etc. (opcional)
- Revistas ou outras fontes de imagens coloridas
- Tesouras
- Um copo com água (o copo deve ser transparente, sem palavras ou imagens)
- Um pano azul escuro ou preto
- Um pedaço de cartolina ou papelão

Objetivo: todos nós já ouvimos a expressão "uma imagem vale mais que mil palavras". Para fazer um trabalho de Magia eficaz, é essencial ser capaz de visualizar claramente seu objetivo. Este feitiço tem a finalidade de criar uma imagem que vai representar o poder psíquico para você, a fim de aumentar sua intuição, e ainda envolver ambos os lados do seu cérebro e fortalecer sua imaginação. Enquanto você trabalha, mantenha sua mente focada em seu propósito – o processo é parte da Magia e, quanto mais atenção você der a ele, melhor.

Instruções: corte um quadrado, retângulo ou círculo fora do quadro de cartolina ou papelão. Isso servirá como suporte para o seu projeto, portanto, faça-o grande o suficiente para se adequar ao seu propósito (pelo menos 4 × 6 polegadas). Recorte de revistas ou de outras fontes, figuras que representam o poder psíquico, a intuição ou o conhecimento interior. Podem ser imagens da Lua refletindo no oceano, formas sombrias em uma floresta escura, paisagens surreais, símbolos de sonhos, corujas, gatos pretos ou o que quer que ressoe bem para você.

Configure as imagens que escolheu no verso do cartaz em um design que pareça certo para você. Não se preocupe com seu talento artístico – o que importa é se conectar com sua fonte de conhecimento e sua habilidade psíquica inata. Quando estiver satisfeito com o design, cole as imagens no lugar. Se preferir, pode escrever palavras ou desenhar símbolos que descrevem sua intenção na colagem que você criou. Pinte, esboce ou embeleze o projeto; afixe contas de pedras preciosas, conchas ou outros objetos relacionados ao seu objetivo.

Quando terminar, abra o Círculo e coloque a colagem virada para cima em seu altar (ou outra superfície plana) onde possa permanecer por pelo menos uma hora. Encha um copo com água e coloque-o na colagem, para que as imagens que você montou imprimam a água. Cubra o vidro e a colagem com um pano azul escuro ou preto para evitar que as energias do ambiente afetem seu feitiço. Deixe tudo descansar por pelo menos uma hora, de preferência durante a noite. Retire o pano. Beba a água impressa para incorporar a Magia que você criou em si mesmo. Exiba a colagem onde possa vê-la com frequência para que se lembre de sua intenção.

Obtendo o Equilíbrio Correto

Você se lembra da primeira vez que tentou cozinhar? Eu com certeza me lembro. Na época do Ensino Médio, ia rolar uma festa de classe. Resolvi fazer uma fornada de biscoitos. Quão difícil podia ser cozinhar? Abri um dos grandes livros de receitas da minha tia e folheei os ingredientes e as instruções. Excessivamente confiante, juntei todos os ingredientes. Bem, quase todos eles. Havia duas coisas que não consegui encontrar, extrato de baunilha e bicarbonato de sódio. Não dei importância. De qualquer maneira, na minha mente adolescente, bicarbonato de sódio parecia nojento demais para colocar em um biscoito. Achei que deveria apenas adicionar um pouco de refrigerante com sabor de baunilha; aquilo parecia certo para mim. Decidi apenas adicionar açúcar extra e lascas de chocolate para que eles ficassem muito bons. Não percebi que o açúcar era de confeiteiro até que o adicionei. Dei de ombros, assumindo que aquilo era imprudente. Então despejei todo o saco de açúcar na tigela.

Quando chegou a hora de adicionar as lascas de chocolate, percebi que o que tinha não era o suficiente. Deve ter sido as minhas incursões na cozinha, quando estava sozinho, roubando aos punhados de cada vez. Tínhamos que ter algum tipo de chocolate, no entanto. Depois de vasculhar todos os armários, finalmente encontrei uma velha caixa de chocolates escondida nos fundos. Eu nunca tinha ouvido falar de chocolates laxativos, mas imaginei que chocolate fosse chocolate. Certo? Sentindo-me triunfante com a minha descoberta, esmaguei tudo e adicionei à tigela. Qual foi o próximo? Ah. A farinha! Despejei com mão pesada metade do saco de farinha na tigela. Assar biscoitos é um pedaço de bolo! O que mais os biscoitos precisavam de acordo com a receita? Oh, certo! Ovos. Outro ingrediente de som nojento para colocar no lote, enquanto minha mente ia para ovos mexidos. Mas a receita pedia, então talvez eu adicione apenas um ovo para não sobrecarregar a receita com sabores de café da manhã.

Agora era hora de agitar tudo. Não havia colheres de mistura limpas, pois estavam todas de molho na pia para serem lavadas mais tarde. Mergulhei minha mão na água da louça e peguei uma colher de mistura, agitando-a até secar. Parecia bem limpo para mim. Comecei a mexer o lote de biscoitos com minha colher de mistura anti-higiênica. Eu sabia que, com certeza, iria impressionar todos na minha classe assim que eles provassem meus deliciosos biscoitos. Quando terminei de mexer tudo até virar uma gosma, peguei pedaços da mistura e os apertei com a mão em uma assadeira.

Em seguida, as instruções diziam que eu tinha que pré-aquecer o forno a 375 graus e esperar cerca de dez minutos. Eu precisava que fosse muito mais rápido, então imaginei que se girasse o botão do forno ao máximo, com certeza ele cozinharia muito mais depressa. Isso é bastante lógico, certo? Enquanto esperava, decidi jogar no console doméstico Nintendo 64 por alguns minutos e voltar para verificar tudo em breve. Então deixei o desastre da bagunça na cozinha e fui para a sala jogar. O jogo era ótimo. Tão fantástico, na verdade, que, como abduzidos por OVNIs, não dei conta do tempo que passou enquanto estava imerso no jogo. Dez minutos, ou horas, poderiam ter se passado. Eu nunca saberei com certeza, pois o tempo deixa completamente de existir quando uma criança está absorta em um videogame.

Foi só quando o alarme de incêndio começou o seu terrível grito que eu corri para a cozinha para encontrá-la cheia de fumaça preta saindo do forno. Enquanto eu corria para desligar o forno, meu tio e minha tia chegaram do trabalho naquele exato momento. Passei o resto da noite limpando a cozinha como um castigo justo, já que tinha feito uma bagunça tão grande. Desnecessário dizer que ninguém conseguiu provar minha tentativa de abominação de biscoito. Acabamos fazendo uma corrida de emergência na loja local e pegamos alguns biscoitos da padaria para levar para a escola no dia seguinte. Ainda bem que o lote queimou, ou eu provavelmente seria o garoto mais impopular da escola, depois de alimentar meus colegas de classe com um monte de laxantes!

Com essa experiência, eu poderia ter concluído que tentar fazer biscoitos não funciona, ou que era apenas algo que outras pessoas poderiam fazer, não eu, já que minha tentativa inicial falhou. O problema, porém, foi que eu não segui as instruções corretamente e não tinha um confeiteiro experiente para me ajudar. Também não fiz substituições adequadas para os ingredientes que estavam faltando. Na minha arrogância, eu tinha acabado de assumir que assar biscoitos era fácil e que a receita em si não era tão crucial para seguir.

Seguir as instruções de uma receita exatamente "ao pé da letra" nem sempre funciona muito bem. Claro, um prato seria criado como se esperaria que fosse. Isso não significa que será sempre do meu agrado. Mas com prática, experimentação, ajustando às minhas preferências e fazendo as devidas substituições, posso eventualmente adaptá-lo ao meu gosto. Magia, como cozinhar, requer um equilíbrio entre seguir os procedimentos e modificá-los e decorá-los de acordo com suas preferências. Também requer a ajuda de alguém mais experiente para ajudar a guiá-lo no lançamento de feitiços bem-sucedidos. Isso não significa que você tenha que buscar uma Tradição formalmente estabelecida de Bruxaria e ser treinado pessoalmente, embora haja mérito e benefícios expressivos nisso. Significa pedir a alguém que saiba o que está fazendo para orientá-lo, inclusive por meio de livros. Espero poder ser esse guia para você.

A Ciência e a Arte da Magia

"A Magia é uma ciência e uma arte" – esta afirmação é o denominador comum de nossas definições padrão fornecidas pelo ocultista Aleister Crowley, com muitas variações e adaptações desde então. Ele definiu a Magia como "a ciência e a arte de fazer com que a mudança ocorra em conformidade com a Vontade".[13] A ciência, neste contexto, é o estudo da teoria, mecânica e experimentação com base na sabedoria do passado. Pense nisso como as instruções de uma receita. O aspecto da arte é a experiência, o mistério, a expressão individual da alma e a conexão com a Magia. O que podemos pensar como a modificação, a guarnição e a apresentação do prato ao seu gosto.

A Bruxa procura equilibrar pensamento e ação, estudo e prática, pesquisa e experiência, compreensão e aplicação. Se apenas acumularmos conhecimento mas nunca o aplicarmos ou praticarmos, esse conhecimento não vai ajudar muito e nunca vai se desenvolver em sabedoria através da experiência. Suponhamos que confiamos apenas na experiência e na gnose pessoal (revelação espiritual direta) e negligenciamos a sabedoria e o discernimento dos livros de ocultismo mais antigos. Neste caso, estamos propensos a cair nas mesmas armadilhas e obstáculos que os ocultistas do passado fizeram, e perderemos séculos de sabedoria e discernimento que poderiam nos ajudar a ser mais proficientes em nossa Magia. É como tentar conduzir um experimento científico sem entender a ciência que veio antes. Por outro lado, se negligenciarmos a leitura de livros

---

13. Crowley, Waddle, and Desti, *Magick: Liber Aba*, 126

mais recentes sobre ocultismo, perderemos inovação, progresso e crescimento nas artes ocultas. Usando a metáfora da ciência novamente, seria como estar preso no período da ciência de Isaac Newton e perder os desenvolvimentos científicos modernos.

Em *Magick Without Tears*, Aleister Crowley responde a uma pergunta de uma carta, por que ela, a leitora, deveria estudar a Magia em profundidade? Crowley responde escrevendo: "Por que você deveria estudar e praticar Magia? Porque você não pode deixar de fazê-lo, e é melhor fazer bem do que mal."[14] Ele então usa uma metáfora de golfe muito enxuta, que é até confusa se você não for um golfista genuíno. Você pode ser, mas eu não sou. Então, deixe-me usar uma metáfora diferente para esclarecer isso. Digamos que você queira cultivar uma macieira. Você pode jogar as sementes no chão, e existe a possibilidade de que, eventualmente, ela se transforme em uma macieira. No entanto, através da observação e do estudo da mecânica e dos processos por trás do crescimento das macieiras, nós, como espécie, entendemos como garantir os melhores resultados no cultivo de macieiras. Compreender os vários fatores e condições que uma árvore precisa, pode alcançar os resultados desejados com muito mais sucesso. Por exemplo, quando sabemos o equilíbrio do pH do solo, luz solar, sombra, níveis de irrigação e quando e como podar a árvore, aplicamos esse conhecimento por meio de procedimentos. Da mesma forma, na Magia, usamos técnicas, artifícios e passos específicos para garantir que nossa Magia seja mais eficaz em seus resultados.

Exercício 11

Feitiço de Vela para ouvir sua
Intuição, de Astrea Taylor

Momento mágico: sempre que precisar checar sua intuição

Material:
- Fósforos ou um isqueiro
- Um óleo essencial que desperta sua intuição
- Um suporte de vela
- Uma vela de carrilhão em uma cor que você associa à sua intuição

---

14. Crowley, *Magick Without Tears*, 42–43.

Objetivo: muitas pessoas sentem que há momentos em que não conseguem acessar sua intuição ou ficam confusas sobre o que estão dizendo. Isso acontece, muitas vezes, quando nossa intuição está em desacordo com a maneira como a sociedade nos diz que devemos nos comportar. Este feitiço de vela remove os bloqueios à intuição e facilita um relacionamento mais próximo com o corpo intuitivo – o corpo energético duplo que reage a todas as energias ao seu redor.

Instruções: vá para algum lugar onde você possa relaxar e ter algum espaço longe do mundo por cerca de dez minutos. Coloque cinco gotas de óleo essencial em uma das palmas das mãos. Inspire profundamente. Permita que o aroma desperte seus sentidos intuitivos. Esfregue o óleo na vela enquanto pensa em sua intuição. Feche os olhos e visualize a vela se tornando uma com sua percepção. Quando estiver pronto, coloque a vela no castiçal, acenda-a e diga:

A chama desta vela desperta minha intuição.
Qualquer energia que não seja minha então,
agora é queimada e para longe levada.

Olhe para a chama e sinta-a inflamar seu corpo intuitivo. Sinta esse corpo como uma chama que o envolve e reage à energia ao seu redor. Quando estiver pronto, pense em uma situação sobre a qual deseja obter mais informações e diga:

Abro minha consciência
para minha intuição
sobre esta situação.

Observe o que surge em seu corpo intuitivo – sinta todas as sensações que aparecerem. Você pode sentir emoções, tensão, aperto, expansividade, calor ou ter vários outros sentimentos. Sem julgamento, observe o que sente e onde sente. Se sentir tensão durante este exercício, não tente soltá-la. Ouça o que ela lhe diz sobre como realmente se sente. Continue ouvindo, até ouvir tudo o que sua intuição tem a dizer. Quando terminar, respire fundo e dê um abraço em si mesmo para derreter qualquer tensão e diga:

Eu honro minha intuição.
Que eu possa estar mais em contato com ela,
agora e no futuro que me espera.

Apague a vela. Você pode reacender a vela sempre que desejar se reconectar com seu corpo intuitivo.

Mudando a Consciência

Antes que uma Bruxa possa se tornar proficiente no uso de Magia para qualquer efeito real no mundo, ela deve primeiro aprender a dominar seu mundo interior. O microcosmo de nossa mentalidade serve como um solo fértil, a partir do qual os frutos de nossas intenções mágicas criam mudanças no nível macrocósmico do mundo. E isso, em poucas palavras, é como a falecida Doreen Valiente, a "Mãe da Bruxaria Moderna", viu. Valiente frequentemente discutia o poder integral da mente e seu lugar dentro da Magia, mesmo excluindo as ferramentas rituais muitas vezes consideradas necessárias por ocultistas e registradas em grimórios. Ela dizia, "os maiores adeptos da arte mágica também deixaram claro que todas essas coisas são apenas ornamentos externos. A verdadeira Magia está na mente humana."[15]

O componente mental das operações mágicas tem sido citado há muito tempo pelos ocultistas, especialmente no conceito da Vontade Mágica. Ou seja, é aquilo que Aleister Crowley defendeu em sua famosa definição de Magia: "a ciência e a arte de causar mudanças em conformidade com a Vontade". Mais tarde, Dion Fortune tornaria este componente mental da Magia ainda mais claro, quando ela aumentou a definição de Crowley, afirmando que "Magia" era "a arte de causar mudanças 'na consciência' em conformidade com a Vontade".[16]

A diferença nessas duas declarações, embora sutil, não deixa de ser profunda. É uma chave poderosa para os segredos internos da Bruxaria: para podermos nos conectar com a Magia ao nosso redor, devemos primeiro aprender a nos conectar com isso dentro. Devemos acender nosso Fogo Bruxo interior; a centelha de Magia e divindade com a qual desenvolvemos nossos talentos psíquicos e aprendemos a comungar com forças externas a nós mesmos e, para esse fim, engajamo-nos no que as Bruxas de antigamente chamavam de "fascinação".

Embora em um vernáculo comum a palavra tenha chegado a significar um estado de interesse ou atenção intenso e convincente, seu significado original lança luz sobre como o termo tem sido usado magicamente. Do latim *fascina*, "lançar encantamentos, encantar ou enfeitiçar", "fascinar" é enfeitiçar com o poder do olhar; "encantar" é seduzir, enfeitiçar por algum poder mais sutil e misterioso. Essa diferença no literal afeta também os sentidos figurativos.[17]

---

15. Valiente, *Magia Natural*, 13–20.
16. Valiente, *Magia Natural*, 13–20.
17. Dicionário Centenário.

Engajar-se magicamente no encantamento é levar o outro a um estado de transe sutil, no qual seus sentidos figurativos, imaginários ou psíquicos são controlados para um propósito específico, como na hipnose moderna. Para a Bruxa praticante, esta arte está mais focada no desenvolvimento de seus próprios talentos internos, em vez de tentar colocar o outro sob seu controle. Esta prática permite que a Bruxa seja tanto a hipnotizada quanto a hipnotizadora, e em transe, explorando e desenvolvendo suas habilidades psíquicas e mágicas.

Em sua obra clássica *To Light a Sacred Flame*, a autora e professora Silver RavenWolf escreve: "Encantar sua mente basicamente significa colocá-la no estado *alfa*".[18] Estudos do cérebro humano identificaram vários estados de ondas cerebrais, medidos em ciclos de *hertz* e rotulados com letras do alfabeto grego. O "estado *alfa*" é aquele em que nos envolvemos regularmente, entrando e saindo de tais estados ao longo do curso normal de qualquer dia. Mudamos naturalmente para o estado *alfa,* quando estamos sonhando acordados ou profundamente engajados em alguma atividade, como a leitura, por exemplo. Uma realidade que torna o estado *alfa* o mais fácil de controlar. Estar no estado *alfa* é ideal para a arte do encantamento mágico, permitindo combinar os papéis de hipnotizado e hipnotizador, deixando que a mente consciente dirija e controle o inconsciente. Nesse estado, conectamo-nos psiquicamente com informações que estamos constantemente recebendo e podemos iniciar o processo de tradução do inconsciente para nossa consciência plena.

Não é de se admirar que muitos círculos de Bruxaria se refiram ao estado *alfa* como "consciência ritual" e muito cuidado é tomado para aprender como entrar nesse estado à vontade, como precursor de qualquer Magia a ser feita. Mudamos nosso estado para *alfa* como um ato preliminar de nossos ritos mágicos. Mesmo naquelas tradições que não usam a linguagem dos estados de ondas cerebrais, geralmente há alguma técnica ou procedimento no início de um ritual ou cerimônia que serve a esse propósito de entrar na consciência mágica. Este estado fortalece nossas ações rituais. Um Círculo lançado enquanto em consciência comum não servirá da mesma forma que um lançado no estado de espírito correto. Em *alfa*, nós "andamos entre os mundos" operando em vários níveis de consciência e realidade ao mesmo tempo e incorporando o estado limiar conectivo referido no axioma hermético, "Como acima, assim abaixo. Como dentro, assim fora."

---

18. RavenWolf, *To Light a Sacred Flame*, 48.

Uma vez que essa habilidade tenha sido dominada e a Bruxa possa entrar e sair do estado *alfa* à vontade, ela terá oportunidade de explorar estados ainda mais profundos, como o *theta* mais intensamente imersivo, caracterizado em nossos sonhos mais vívidos e certa expressão oculta em viagens astrais, contato direto com espíritos e outros fenômenos psíquicos. Enquanto sonhamos em *theta*, nosso corpo fica paralisado para que não represente fisicamente nossos sonhos. Isso mostra a intensidade do estado *theta* e dá uma dica de sua dificuldade em termos de controle. Estando mais próximo do estado de sonho do que em *alfa*, *theta* pode nos atrair para longe de nossa mente consciente e para um espaço no qual perdemos todo o controle ou senso de identidade. Com o tempo e a prática, pode-se aprender a controlar melhor esse estado, mas é trabalhando com o *alfa* que essas habilidades serão desenvolvidas.

A falha em dominar o estado *theta* não é, de forma alguma, um julgamento da potência mágica de alguém. Nossos objetivos mágicos podem ser alcançados trabalhando somente com *alfa*. No entanto, não seria tão imersivo quanto se trabalhássemos em *theta*. Mas enquanto *theta* exige que operemos sob certas condições restritas, *alfa* pode ser engajado durante o curso normal do nosso dia.

Ser capaz de entrar e manter um estado de transe leve é essencial para o trabalho mágico e psíquico. Tanto as Bruxas quanto os médiuns podem entrar nesse estado sem percepção consciente, mas quando isso é conscientemente percebido, pode ser moldado e controlado, levando-nos a alguns lugares poderosos, tanto magicamente quanto psiquicamente. Tente não ser dissuadido pelo uso da palavra "transe"; o que às vezes pode carregar um ar de obscuridade misteriosa e mística é, na verdade, apenas as operações normais da mente humana, que constantemente se move e muda em relação ao ambiente.

Então, se a imaginação e os sonhos são parte de nossa consciência mágica, então por que todas as nossas imaginações e devaneios não se manifestam no mundo da mesma forma que nossos feitiços? O componente que falta é aquela chave dada anteriormente e frequentemente mencionada pelos ocultistas como um elemento essencial para o funcionamento da Magia: a Vontade. A letra maiúscula aqui nos dá uma pista de que esta não é apenas nossa força de vontade ou impulso comum, mas é nossa Verdadeira Vontade, quando estamos alinhados com nossa Vontade Superior ou Divina. Mudanças na consciência acontecem naturalmente o tempo todo, mas quando são focalizadas e direcionadas através da Vontade mágica treinada, elas recebem o ímpeto para causar mudanças no mundo.

O trabalho pioneiro de Carl Jung em estudos psicanalíticos foi fundado na crença de que o numinoso poderia se comunicar através da mente inconsciente, na maioria das vezes, através do estado de sonho. Jung passou anos estudando e analisando os sonhos de seus clientes e experimentando, em particular, as mudanças de sua própria consciência em direção à interface direta com os mistérios espirituais de seu próprio inconsciente. Da mesma forma, a arte do encantamento da Bruxa preenche a lacuna entre os mundos do consciente e do inconsciente, o humano e o divino, o interior e o exterior. Acima e abaixo.

Exercício 12

Respiração Colorida – Um jeito simples de entrar em *Alfa*

Tente entrar no estado de ondas cerebrais *alfa* antes de se envolver em Magia ou adivinhação, para ver a diferença por si mesmo. Depois de entrar em *alfa*, preste atenção a quaisquer pensamentos ou sensações que vierem enquanto estiver adivinhando ou realizando seu feitiço ou rito.

1. Idealmente, fique em uma posição sentada de maneira confortável, com os pés apoiados no chão ou as pernas cruzadas.
2. Endireite as costas para que você esteja sentado com a coluna, o pescoço e a cabeça alinhados em uma base reta.
3. Relaxe conscientemente sua mente e corpo o máximo possível, garantindo que suas costas, pescoço e cabeça ainda estejam tão retos quanto possível.
4. Traga sua atenção para a respiração e comece a respirar de forma constante, profunda, rítmica, mas confortável. Se você ainda sentir alguma tensão ou desconforto, traga sua consciência para a parte de seu corpo tensionada e visualize sua respiração atingindo essa parte de você e relaxando-a mais profundamente a cada respiração, liberando qualquer tensão armazenada lá.
5. Feche os olhos e mantenha a atenção na respiração.
6. Ao inspirar, visualize que está inalando na cor vermelha. Veja o ar vermelho enchendo não apenas seus pulmões, mas todo o seu corpo com luz vermelha.
7. Ao expirar, visualize que está exalando a cor vermelha ao seu redor em um campo de energia em forma de ovo de sua aura.
8. Continue inalando e exalando em vermelho por alguns momentos. Se você está tendo problemas para visualizar a cor, passe rapidamente pela sua mente objetos que têm esse tom, como uma maçã, um batom, um

caminhão de bombeiros, etc. Isso tudo no olho da sua mente. Em seguida, volte seu foco para a visualização da Respiração Colorida.

9. Quando sentir que tem a cor estabelecida em sua visualização, preenchendo seu corpo e sua aura, continue passando por cores diferentes depois do vermelho, nesta ordem: laranja, amarelo, verde, azul, roxo, branco.

10. Depois de concluir este exercício de visualização, afirme para si mesmo: "Estou no estado *alfa* de consciência, onde estou totalmente em contato com minhas habilidades psíquicas e mágicas".

11. Deixe a visualização desaparecer. Quando estiver pronto, abra os olhos e execute qualquer tarefa de Bruxa que se propôs a fazer.

Dificuldade com Foco e Visualização

Assim como qualquer coisa que valha a pena, a Bruxaria e o desenvolvimento psíquico exigem trabalho, e esse trabalho é feito por meio de um esforço consistente. Dobrar e mudar efetivamente a realidade a seu favor não é algo que será rápido e fácil de se tornar adepto. Mesmo as práticas aparentemente "básicas", "simples" e "fundacionais" exigem um esforço extremo e podem se tornar altamente potentes quando esse esforço é feito para ser proficiente nelas. No entanto, para algumas pessoas isso é mais difícil, e para outras que são neurodivergentes, não é tão simples quanto apenas se esforçar.

Como uma comunidade de Bruxas, devemos estar atentos àqueles que são neurodivergentes e estar cientes de que nem sempre as mesmas técnicas e táticas funcionam para todos da mesma maneira. Como tal, devemos tentar acomodar isso e criar um ambiente de aprendizado e comunidade espiritual o mais inclusivo possível. Tive muitos amigos, alunos e leitores com vários graus de distração, incluindo o TDAH, todos os quais aprenderam a meditar e a melhorar o foco com alguma acomodação. Meditação não é sobre quão bem você pode se concentrar; é *treinar* a mente para se concentrar. O processo é a meditação. No entanto, a meditação não tem só uma medida, há muitas maneiras de meditar além de ficar sentado tentando limpar sua mente.

Alguns de meus alunos neurodivergentes tiveram sucesso com variações como meditações em movimento: balançar o corpo em pé ou sentado (incluindo balançar suavemente para frente e para trás) ou caminhar, dançar, correr ou criar arte. Algumas pessoas precisam ouvir música enquanto meditam. Essencialmente, qualquer coisa que possa colocá-lo no fluxo, permitindo que essa tagarelice mental desapareça, é uma forma de meditação. Você não precisa ser neurodivergente para que esses métodos funcionem. Encontrar o que funciona como indivíduo é mais importante do que tentar colocar um esforço extremo em algo que mal funciona ou não funciona de jeito nenhum. O importante é que descubra como se conectar a essas práticas da maneira mais eficaz. Lembre-se de que, no final, esse é o seu caminho, sua vida, sua prática mágica e precisa funcionar apenas para você. Isso pode exigir algumas experiências e *brainstorming*, mas vai valer a pena quando encontrar uma prática que funciona, pois os benefícios da meditação, em todas as áreas da vida, incluindo sua vida mágica, são muitos.

Agendar sua meditação na hora seguinte ao horário de uma medicação (conforme prescrito pelo seu médico) pode ser uma ferramenta útil. Quero deixar bem claro aqui que a Magia e a habilidade psíquica nunca substituem a terapia ou o tratamento médico. A deficiência física não o torna menos vidente ou Bruxo, assim como ser neurodivergente também não o torna menos vidente. Usar ativamente todos os recursos disponíveis para cuidar de si mesmo – fisicamente, mentalmente, emocionalmente e espiritualmente – está em alinhamento com o espírito da Bruxa. É assumir a soberania e a responsabilidade pela sua saúde e pela sua vida.

Embora muitos tenham dificuldade de visualização, imagine como deve ser para quem sofre de afantasia, que é a incapacidade de visualizar imagens em sua mente. Nesses casos, nosso melhor e único recurso é focar em outro lugar e desenvolver outros pontos fortes. É por isso que também me concentro em todas as outras *clairs* em *Bruxa Psíquica*, para que você possa operar a partir de seus pontos fortes em vez de somente na visualização, se for mais difícil ou impossível para você. Dessa forma, você pode adaptá-lo às suas predisposições psíquicas e neurológicas naturais. Em poucas palavras, se você não consegue visualizar um anel de energia quando lança um Círculo Mágico em seu Olho de Bruxa, tente senti-lo, ouvi-lo, cheirá-lo, prová-lo, saber que ele está lá ou uma combinação de tudo isso, tentando, preferivelmente, invocar todos esses sentidos simultaneamente.

Elizabeth Autumnalis, uma amiga íntima minha que é uma companheira iniciada na Sacred Fires Tradition of Witchcraft (Tradição do Fogo Sagrado da Bruxaria), é uma das mais talentosas médiuns e Bruxas que conheço. Alguns anos atrás, fomos acampar na floresta de New Hampshire. Andamos pela floresta certa noite, por um caminho de terra com apenas o luar para nos guiar. Estávamos a caminho de encontrar alguns amigos em uma fogueira ritual, quando encontramos um espírito. Enquanto caminhávamos e conversávamos, vi algo em minha visão periférica. Era um par de olhos espiando por trás de uma árvore, pude distinguir o contorno de uma figura alta. Embora houvesse muitos espíritos ativos da natureza por toda parte, este era muito diferente e estava focado especificamente em nós. Nós dois paramos ao mesmo tempo e ambos olhamos para ele. "Você vê isso?" Perguntei a Liz, que confirmou. Sintonizei para ver se era uma ameaça ou não; não era. O espírito era mais um guardião da área e estava nos observando e nos avaliando para ver se *nós* éramos uma ameaça. Puxei a tela da minha mente para ver como era o espírito. Fizemos algumas declarações casuais, dizendo que éramos apenas visitantes respeitosos e que não éramos uma ameaça, e continuamos nosso passeio até a fogueira. Assim que chegamos ao fogo, começamos a falar sobre isso com nossos amigos. Tanto eu quanto ela descrevemos o espírito exatamente da mesma forma. Aqui está a coisa toda, porém: Liz realmente não "viu". Não como uma imagem em seu Olho de Bruxa, e não com seus olhos físicos. No entanto, ela foi capaz de descrevê-lo com tantos detalhes quanto eu.

Às vezes, ajuda falar sobre o que está captando com seus sentidos internos, apenas para começar a descrevê-lo. Frequentemente, ao começar a falar e a descrever o que está sentindo psiquicamente, a informação começa a aparecer com mais e mais detalhes à medida que você fala, mesmo se não a estiver literalmente "vendo" com o olho da mente. Se você está realmente preso em trazer informações que está percebendo claramente, apenas comece a descrever o que sente. Esta é uma técnica psíquica útil, quer você tenha afantasia, quer não.

Minha teoria é que Liz ainda está recebendo informações psíquicas dos *noirs*, um termo cunhado por Ivo Dominguez Jr., que se refere ao processamento de informações em um nível subconsciente em oposição ao nível consciente das habilidades psíquicas *clairs*.[19] *Noirs* são os sentidos psíquicos que não aparecem de maneira clara ou perceptível que se relacionam com os nossos cinco sentidos primários de visão, audição, tato, paladar ou olfato. Em vez disso, eles são "escuros" como o nome sugere. É uma impressão psíquica que nos é trazida e que não é filtrada por essas *clairs*. É o que as pessoas costumam chamar de "clarividência"; eu colocaria a intuição nessa categoria, além de estar no reino dos *noirs*. Como tal, os sentidos *noir* muitas vezes ignoram as *clairs* da consciência do Eu Médio, mas ainda assim as informações são transmitidas. Alguns outros

---

19. Dominguez Jr., *Keys to Perception*, 49–53.

exemplos disso em ação seriam os processos divinatórios e mediúnicos que dependem do fenômeno ideomotor, que é quando sua mente subconsciente está controlando movimentos, como o uso de um pêndulo, um quadro espiritual ou uma escrita automática. Isso é *noir* em ação. Você está recebendo a informação e processando-a por outros meios que contornam a mente consciente.

É interessante notar, que as pessoas com afantasia sonham com imagens tanto como nós sem ela.[20] Isso sugere que os sonhos são faculdades involuntárias da imaginação, além do sonho lúcido, que é quando somos nós que controlamos as imagens. Também sugere que a afantasia não é a incapacidade de ver imagens, mas, sim, a dificuldade de evocar essas imagens no olho da mente sob comando. Conheço muitas pessoas diagnosticadas com afantasia que, com esforço consistente, foram capazes de lentamente começar a ver imagens sob comando em sua mente, é apenas muito mais difícil para elas do que para os outros.

Quando se trata de sonhos, muitas vezes os esquecemos rapidamente ao acordar. Como a mente consciente fica alerta quando acordamos, ela prioriza o que é importante processar, o que geralmente tem a ver com o início do dia. Pouco depois, nossos sonhos desaparecem, a menos que tenham causado um forte impacto emocional em nós, ou que treinamos nossa mente para trazer essa informação à tona. Um método para fazer isso é registrar consistentemente nossos sonhos imediatamente ao acordar, treinemos nossas mentes para focar e reter nossas experiências oníricas. Essa também é uma das etapas envolvidas para se tornar um sonhador lúcido. Portanto, não me surpreende que uma técnica que considerei útil para pessoas com dificuldade em ver imagens em sua mente, incluindo aquelas com afantasia, seja a técnica que descrevi a eles antes de descrever verbalmente o que estão tentando visualizar. Por exemplo, se você está tentando visualizar um cachorro, comece descrevendo verbalmente a aparência de um desses animais, com o máximo de detalhes possível, enquanto tenta vê-lo em sua mente, mesmo que a imagem não esteja aparecendo claramente no momento.

Há muitas coisas com as quais todos lutamos quando se trata de prática espiritual e mágica; é por isso que é uma "prática". Ficamos melhores nisso por meio de um esforço consistente. Sinceramente, porém, não há um caminho rápido para a proficiência psíquica ou mágica. Tudo dá trabalho. Alguns de nós têm que trabalhar mais do que outros em certas áreas, assim como tudo na vida. Mas todo mundo tem a capacidade de ser psíquico e de se envolver com

---

20. Whiteley, *Aphantasia, imagination and dreaming.*

Magia. Como enfatizo em meu primeiro livro, você não se autocritica e não desiste por falta de foco. Você reconhece que perdeu o foco e o traz de volta, entendendo que esse ato em si está fortalecendo seu foco. Se tiver problemas para se concentrar ou para visualizar, eu o encorajo fortemente a não desistir. Continue tentando. Você pode até descobrir novas técnicas por conta própria que o ajudem. Seja gentil consigo mesmo, mas eu o encorajo a perseverar.

Para ajudar a fornecer algumas ferramentas para aqueles que lutam com a dificuldade de concentração ou de visualização, estendi a mão e ouvi muitas pessoas com afantasia e TDAH que também são praticantes de Magia experientes. Depois de muitas conversas com portadores dessas condições, aqui estão algumas técnicas que desenvolvi para ajudar pessoas com dificuldade de entrar em estado meditativo. Eu mesmo experimentei e procurei amigos com TDAH e afantasia para testar, obter um *feedback* e garantir que funcionou tão bem para eles quanto para mim.

Exercício 13

Entrando em Alfa com um Pêndulo

Momento mágico: a qualquer momento

Material:
- Um pêndulo de qualquer tipo

Objetivo: este é um método fácil de entrar em estado de consciência de ondas cerebrais *alfa* para aqueles que podem ter dificuldade de concentração; é particularmente útil para quem tem TDAH, bem como para pessoas com problemas de visualização. Você já viu aqueles hipnotizadores à moda antiga, que usam um relógio de bolso para hipnotizar alguém? Essencialmente, tudo o que eles estão fazendo é com que a pessoa se concentre apenas em uma coisa, induzindo *alfa* com o movimento e depois induzindo *theta* por meio da sugestão. Todos os estados de transe são formas de hipnose. Os fatores-chave nisso são: quem está hipnotizando, quem está levando você a esse estado de ondas cerebrais e o que está sendo feito uma vez lá. Para isso, no entanto, vamos apenas colocá-lo em *alfa* usando uma modificação dessa técnica com você liderando a sessão.

A maioria das Bruxas e médiuns já possui um pêndulo para adivinhação, e você pode comprar pêndulos razoavelmente baratos em sua loja esotérica local ou on-line. Se não tiver um pêndulo, pode usar um pingente na ponta de uma corrente de um colar ou amarrar uma chave ou outra coisa que tenha um pouco de peso na ponta de um barbante. O pêndulo não precisa ser sofisticado, mas como todas as ferramentas, é benéfico investir em um que você realmente goste e que coloque energia continuamente durante o uso.

Instruções: primeiro, respire fundo e sacuda toda a tensão nervosa e energia que possa estar segurando. Respire fundo outra vez e relaxe. Segure o pêndulo à sua frente, de maneira que a pedra, ou o que quer que esteja na ponta do pêndulo, fique na altura dos seus olhos. Respire fundo mais uma vez e relaxe um pouco mais profundamente. Comece a balançar o pêndulo de um lado para o outro e siga-o com os olhos. Agora, mantenha sua mão parada e seus olhos fixos apenas no pêndulo, enquanto ele está balançando. Afirme mentalmente ou internamente: "Estou relaxando e entrando no estado *alfa* de consciência" com voz calma, relaxada, tranquilamente, mas firme. Continue repetindo isso enquanto seus olhos ficam focados no pêndulo em movimento, no momento que ele começa a desacelerar e as oscilações se tornam cada vez menores. Faça isso até que o pêndulo pare ou você sinta que seus processos mentais e consciência estão começando a mudar. Você deve se sentir relaxado e ligeiramente dissociado, como quando está sonhando acordado. Você está no estado de ondas cerebrais *alfa*. Também seria uma boa ideia emparelhar isso com o método de alerta psíquico de usar sua mão livre para cruzar os dedos (como se estivesse fazendo um desejo) para começar a treinar seu cérebro para mudar ao seu comando por meio de uma resposta pavloviana. Se você não sentir uma mudança, tente repetir mais algumas vezes até percebê-la. Caso contrário, tente os dois métodos a seguir.

Exercício 14

Entrando em *Alfa* – Método da Piscina

Momento mágico: a qualquer momento

Objetivo: esta técnica é projetada especificamente para pessoas que têm dificuldade de visualizar ou incapacidade de fazê-lo devido a uma condição como a afantasia. Este método, assim como o próximo, está mais focado nas sensações sensoriais e físicas ligadas à claritangência. Isso ocorre, porque a maioria das pessoas com quem conversei que tem afantasia, ou extrema dificuldade em visualizar imagens, disseram-me que podem sentir ou imaginar sensações físicas de maneira muito mais fácil do que a visualização.

Este método e o seguinte resultaram em sucesso para pessoas que têm dificuldade nessas áreas. A razão pela qual incluo dois métodos diferentes não é apenas para dar variedade, mas porque descobri que cerca de metade das pessoas se sai melhor com o método da piscina e a outra metade se sai melhor com o método dos banhos de sol, dependendo da predisposição de seus sentidos claros.

Quando eu uso a palavra "imaginar", saiba que não estou necessariamente dizendo para formar uma imagem real em sua mente, mas, sim, para evocar o sentimento em seu corpo.

Se você tiver problemas para visualizar e evocar sensações físicas, gostaria de encorajá-lo a procurar entender o que está acontecendo. Isso em si também é imaginação e vai ajudá-lo a construir esses sentidos. Para este exercício, pode ser útil entrar e submergir lentamente na água na próxima vez que você for nadar ou tomar banho (sem fazer a meditação) na intenção de se familiarizar com as sensações físicas, para que você possa conjurá-las através de sua memória.

Com esses dois exercícios, seria benéfico manter seu estímulo psíquico toda vez que se envolver nele para solidificar aquela resposta pavloviana mais uma vez.

Instruções: comece fechando os olhos e respirando fundo e então, relaxe. Imagine que você está no topo da escada que leva a uma piscina de água quente. Imagine-se descendo um degrau na piscina. Ao fazer isso, imagine como é a sensação de descer esse degrau. Tenta imaginar a sensação da água morna até os tornozelos naquele segundo passo. Sinta a água morna relaxar seus pés. Desça mais um degrau e sinta a água morna até os joelhos, relaxando-os. Desça mais um degrau e sinta-se submerso na água morna até a cintura, aliviando a tensão da parte inferior do corpo. Desça mais um degrau e sinta a água morna subindo até o Plexo Solar, bem na parte inferior da caixa torácica, enquanto tudo relaxa até esse ponto em seu corpo. Dê mais um passo para dentro da piscina e sinta a água morna começar a relaxar até os ombros. Agora, dê um último passo na água, sabendo que você pode respirar nela e sentir todo o seu corpo enquanto está submerso nesta água quente e relaxante. Reserve um momento para pensar sobre esse estado de relaxamento profundo, enquanto totalmente imerso nessa fonte de energia. Quando estiver pronto, respire fundo, relaxe e abra os olhos lentamente. Você está agora no estado de consciência de ondas cerebrais *alfa*.

Exercício 15

Entrando em *Alfa* – Método do Banho de Sol

Momento mágico: qualquer

Objetivo: tudo que foi visto na seção "Objetivo" do último exercício pode ser aplicado aqui. A principal diferença é que agora vamos invocar também os sentidos da audição e do olfato se eles forem mais fortes para você, ou no caso de a invocação de vários sentidos aumentar a imersão desta técnica. Se tiver dificuldade em conjurar sensações físicas, pode fazer como no banho do último exercício, exceto que, neste caso, você estará no chuveiro e diminuindo lentamente a pressão da água. Caso opte por isso, da mesma forma que usou a banheira no exercício anterior, certifique-se de não adicionar a meditação a ele. Procure se familiarizar com a forma como seu corpo se sente sob diferentes pressões de água, de modo que possa recorrer a essa memória quando se envolver no exercício de meditação.

Instruções: feche os olhos e respire profundamente, limpando e relaxando. Imagine que está parado na chuva e está chovendo forte. Tente imaginar como é a sensação da chuva contra o seu corpo. Sinta a chuva ao seu redor. Imagine o cheiro dela. Respire fundo outra vez e expire; imagine que a chuva está diminuindo um pouco. Concentre-se na sensação corporal da água contra sua pele à medida que a chuva começa a diminuir de intensidade. Concentre-se no cheiro, no som da chuva enquanto ela diminui. Faça outra respiração profunda de limpeza e relaxe um pouco mais profundamente. Agora, imagine que a chuva é apenas uma leve borrifada contra sua pele e concentre-se nessa sensação. Concentre-se no som de apenas uma garoa ao seu redor. No cheiro de apenas uma leve chuva ao seu redor. Respire fundo outra vez e relaxe um pouco mais profundamente.

Imagine que a chuva parou completamente. Sinta como seu corpo se sente depois de ficar na chuva, mesmo que não esteja mais chovendo. Sinta a água escorrendo do seu corpo. Ouça o silêncio ao seu redor que ocorre logo após a chuva. Sinta os cheiros ao seu redor. Respire fundo mais uma vez e relaxe ainda mais profundamente; imagine que as nuvens se separaram e o Sol está acima de você, brilhando intensamente. Sinta a sensação do calor do Sol na sua pele, secando toda a água que estava em você. Imagine os sons de um relaxante dia ensolarado. Talvez alguns pássaros estejam cantando. Talvez você ouça crianças rindo ou conversando distantemente. Faça uma última respiração de limpeza e relaxamento e abra os olhos. Você está agora no estado de consciência de ondas cerebrais *alfa*.

Exercício 16

Colar Chave da Lua

Momento mágico: Lua cheia

Material:
- Barbante (para as miçangas)
- Cem contas (de preferência pedra da lua)
- Uma chave ou chaveiro (de preferência de prata)
- Uma vela branca ou prata

Objetivo: esta é uma técnica que descobri ser útil para pessoas que têm problemas de concentração e foco; também será empregada em trabalhos posteriores neste livro. Alguns comentários comuns que recebi sobre o livro *Bruxa Psíquica* foi que as pessoas se debateram com o primeiro exercício, "Foco Preliminar". Essencialmente, uma técnica para treinar a sua mente a entrar e focar no estado meditativo de ondas cerebrais *alfa*. No exercício, sugiro que as pessoas comecem uma contagem regressiva do número cem ao zero três vezes seguidas, e se perder o foco comece de novo. No livro, também discuto como essas práticas devem ser pensadas como um treino, e que você não deve começar com algo muito intenso logo de cara. Então, não há problema em não começar com cem. Por exemplo, você pode fazer uma contagem regressiva do número dez até zero três vezes sem perder o foco. Então, quando tiver dominado isso, suba para vinte e cinco como seu ponto de partida, depois cinquenta, setenta e cinco, depois cem. No entanto, isso ainda é difícil para algumas pessoas que lutam com visualização e concentração em geral. Nesses casos, sugiro uma alternativa na qual você pode manter os olhos abertos e focar em objetos físicos enquanto encanta um item para auxiliá-lo nessas áreas. O Foco Preliminar é uma prática que ainda sinto ser uma habilidade fundamental crucial, então não encorajo abandoná-la completamente em favor desta técnica ou da Respiração Colorida, mas, sim, usá-la como trampolim para alcançar o estado *alfa* e explorar esse estado de consciência o máximo possível.

Instruções: na Lua cheia, reúna todos os seus itens. Comece enfiando cinquenta contas no barbante, uma de cada vez. Ao amarrar cada conta, diga:

Focar, saber e ver com clareza.

Concentre-se em seu desejo de poder visualizar, focar e conhecer claramente as informações psíquicas. Depois que a quinquagésima conta for colocada, amarre a chave e diga:

Santificada seja a chave que desvenda os Mistérios.
Santificada seja a chave que abre a percepção para mim.

Amarre as cinquenta contas restantes, uma de cada vez, do outro lado da chave, com cada conta focando em seu desejo, enquanto afirma:

Focar, saber e ver claramente.

Amarre as pontas ou use fechos para completar a criação do colar. Coloque-o ao redor de sua vela branca, de modo que crie um anel em volta dela.

Acenda a vela branca. Coloque as mãos sobre a vela e diga:

Nesta noite de Lua cheia
Eu carrego a chave da luz lunar.
Para desbloquear o estado receptivo
e os poderes psíquicos por este portão entrar.

Deixe a vela queimar totalmente.

Para entrar no estado de onda cerebral *alfa*, conte as contas, uma de cada vez, começando com uma conta ao lado da chave e afastando-se dela, afirmando a cada movimento:

Estou me abrindo para um estado psíquico calmo, receptivo, meditativo.

Se sua mente divagar, simplesmente repita a conta novamente antes de passar para a próxima. Tente relaxar a mente e o corpo um pouco mais com cada conta. Quando chegar à chave, depois que todas as cem contas tiverem sido contadas, segure-a e diga:

Eu estou em estado psíquico receptivo, meditativo.

Repita esse processo de contar e afirmar cada conta e a chave três vezes.

Use o colar para qualquer prática psíquica ou energética na qual se envolver. Essa prática não apenas vai ancorar sua mente psicologicamente e servir como um gatilho pavloviano, como o uso constante dela, com práticas psíquicas e energéticas, vai manter uma carga ativa que tornará mais fácil entrar nesse estado. Eventualmente, você vai simplesmente colocar o colar e entrar automaticamente nesse estado de consciência. Sugiro começar com os olhos abertos e, à medida que sua prática se fortalecer, faça a contagem e as afirmações com os olhos fechados, tentando ver o número em sua mente ao passar por cada conta. Se não conseguir, tudo bem; basta mover para o número seguinte. Com o tempo, você deve fortalecer seu foco e visualização e começar a ver os números. Não desista nem seja muito duro consigo mesmo.

Se você trabalha com a Deusa Hécate, como eu, também pode consagrar a chave em nome dela e pedir ajuda a ela. Não precisa fazer nada super formal para incluí-la, basta pedir de coração com sinceridade e ela ouvirá. Hécate é a Deusa da Bruxaria, e a chave é um símbolo sagrado para ela, com Kleidoùchos (que significa guardião da chave) sendo um de seus epítetos sagrados. O número três é sagrado para Hécate como uma Deusa tríplice, e o número cem também tem associações vagas com ela, com o prefixo *Heka* significando *afar* ou "distante", bem como o número cem, como os *Hekatónkheires* da mitologia grega, os de "cem mãos". A pedra da lua também recebeu o nome da Deusa Hécate de Jean-Claude Delametherie, que a chamou de "Hecatolite". Devido a isso, ela também tem associações modernas com a Deusa.[21]

Sinceridade e Entusiasmo

Duas chaves essenciais para a Magia que não vejo serem discutidas o suficiente são "entusiasmo" e "sinceridade".

Entusiasmo é a energia que você coloca em sua Magia. Observar a origem da palavra "entusiasmo" pode nos dar uma ideia de sua importância. A palavra entusiasmo vem do grego antigo *en*, que significa "em" e *theos*, que significa "Deus", literalmente "em Deus".[22] Ser inspirado e exultante no êxtase de um Deus. Acredito que o entusiasmo seja um efeito de estar em alinhamento com a Verdadeira Vontade que, em poucas palavras, é o propósito divino de uma pessoa na vida. É a razão pela qual encarnamos, e isso é diferente para cada indivíduo. Entusiasmo é a energia que você coloca em sua prática para atingir esse propósito.

Sinceridade é a qualidade do coração empregada em sua Magia. É a atitude que você traz para a sua prática, a maneira como a aborda. A sinceridade é o coração da mentalidade mágica. Olhar para a raiz etimológica da palavra "sinceridade" também pode nos dar uma pista de seu poder. Sinceridade vem

---

21. Kynes, *Crystal Magic*.

22. Harper Douglas, *Etymology of enthusiasm*, On-line Etymology Dictionary, accessed November 28, 2021, https://www.etymonline.com/word/enthusiasm.

do latim *sincerus*, que significa "inteiro", "limpo", "puro", "verdadeiro".[23] O estado de ser que não é contaminado pelo fingimento. É estar no relacionamento certo, com seus motivos para se engajar no caminho mágico.

Não é incomum perder de vista o entusiasmo e a sinceridade na Magia. Ainda assim, é um sinal para avaliar que algo está fora de equilíbrio e determinar como você pode reacender essas qualidades em sua prática. Talvez você esteja se sentindo esgotado, começando a sentir que sua prática é uma tarefa árdua, em vez de algo que incendeia seu espírito. Normalmente, isso significa que você precisa desacelerar e reduzir sua prática mágica ao mínimo necessário, ou fazer uma pausa temporária completa até encontrar seu entusiasmo por ela novamente. Isso também pode acontecer quando nossa prática mágica assume a maior parte da nossa vida e não é equilibrada com "viver e aproveitar a vida". A falta de sinceridade também pode indicar que está praticando Magia ou prática espiritual com motivos errados. Talvez você esteja operando a partir de um lugar de puro ego, mais preocupado em passar pelas aparências de ser uma Bruxa aos olhos dos outros do que em ser sincero sobre sua prática em si e o porquê de estar se envolvendo com ela. Outra possibilidade é um envolvimento com feitiços e práticas por pura necessidade, sem um desejo real de fazê-los. Ao avaliar seus níveis de entusiasmo e sinceridade, você pode discernir o quão alinhado está em sua prática e descobrir como voltar a se alinhar com ela novamente. Sem essas duas abordagens, é improvável que suas experiências espirituais de resultados mágicos sejam tão frutíferas.

Essas abordagens são o trampolim sobre o qual tudo deve ser construído.

Imersão Mágica

Um componente secreto para uma conjuração proficiente é mergulhar na Magia envolvendo totalmente a imaginação. Estar imerso em Magia, é estar presente tanto nela quanto no mundo físico. O resto da sua vida deve ficar em suspenso. Você não pode pensar em mais nada. Naquele momento, você é a Bruxa e o próprio feitiço. É uma espécie de auto-hipnose psíquica. Muitas pessoas que praticam Magia têm dificuldade de entrar neste estado, uma das razões pelas quais entramos em estados meditativos alterados antes de praticar, como no estado de onda cerebral *alfa,* por exemplo, que está conectado à imaginação. É também

---

23. Harper Douglas, *Etymology of sincerity*, On-line Etymology Dictionary, accessed November 28, 2021, https://www.etymonline.com/word/sincerity.

uma das muitas razões pelas quais estou constantemente enfatizando as práticas fundamentais da Magia, independentemente de onde cada um esteja em seu caminho de experiência com as artes da Bruxaria. Você pode estar duvidando de sua Magia e não se sentindo alinhado com suas habilidades. É aqui que, ao contrário do que a maioria das pessoas pode dizer, a interpretação é benéfica na Bruxaria. É uma maneira de se estimular de forma mágica, entrar no perímetro e se tornar o próprio feitiço por meio do alinhamento.

A forma como a interpretação funciona é que você não está apenas interpretando um personagem, mas, sim, a si mesmo. É semelhante ao método de representar uma versão glorificada de si mesma como uma Bruxa ou Bruxo poderoso. Assim como o método de atuação, a encenação consiste em estar totalmente imerso em um personagem. Você pode estar preocupado em se iludir ou se perder na fantasia por meio dessa imersão. Eu entendo isso e sou um forte defensor do ceticismo e do pensamento crítico, exceto enquanto estiver envolvido no próprio ato de lançar feitiços. Ao realizar um feitiço, você precisa ter fé em suas habilidades e na própria Magia. Isso é mais bem alcançado por meio desse estado imersivo. Um estado mágico profundamente imersivo ajuda a remover quaisquer limitações autoimpostas que possa ter enraizado dentro de si mesmo e que estejam criando bloqueios, o que ajuda a permitir que sua Magia flua mais forte.

Silver RavenWolf se refere poeticamente a isso como a "Hora das Bruxas", que ela descreve como: "quando todo o seu ser pede que você se levante, mexa-se e comece a trabalhar! A confiança de que você pode passar facilmente do problema em questão para o sucesso que deseja, fervilha ao seu redor. E você sabe, no fundo da sua alma, essa é a hora da Magia: o momento em que seu poder amadureceu."[24] Considero o uso deste termo para este conceito um nome tão bonito e poético para este estado de imersão. A Hora das Bruxas no folclore é o momento em que as Bruxas e os espíritos são considerados mais potentes. A lenda coloca esse horário entre meia-noite e 4 horas, dependendo de qual tradição, cultura ou época está sendo discutida. Os horários mais populares para isso são meia-noite ou mais comumente às 3 horas. Discutindo ainda mais, ela escreve que, "Se você acredita que o Universo é um mar de potencial dentro e fora, acima e abaixo, então você tem o segredo de todo poder, toda Magia, todo sucesso".[25]

---

24. RavenWolf, *The Witching Hour*, 1.
25. RavenWolf, *The Witching Hour*.

A interpretação e seu efeito sobre a personalidade e a psique de uma pessoa, bem como sua relação com a Magia ritual, é um tópico que os estudiosos estão explorando no momento.[26] Quando se trata de lançar um feitiço, você deseja não apenas interpretar como um conjurador poderoso, mas também mergulhar no próprio feitiço. Eu costumo dividir isso conectando aspectos internos aos sete planos da realidade e aos sete corpos energéticos do indivíduo.

Imersão física: é quando usamos roupas ou joias rituais, mantos ou vestimentas apenas para realizar Magia, deixando-os reservados apenas para esses propósitos. Isso ajuda a permitir que essas roupas atuem não apenas como forma de imersão no estado certo, mas também como um gatilho psicológico. A imersão física também inclui os ingredientes materiais do seu feitiço, ervas, velas, cristais, ferramentas ou estátuas. Tudo isso ajuda a mergulhar no ato de lançar feitiços.

Imersão etérica: é um mergulho em seu ambiente tanto no nível físico quanto no energético. No feitiço, é o ato de estabelecer um espaço para sua Magia se tornar um recipiente da energia que você vai elevar. É garantir que o espaço esteja limpo fisicamente, purificado energeticamente e pareça sagrado para você. Isso também inclui entrar em estados meditativos e alterados e conectar-se com nosso Espaço Sagrado interno tanto quanto com o externo.

Imersão astral: o plano astral da realidade está diretamente relacionado à força de vontade. Este é o ato de envolver à vontade com controle e confiança, sabendo que o que você está realizando cria uma cadeia de causa e efeito que vai manifestar o desejo do feitiço.

Imersão emocional: é o momento que invocamos a energia emocional do objetivo de um feitiço, durante a execução do ato. Por exemplo, se você estivesse lançando um encantamento de amor, iria se concentrar nos sentimentos de "amar e ser amado". Se estivesse lançando um feitiço para aumentar a capacidade psíquica, iria se concentrar na emoção da tranquilidade e na disponibilidade emocional.

Imersão mental: mergulhar no objetivo da sua Magia, através de pensamentos positivos alinhados com o propósito do feitiço, bem como vocalizar o objetivo durante o trabalho de alguma forma, faz parte da Imersão Mental. Não se trata apenas das palavras em si, mas de como você as entrega. É a voz mágica, uma forma de falar que, assim como seu manto mágico, é deixada de lado, exceto

---

26. Bowman and Hugaas. *Magic is Real*

para o ato de conjuração ou ritual. E não é apenas um tom de fala, mas vários, dependendo do desejo do encantamento; no entanto, é sempre estável e firme, independentemente da intenção do feitiço.

Imersão psíquica: é aqui que envolvemos nossos sentidos internos e os projetamos em uma realidade física para aprimorar o feitiço em questão. É a conjuração de envolver a imaginação para ver, ouvir, cheirar, provar e sentir coisas que associamos pessoalmente ao desejo do encantamento. Por exemplo, ao lançar um feitiço para habilidade psíquica, posso visualizar a energia cintilante prateada ao redor da minha vela. Posso evocar o cheiro de jasmim, o gosto de baunilha, a sensação da seda contra meu corpo e o som de corujas piando. Tudo isso são conjuntos de símbolos que eu pessoalmente associo à capacidade psíquica. Ao sintonizar e projetar isso em um feitiço, estou dizendo ao meu subconsciente para ativar os caminhos energéticos dentro de mim, que se alinham com a habilidade psíquica.

Imersão divina: é a fé irrestrita de que, enquanto executo meu feitiço, as divindades ou espíritos com os quais estou trabalhando e direcionando meu pedido estão realmente ouvindo e ajudando. Enquanto trabalho, tenho total confiança em mim mesmo e em minha própria divindade como um cocriador que pode afetar diretamente a realidade por meio do meu poder mágico. A partir daí, posso abandonar o meu trabalho sem ficar obcecado ou insistir nele depois, permitindo que a imersão termine com o lançamento do feitiço.

Objetivos Mágicos Estratégicos

Feitiços atingem objetivos. Ter um objetivo bem planejado para direcionar seu feitiço ajuda a manifestar a realização do desejo. Isso pode soar como senso comum, mas tende a ser algo que as pessoas não pensam o suficiente quando planejam seus feitiços. A maioria dos novos conjuradores se enquadra em dois campos: aqueles que têm uma visão limitada de seus objetivos e aqueles que enxergam longe o suficiente para atingir magicamente um grande objetivo. Ter os objetivos certos com o lançamento de feitiços pode concretizar ou quebrar um feitiço. A maior influência em minha Magia a esse respeito vem dos livros e cursos de Jason Miller.[27] Como achei o foco no objetivo durante o estágio de planejamento de feitiços extremamente importante, gostaria de garantir algumas dicas para ajudar seus feitiços a alcançar o próximo nível.

---

27. Miller, *The Elements of Spellcrafting*.

Existem cinco áreas principais que são importantes observar quando se trata de elaborar seu objetivo. Embora eu use o psiquismo como o objetivo do feitiço neste exemplo, essas cinco áreas de foco se aplicam a todos os feitiços, independentemente do tipo de objetivo mágico que você tenha. As principais áreas nas quais precisamos nos concentrar ao elaborar os objetivos do feitiço são: *precisão*, *abertura*, *realismo*, *entusiasmo* e *estratégia* para objetivos maiores. Seu objetivo de criação de um feitiço deve ser uma ou talvez duas frases, no máximo, mas formular a linguagem desse objetivo corretamente deve levar um tempo considerável para ficar perfeito quando o estiver planejando.

O primeiro passo na criação de um objetivo é a precisão. Você precisa ser completamente claro e específico sobre o que deseja que o feitiço alcance. É importante pensar muito sobre isso; é fácil acreditar que sabemos o que queremos sem analisar muito, apenas para acabar percebendo que não fomos específicos o suficiente. Isso ainda acontece comigo. Deixe-me dar um exemplo que imediatamente me vem à mente. Recentemente, fiz um feitiço para me ajudar a ter um foco semelhante a um laser, sem distração. O feitiço se manifestou e descobri que meu foco estava tão bem aprimorado, que muitas horas se passaram enquanto eu me concentrava na tarefa em questão sem que eu percebesse. Então, qual era o problema? O problema era que eu estava focando nas coisas erradas. Passei uma semana organizando nossa enorme biblioteca de ocultismo em ordem alfabética por autor, sem uma única distração –, mas não foi para isso que lancei um feitiço de foco. Era para eu me concentrar em escrever este livro. Não fui claro o suficiente em meu feitiço sobre o que exatamente eu queria que fosse o foco ou por quanto tempo.

A próxima parte da definição de metas para o seu feitiço é justamente o oposto da última; trata-se de encontrar um equilíbrio entre ser preciso sobre o objetivo e permitir fluidez em relação a como um feitiço pode se manifestar. A Magia sempre quer encontrar o caminho de menor resistência para se manifestar, e é por isso que queremos ser precisos sobre como isso se manifestará. Por outro lado, se formos muito precisos, dificultaremos a realização do feitiço. A chave é encontrar o ponto ideal entre ser adequadamente preciso sem ser tão específico que o feitiço tenha dificuldade em se manifestar. Cada vez que especificamos nossa intenção, estamos reduzindo o fluxo daquilo que se manifestará para garantir que estamos obtendo o que realmente queremos –, mas quando somos muito rígidos com a forma como isso deve se manifestar, limitamos cada vez mais o potencial de obter o que queremos e no prazo que queremos. Neste caso, seu objetivo pode ser escolher um caminho de maior resistência, embora possa haver várias outras maneiras pelas quais isso possa acontecer.

Outra consideração crucial ao formular seu objetivo é discernir se seu objetivo está dentro do reino das possibilidades de ocorrer. Isso se resume a avaliar sua vida e situação e compará-la com a plausibilidade do objetivo a ser alcançado, para ver se ele é facilmente realizável. Se não for, trata-se de determinar como podemos torná-lo mais atraente. Embora a Magia possa e às vezes realiza "milagres" em termos de coisas que pareceriam impossíveis, é muito mais eficaz se puder lançar um feitiço que não beira a impossibilidade. Se você está lançando um feitiço para ser um especialista em mediunidade, mas não reserva tempo em sua rotina para meditar, fazer sessões de desenvolvimento psíquico ou sentar-se para realizar uma sessão mediúnica propriamente dita – o feitiço provavelmente não vai fazer muita coisa. Sua situação de vida atual não é favorável neste cenário.

Se você está lançando um feitiço para se tornar um *rockstar* famoso, mas sequer sabe tocar um instrumento ou cantar e não tem vontade de aprender, ou não quer ser notado pelos outros, sua vida não é encantável para esse pedido. Da mesma forma, se você tentar lançar um feitiço para poder voar como um poder sobre-humano, as probabilidades estão tão contra você que posso garantir que isso não acontecerá. A situação simplesmente não é atraente.

Agora, se o seu objetivo está tão fora de alcance, a chave é abordá-lo estrategicamente. Tenha um trabalho mágico maior para seu objetivo final, mas lance feitiços menores que o ajudem a alcançá-lo, o que torna sua vida mais encantadora. Em vez de buscar algo enorme que provavelmente não se manifestará, divida a magia em vários pequenos feitiços que o levarão ao seu objetivo final. Quando um desses feitiços se manifestar, passe para o próximo até atingir seu objetivo principal.

O último componente a ter em mente ao planejar seu objetivo é avaliar seu nível de entusiasmo. Você está animado com o feitiço que está planejando? Se não, então por que o está lançando? Parece um pouco bobo fazer essa pergunta, mas é muito importante. Se você não está animado com o feitiço, há uma óbvia falta de desejo e vontade de que ele funcione. Sua excitação é parte da manifestação do feitiço. Denota quanta energia está colocando nele. Se você não está animado com o objetivo do feitiço, por que o Universo ou qualquer aliado espiritual deveria estar?

Isso retorna ao tópico anterior de entusiasmo e o poder dentro desse estado de espírito. Se você não está animado com o feitiço, isso indica que precisa repensar o porquê de o estar lançando em primeiro lugar.

Jason Miller resume perfeitamente a importância do entusiasmo na Magia em seu livro *The Elements of Spellcrafting:* "Um bom objetivo é inspirador. Acende um fogo na barriga. É uma razão para entrar no Templo ao amanhecer ou ir para o cemitério às 3 da manhã. Só porque não estamos buscando o impossível ou altamente improvável, não significa que não podemos lutar pela grandeza".[28]

Desejo, Intenção e Vontade

Podemos ter o pensamento (intenção) de fazer algo, mas até que nosso cérebro envie sinais elétricos através do sistema nervoso para realizar essa ação, isso sempre permanecerá um pensamento. Essa atividade elétrica entre pensamento e ação é, em sentido metafórico, nossa "força de vontade". É o passo entre o pensamento e a ação que faz a transição entre os dois, que não duvida nem questiona a si mesmo; em vez disso, a decisão é tomada e uma força passa a mover esse pensamento para uma realidade atualizada.

Nesta metáfora, a mente consciente da intenção está se dirigindo para a vontade. Mas este nem sempre é o caso. A vontade é algo que muitas vezes fazemos inconscientemente. Trazer consciência para a força de vontade vai ajudar a entender como aproveitá-la melhor e torná-la uma ferramenta consciente que ajudará em todas as áreas de sua vida, e isso é especialmente verdadeiro quando se trata da formulação de feitiços. Mantendo a metáfora, quando nossa intenção e vontade estão sincronizadas, podemos caminhar do ponto A ao ponto B sem pensar muito. Quando intenção e vontade não estão alinhadas, ou não nos movemos como nos exemplos anteriores, ou nossa vontade está no piloto automático. Um exemplo dessa metáfora é quando estamos falando ao telefone e andando de um lado para o outro sem perceber. Nossas ações não são mais conscientes, passam a ser inconscientes.

A vontade é uma energia com a qual devemos nos familiarizar e ser capazes de controlar e direcionar se quisermos ser conjuradores proficientes. Nós nos familiarizamos com a identificação da força de vontade através de sua observação. Aproveitamos e fortalecemos nossa vontade ao nos envolvermos

---

28. Miller, *The Elements of Spellcrafting*, 28.

com ela conscientemente, e isso é feito por meio de disciplina e dedicação. Aprendendo a reconhecer e a trabalhar com nossa força de vontade pessoal, podemos aprender lentamente a reconhecer e a colocar em prática nossa Verdadeira Vontade Superior. Isso não significa que a intenção seja inútil. A intenção é um fator enorme na Magia, pois nos ajuda a determinar quais são nossos objetivos mágicos.

Exercício 17

Identificando e Fortalecendo a Vontade

Momento mágico: começando na Lua nova até a Lua cheia.

Material:
- Um caderno ou diário
- Uma caneta

Objetivo: esta é uma prática que visa fortalecer a vontade, criando uma rotina de disciplina simples. Esta prática também serve para identificar a vontade como uma força energética movida pela observação do espaço sutil entre pensamento e ação.

Instruções: começando na Lua nova, todos os dias, até a Lua cheia, defina um cronômetro de cinco minutos e escreva em seu diário. É ainda melhor tentar escolher a mesma hora todos os dias para realizar este exercício.

A chave é não fazer absolutamente mais nada até que o cronômetro apague. Tudo bem se você nem sabe o que escrever em seu diário. Caso se sinta amarrado, pode simplesmente escrever: "Estou escrevendo em meu diário para observar e identificar a força de vontade dentro de mim". O que você escreve não é tão importante quanto o ato de escrever em si.

No entanto, escolhi o registro no diário como exemplo para este exercício, porque descobri que escrever em um diário é uma das coisas mais poderosas que a Bruxa pode fazer diariamente, e este exercício vai ajudar a tornar a escrita um hábito diário. Então, se não é sobre o que estamos escrevendo, qual é o sentido disso? É observar como sua mente vai passar de ter a intenção de escrever algo para a ação de fazer aqueles traços com sua caneta. Ao escrever, você deseja encontrar esse espaço entre o pensamento e a ação, porque essa é a energia da vontade na qual precisa se concentrar e identificar.

Associar em vez de usar

Outra chave de sucesso para lançar feitiços é como você aborda o material que está sendo usado em sua Magia. É uma mentalidade colonial muito ocidental ver os ingredientes em seu feitiço apenas como itens a serem usados. Bruxaria é sobre conexão. Você está se conectando ao Eu, aos espíritos, à natureza e ao Cosmos. Trata-se de vê-los como todos iguais e paradoxalmente diferentes. Somos todos um, mas todos individualmente únicos. Mesmo dois exemplares da mesma erva ou do mesmo cristal serão únicos e ligeiramente diferentes. Nós nos conectamos através do poder de honrar e respeitar a tudo. É por isso que a maioria das Bruxas tende a ser animista, vendo tudo como vivo e dotado de espírito.

O termo "animismo" foi cunhado por antropólogos ocidentais imersos em uma cosmovisão cristã para descrever crenças espirituais e religiosas desconhecidas, que eles viam como "primitivas", e que incluíam uma crença no espírito dentro de objetos aparentemente inanimados. No entanto, se olharmos mais de perto, veremos que a prática do animismo é quase universal, independentemente da cultura. Mesmo os Pagãos europeus pré-cristãos se engajaram no animismo. Acredita-se que o animismo seja a crença religiosa mais antiga do mundo.

Eu acredito que o animismo é uma orientação natural para os humanos, da qual fomos treinados. Até mesmo vemos exemplos modernos de pessoas engajadas no animismo quase todos os dias, sem perceberem. Um exemplo é a forma como os veículos, sejam eles navios, bicicletas ou carros, recebem nomes, pronomes e são pronunciados. Outro exemplo são os eletrônicos, principalmente quando estão começando a falhar, ou quando estão nos frustrando. É comum as pessoas começarem a falar com aquele aparelho, gritar com ele ou até mesmo implorar para que ele funcione como se fosse uma pessoa.

Quando pensamos em carros, navios e eletrônicos, podemos acreditar que eles não podem ter um espírito, pois estão muito distantes do mundo natural e são compostos de diferentes partes. Porém, só porque algo é composto de vários componentes ou passou por processos de transformação que o removem de seu estado natural, não significa que aquilo não tenha um espírito inerente a ele. Se olhássemos para os seres humanos, veríamos que também somos compostos de vários elementos e até mesmo de várias formas individuais de vida biológica, desde bactérias unicelulares até os trilhões de células que compõem o corpo humano, mas temos uma consciência singular abrangente como um único corpo. Quando assamos uma torta, usamos ingredientes únicos, mas uma vez que temos a torta, aqueles não são mais apenas ingredientes; é simplesmente uma torta. Feitiçaria é assim também. Embora usemos materiais diferentes em nosso artesanato mágico, eles geralmente atuam como um componente de algo novo em algo completo e com espírito próprio. Por exemplo, se você está fazendo um óleo para um feitiço, ele incorpora diferentes materiais de óleo essencial. Uma vez terminado, o óleo não é mais cada um dos elementos do óleo essencial que o criou; agora ele é único, um óleo de feitiço. Acho que uma abordagem poderosa na Magia é honrar e tratar cada material como seu próprio espírito individual (como células que auxiliam em uma função) e, em seguida, o produto resultante desse processo, como seu próprio espírito como um todo.

Também vemos crianças naturalmente engajadas no animismo, muitas vezes conversando com brinquedos, plantas e objetos aparentemente inanimados e tratando-os como seres vivos e autônomos. Observar as crianças e como elas interagem com o mundo é a chave para a habilidade mágica e psíquica, e este é um ótimo exemplo disso. Abordar o mundo através de um ponto de vista animista aumentará significativamente sua capacidade psíquica, porque abrirá novas possibilidades de diálogo entre você e o mundo ao seu redor, tanto visível quanto invisível. Lembre-se, não se trata apenas de ferramentas ou ingredientes, mas de aliados que auxiliam na ponte entre os mundos interno e externo da Magia.

Quando falamos de lançar feitiços, a maneira mais fácil de se conectar com os componentes materiais de seu trabalho é reconhecê-los individualmente, pedir-lhes ajuda na realização e agradecer-lhes por seu apoio. Esta abordagem simples muda a dinâmica do relacionamento energético entre você e os ingredientes que usa em seu feitiço. E você deve notar a diferença na eficácia entre a parceria com os espíritos do material usado em detrimento de simplesmente usar ingredientes em um feitiço. Outra ótima maneira de honrar o espírito do material com o qual está trabalhando é tentar garantir que ele seja colhido e obtido com ética e da melhor maneira possível. Isso nem sempre é completamente possível, mas você deve se esforçar para fazer escolhas melhores quando puder. Costumo utilizar o exercício a seguir para me conectar com um material pela primeira vez, para que me familiarizar com ele.

Exercício 18

Conectando-se com o Material

Segure o objeto em sua mão, se o tiver próximo a você. Aterre-se e centralize-se e entre em estado *alfa*. Traga sua atenção para o Caldeirão do Aquecimento (consulte o Capítulo 3 para obter uma explicação dos Três Caldeirões), localizado abaixo do umbigo. Veja-o girando com a energia do seu Eu Inferior, como se alguém estivesse mexendo nele com uma concha ou colher. Imagine que ele está começando a transbordar dentro de você como se seu corpo fosse oco. À medida que transborda, ele começa a preenchê-lo com essa consciência, desde os pés até o topo da cabeça, até que você esteja completamente preenchido com essa energia.

Afirme verbalmente ou mentalmente:

*Desejo vibrar em harmonia com o espírito de ....
(nome do objeto) em amor perfeito e confiança perfeita.*

Examine sua consciência interior; o que você sente? Consegue ver alguma imagem? Talvez cheire ou prove algo. Talvez sinta ou ouça alguma coisa. Visualize o espírito do objeto em seu Olho de Bruxa. Apresente-se. Reserve um momento para comungar com ele, faça perguntas, conheça-o.

Quando terminar, agradeça. Visualize toda a energia do Caldeirão que encheu seu corpo indo de volta para ele.

Agora repita esse processo mais duas vezes, uma vez com o Caldeirão do Movimento do Eu Médio, localizado no centro do coração e depois com o Caldeirão da Sabedoria do Eu Superior, localizado na cabeça. Observe se você tem alguma experiência diferente com seus sentidos. O espírito do objeto tinha a mesma forma ou outra diferente? Ele agiu da mesma maneira ou transmitiu informações diferentes com base na alma com a qual você o abordou?

Exercício 19

Limpando e Energizando suas cartas de Tarô, de Theresa Reed

Momento mágico: uma Lua cheia, uma Lua nova.

Material:
- Cristal de quartzo-rosa
- Cristal de selenita
- Cristal de turmalina-negra
- Incenso de sândalo (eu prefiro incenso em bastão)
- Incenso de sangue-de-dragão
- Pano de seda
- Seu baralho de Tarô

Objetivo: este é um feitiço de duas partes para limpar a energia negativa do seu baralho de Tarô e recarregá-lo com vibrações positivas e curativas. Existem muitos motivos pelos quais você pode querer limpar seu Tarô. Alguns dos mais comuns são:

- Você fez muitas leituras com o mesmo baralho.
- Deseja limpar seu baralho após uma leitura particularmente negativa.
- Foi presenteado com um baralho novinho em folha.
- Herdou o baralho de outra pessoa (a vovó deixou seu Thoth para você).
- Suas leituras parecem "bobagem".
- Você não toca no seu baralho faz tempo.

Francamente, você nem precisa de um motivo para usar esse feitiço. Considere uma boa manutenção espiritual que manterá suas leituras de Tarô funcionando como uma máquina bem lubrificada.

Instruções: na Lua cheia, reúna seu baralho de Tarô, sândalo, pano de seda e cristal de turmalina-negra. Abra uma janela e sente-se perto dela. Acenda o incenso e deixe a fumaça envolver seu baralho de Tarô por cerca de um minuto.

Coloque o incenso de lado enquanto segura o baralho entre as mãos. Feche os olhos e recite estas palavras, em voz alta ou silenciosamente:

Sob o brilho da Lua cheia
Eu ordeno que toda energia negativa vá embora.

Se preferir, você pode escolher suas próprias palavras. O importante é que comande as cartas para liberar toda e qualquer energia que não seja propícia às suas leituras. Coloque as cartas no pano de seda, coloque a turmalina-negra por cima e embale em um embrulho bem-organizado. Coloque o baralho embrulhado sob a luz da Lua cheia e deixe-o sozinho até a Lua nova. (Durante este período de descanso, use um baralho de Tarô diferente para suas leituras, para que aquele que está sendo limpo tenha bastante tempo de se purificar.)

Quando a Lua nova chegar, reúna o baralho, o sangue-de-dragão e o quartzo-rosa. Desembrulhe o baralho. Acenda o sangue-do-dragão e espalhe lentamente a fumaça pelas cartas por um ou dois minutos. (O sangue-de-dragão é protetor e atrai boas energias.)

Em seguida, pegue o baralho em suas mãos e segure-o no Terceiro Olho. Repita estas palavras, em voz alta ou silenciosamente:

A Lua nova traz energia fresca, enfim.
Meu baralho de tarô está pronto para trabalhar para mim.

Mais uma vez, sinta-se à vontade para alterar as palavras como achar melhor. O importante é que você defina uma intenção que pareça positiva. Coloque seu baralho no parapeito da janela com o quartzo-rosa no topo. Deixe-o descansar por um dia sob a Lua nova. Pronto, você já pode usá-lo. Mantenha um cristal de selenita em suas cartas entre as leituras. Isso neutralizará a maior parte da energia e manterá seu baralho limpo.

Exercício 20

Confirmando o Feitiço com Técnicas de Adivinhação

Momento mágico: a qualquer momento

Material:
- Um baralho de Tarô

Objetivo: é sempre aconselhável obter uma consulta antes de lançar um feitiço. Para uma Bruxa, talvez não haja consultor maior do que a adivinhação. Adivinhar antes de lançar um feitiço pode lhe dar uma ideia se a luz está verde para continuar ou se deve voltar à prancheta e refazer seu feitiço. Uma das formas mais rápidas de adivinhação para um feitiço é simplesmente consultar um pêndulo para perguntas de "sim" e "não". Os pêndulos são ótimas "rodinhas nos pés" para aprender a ouvir e confiar em sua intuição. Depois de trabalhar com um pêndulo por um tempo, você vai descobrir que já sabe o que ele vai dizer antes de usá-lo.

No entanto, se está procurando mais informações sobre seu feitiço, adivinhar com um sistema mais complexo pode ajudá-lo a criar o melhor "plano de ataque" e a solucionar seus trabalhos. Não deveria ser surpresa que minha ferramenta preferida de adivinhação seja o Tarô. Pensei em compartilhar como eu faço a "verificação" antes de executar um feitiço para garantir seu sucesso.

Instruções: começo entrando em estado meditativo, embaralhando minhas cartas e concentrando-me no objetivo desejado. Por exemplo, se eu quisesse fazer um feitiço para receber uma promoção na minha profissão, eu me concentraria no objetivo de uma promoção no trabalho enquanto projetava internamente uma oração de petição. Esta é a que eu uso, mas fique à vontade para adaptá-la ao seu caminho espiritual:

Com a orientação da Divindade
Eu embaralho estas cartas buscando a verdade.
Deuses e guias com olhos para ver
Revele o melhor caminho de Magia para eu vencer.

Então faço uma distribuição de quatro cartas:

- **Posição 1:** Que tipo de Magia
- **Posição 2:** Conselhos sobre a Magia
- **Posição 3:** Possíveis bloqueios
- **Posição 4:** Resultado se a Magia realizar

Para a Posição 1, eu prevejo o tipo de Magia a ser realizada com base no naipe elemental que surge. Isso me ajuda a ter uma ideia geral do que as cartas estão recomendando e a incorporar aquilo ao meu feitiço. Obtenho mais informações com base na própria carta. Se recebo uma carta dos Arcanos Maiores, refiro-me às suas atribuições astrológicas e traduzo-as para o elemento que a rege. Aqui estão alguns exemplos de associações elementais com tipos de Magia:

- **Pentáculos (Terra):** Magia de Ervas, Magia de Cristal, Magia de Boneco e Magia de Nó.

- **Copas (Água):** Poções, Elixires, Essências Florais e Banhos.

- **Bastão (Fogo):** Magia de Velas, Magia Sexual.

- **Espadas (Ar):** Entoar Feitiços, Encantamentos, Feitiços de Petição, Afirmações e Meditação.

Esta é puramente uma ilustração de correspondências; use sua intuição e olhe realmente para as imagens nas cartas. Elas podem ter algo a dizer, apesar de não ser um significado "tradicional" da carta. O Tarô "fala" de várias maneiras, incluindo por simbolismo de imagens.

Capítulo 3
APROXIMANDO-SE DOS MISTÉRIOS

Em *Bruxa Psíquica*, discuti modelos tríplices como, as Três Almas, os Três Fundamentos Alquímicos, os Três Caldeirões e a Cosmologia Tríplice da Árvore da Bruxa. Esses conceitos são cruciais para uma abordagem tanto do psiquismo quanto da habilidade mágica, criando componentes fundamentais tão importantes quanto conceitos como os elementos, os poderes planetários e as influências astrológicas. Como tal, sinto que é importante revisar esses conceitos para aqueles que não estão familiarizados com eles e trazer mais conhecimento, perspectivas e compreensão para aqueles que já os conhecem. Esses conceitos são importantes para uma melhor conexão com os mistérios da Magia e a habilidade em conjuração, por meio de experiência direta para o trabalho neste livro. Algo como um mapa para identificar e entender quais são essas experiências e uma estrutura para dar sentido aos níveis de realidade que estamos operando e quais partes de nós mesmos estão interagindo com esses níveis.

Ao usar esses modelos tríplices, podemos começar a construir uma estrutura dos aspectos de nós mesmos e como correspondemos e nos relacionamos com o universo metafísico nos níveis interno e externo. Existem também conceitos fundamentais importantes para entender na metafísica e no ocultismo sobre a relação de consciência, energia, realidade e divindade. Sinto que esses conceitos são mais bem resumidos pelos sete Princípios Herméticos, uma união da antiga sabedoria oculta complementada por conhecimentos inovadores de movimentos espirituais como a Teosofia e o Novo Pensamento. Esses princípios às vezes são referidos como a "Chave Mestra" para abordar os Mistérios e perceber o poder inerente da mente sobre o material.

Uma de minhas professoras de Bruxaria, Laurie Cabot, enfatizou os Princípios Herméticos, referindo-se a eles como sendo a base central de como e porque a Bruxaria funciona.[29] Em todos os meus estudos ocultos, vários conceitos continuamente me levam de volta àquelas ideias básicas, expressas de várias maneiras, que são delineadas pelos Princípios Herméticos.

As Três Almas

Muitas Bruxas veem o *self* como sendo tríplice e se referem a ele como as três "almas" para enfatizar que esses são aspectos divinos de nós mesmos, mesmo que normalmente não os considerássemos assim. Dependendo da Tradição de Bruxaria que você está trabalhando, essas três almas são conhecidas por vários nomes e podem ter pequenas diferenças nos detalhes mais sutis do que cada alma incorpora e como ela é definida. A divisão principal tende a ser o Eu Superior, o Eu Médio e o Eu Inferior.

O Eu Superior é o que geralmente chamamos de "alma" no uso moderno. É a parte divina de nós que é pura e uma centelha da própria Fonte. O Eu Médio é nossa personalidade, nossa mente e o nosso *self*. O Eu Inferior é o aspecto instintivo de nós mesmos. Algumas Tradições consideram que o Eu Médio também inclui o corpo, já outras consideram que é o Eu Inferior que inclui o corpo. Da mesma forma, algumas Tradições veem as emoções como um aspecto do Eu Inferior, enquanto outras como um aspecto do Eu Médio. A maneira como reconcilio isso é que as emoções do Eu Inferior são o que sentimos de forma bruta, não processada, que atingem diretamente nosso corpo. As emoções que compõem o Eu Médio é quando conseguimos processar esses sentimentos, nomeá-los, descrevê-los e, até certo ponto, controlá-los.

Como acontece com todas as coisas no ocultismo, essas ideias são apenas mapas e modelos para nos ajudar a entender as energias e os conceitos com os quais estamos trabalhando, e nenhum deles é perfeito ou absoluto. Se ficamos muito presos a esses mapas, considerando-os verdades literais ou absolutas, começamos a confundir o mapa com o território. Essencialmente, precisamos desses mapas para que nosso Eu Médio dê sentido às coisas percebidas pelo Eu Superior e pelo Eu Inferior. Podemos considerar os Três Eus equivalentes com as três formas de consciência de uma pessoa: o Eu Médio equivalente a mente consciente, o Eu Inferior a mente subconsciente e o Eu Superior a mente superconsciente ou consciência coletiva. Os termos comuns usados na espiritualidade dominante, embora um pouco diluídos de seus paralelos da Tradição de Bruxaria, são Mente, Corpo e Espírito.

---

29. Cabot and Cowan, *O Poder da Bruxa*, 198.

Os Três Caldeirões

Uma ferramenta útil para trabalhar com os três Eus é usar o modelo dos Três Caldeirões, que são centros energéticos onde processamos as energias e trabalhamos para transmutá-las e transformá-las. Os Três Caldeirões vêm de um poema bardo irlandês chamado *O Caldeirão da Poesia*. O poema descreve três caldeirões contidos dentro de uma pessoa. Ao trabalhar com os Três Caldeirões, descobri que eles também "preparam" e "processam" energias e depois combinam e filtram essa energia em formas diferentes do que foi originalmente recebido, assim como você adicionaria ingredientes a uma fermentação e a combinação cria algo diferente de seus ingredientes individuais. Os Três Caldeirões também servem como pontos focais para as Três Almas, funcionando como recipientes energéticos dentro de nós, que facilitam o foco e o trabalho com nossas almas tripartidas.

O *Caldeirão do Aquecimento* é o primeiro e está situado abaixo do nosso umbigo. Ele é alimentado pelo ambiente, pelo movimento, pela atividade sexual e conexão com a natureza. É o Caldeirão que produz energias etéricas, criativas, generativas e vitais dentro de uma pessoa.

Em segundo vem o *Caldeirão do Movimento*, situado no coração. O *Caldeirão da Poesia* afirma que este Caldeirão nasce de lado e, por meio de grande felicidade ou grande tristeza, é virado para cima ou de cabeça para baixo nas pessoas. Esse Caldeirão é onde processamos a nossa energia emocional. Ele é alimentado por tudo aquilo que evoca nossas emoções, como arte, cinema, música e poesia. É o Caldeirão do Movimento que produz a energia astral.

O terceiro e último é o *Caldeirão da Sabedoria*, situado dentro da cabeça. O *Caldeirão da Poesia* afirma que este Caldeirão nasce de cabeça para baixo em uma pessoa e vira de cabeça para cima naqueles que cultivam grande sabedoria e conexão espiritual em sua vida. Este Caldeirão é alimentado por acúmulo e integração de sabedoria, conexão divina e prática espiritual. O Caldeirão da Sabedoria é o que produz energias psíquicas, celestiais, divinas e transcendentais.

Na linha Blue Rose da Tradição Faery de Bruxaria e na Black Rose Witchcraft, as Três Almas recebem símbolos.[30] O Eu Inferior recebe o símbolo da Lua, que na astrologia representa os aspectos inconscientes de nós mesmos. O Eu Médio recebe o símbolo do Sol, que remete aos aspectos conscientes de nós mesmos e, assim como o Sol, representa a personalidade do indivíduo e o senso de identi-

---

30. Faerywolf, *Betwixt & Between*.

dade na astrologia. O Eu Superior recebe o símbolo da estrela, que representa a consciência além de nosso senso de identidade. Para mim, este é um conjunto de símbolos perfeito, pois mostra as forças energéticas com que cada um dos Três Caldeirões trabalha sob o domínio daquele símbolo.

O que quero dizer é que o Eu Inferior ou o Caldeirão do Aquecimento lida com o que é chamado de "energias sublunares", um termo proveniente das ideias aristotélicas de energias abaixo da esfera da Lua em seu modelo geocêntrico do Cosmos. Embora saibamos que o Universo não é geocêntrico, a maioria dos Magos trabalha com a Magia dessa maneira, vendo onde eles estão como o centro do Universo para fins rituais. As energias sublunares são os quatro elementos clássicos da energia etérica: Terra, Ar, Fogo e Água. Já o Eu Médio ou Caldeirão do Movimento, recebe símbolos solares e se refere a tudo sob influência do Sol, que é o nosso Sistema Solar e uma referência às energias astrais dos sete planetas clássicos. O Eu Superior ou Caldeirão da Sabedoria recebe símbolos estelares, o que evidentemente pode ser visto como uma referência às "estrelas" ou melhor, às energias celestiais, às constelações, ao nosso zodíaco e aos sistemas estelares muito além, como as Plêiades. O Caldeirão da Sabedoria é alimentado pela energia dos Três Raios, que são personificações da Vontade, Amor e Sabedoria Divinos e são a trindade da energia divina. Esses Três Raios também se expressam como as modalidades astrológicas MUTÁVEIS, CARDEAIS e FIXAS. A combinação dos quatro elementos e das três modalidades é expressa em nosso zodíaco dividida pelos quatro elementos, com cada um dos três expressos como um signo astrológico. Por exemplo, os signos de Água do zodíaco são Escorpião (Água Fixa), Peixes (Água Mutável) e Câncer (Água Cardinal).

Os Três Fundamentos Alquímicos

Na alquimia, existe o conceito dos "três fundamentos alquímicos", que eram vistos como chaves para o processo alquímico. Devemos nos lembrar de que a alquimia é um sistema espiritual com metáforas espirituais, uma forma de codificar o conhecimento espiritual que não parecia de natureza religiosa, para proteger as informações das autoridades religiosas que matariam esses exploradores espirituais por heresia. Esses três elementos essenciais são Mercúrio, Sal e Enxofre. Essas três forças foram vistas como estando dentro de todas as coisas e suas interações criaram transformação. Energeticamente, vemos paralelos com os Três Raios Divinos, as Três Modalidades e as Três Almas. Isso é simbolizado em Baphomet[31] com a tocha acesa acima, representando o Enxofre (o fogo da alma), o caduceu de Mercúrio abaixo e a cabeça da consciência e da mente (Sal) entre os dois.

Alquímico	Astrológico	Raio Divino	Três Almas
Enxofre	Mutável	Sabedoria Divina	Eu Superior
Sal	Fixa	Amor Divino	Eu Médio
Mercúrio	Cardinal	Vontade Divina	Eu Inferior

Os Três Mundos da Árvore da Bruxa

Outro conceito fundamental é o do *Axis Mundi*, a Árvore do Mundo, um mapa dos três reinos primários da existência usando uma árvore como modelo. Tradicionalmente, a Árvore do Mundo é vista como um enorme carvalho, mas isso varia entre diferentes Pagãos e Bruxas. A ideia principal é a de que existe uma grande árvore cósmica com seus galhos no Mundo Superior, seu tronco no Mundo Médio e suas raízes no Mundo Inferior: três divisões separadas da realidade, todas conectadas e parte da mesma árvore metafórica. O Mundo Superior é o reino do inconsciente coletivo, da divindade transcendental (a divindade que transcende nosso mundo físico) e das maiores forças cósmicas. O Mundo Médio é a nossa realidade física, a realidade etérica sobreposta, os Poderosos Mortos, os portais entre os reinos e a divindade iminente (a divindade inerente ao mundo físico). O Mundo Inferior é um termo para o reino dos ancestrais, o astral, divindade ctônica (a divindade associada ao Mundo Inferior), divindades de poder primordial e nosso próprio mundo interior. Povoando cada reino estão espíritos e divindades de diferentes tipos, que possuem sua própria autonomia e individualidade. Esses três mundos correspondem aos reinos celtas da Terra, do Céu e do Mar. A Terra é o Mundo Intermediário, o Céu é o Mundo Superior e o Mar é o Mundo Inferior.

As Bruxas também se identificam com esta Árvore do Mundo e a veem dentro delas. Isso é chamado de "Árvore da Bruxa" e serve como uma ferramenta para explorar os diferentes reinos da Árvore do Mundo por meios psíquicos internos. A conexão entre a Árvore do Mundo e a Árvore da Bruxa individual dentro de cada Bruxa é resumida pelo axioma hermético "Como dentro, assim fora".

---

31. Para mais informações sobre Baphomet veja o capítulo 7 do livro *Bruxa Psíquica*.

Exercício 21

Jornada para Árvore do Mundo

Coloque-se em uma posição confortável e relaxada, onde não será perturbado. Feche os olhos. Entre em estado *alfa*. Aterre-se e centralize-se.

Você percebe uma névoa prateada no chão a seus pés. A névoa começa a girar em torno de seus pés, espiralando lentamente em torno de seu corpo e movendo-se para cima. Ela o envolve completamente e abrange sua visão, até que tudo o que pode ver é a espessa névoa prateada. Conforme a névoa começa a desaparecer lentamente, você se encontra em uma floresta.

Diante de você está um grande e poderoso carvalho; este é o *Axis Mundi*, a Árvore do Mundo cósmica, tão imensa, que quase parece que seu enorme tronco é um pilar gigante sustentando o próprio céu. Do seu ponto de vista, é possível ver os galhos altos acima de você, embora não consiga ver até onde eles alcançam. Parece que chegam ao infinito. No alto dos galhos, estrelas azuis e prateadas parecem penduradas como ornamentos, decorando-os com um brilho celestial e sobrenatural. Na base da árvore, você vê raízes gigantes entrelaçadas umas nas outras. Algumas raízes são maiores que você. Algumas são maiores que edifícios. Reserve alguns minutos para observar a árvore e absorver seus detalhes.

Todos os carvalhos têm uma dríade, um espírito da árvore que vive dentro deles, e a Árvore do Mundo não é diferente. A dríade do *Axis Mundi* é a *Anima Mundi*, a alma cósmica do mundo. Ao se aproximar da árvore, você coloca a mão em seu tronco, sentindo a textura da casca. Você chama a *Anima Mundi* e solicita a entrada com sua mão sobre a árvore. Quase imediatamente, em resposta ao seu chamado, você sente a presença dela na árvore, embora não a veja. Reserve um momento para se conectar com essa energia e veja se há alguma mensagem, imagem ou ideias que chegue até você ao sentir a *Anima Mundi*. Quando terminar, agradeça ao espírito da Árvore do Mundo. Vire-se e afaste-se da árvore para ver uma névoa prateada. Recue na névoa até que ela seja tudo o que possa ver. Permita que a névoa desapareça enquanto você começa a mover os dedos e as pernas, ou qualquer coisa para trazê-lo de volta à consciência corporal. Quando estiver pronto, abra os olhos, ancore-se e centralize-se mais uma vez.

Princípios Herméticos

O Caibalion é controverso, pois afirma estar compartilhando conhecimento hermético antigo. A obra foi escrita supostamente por "Três Iniciados", que se acredita ser um pseudônimo de William Walker Atkinson, o editor do livro, que era conhecido por escrever sob vários pseudônimos e nomes falsos.

Algumas pessoas acham que isso não é verdade para o real hermetismo antigo, e eles estão certos. A maioria dos escritos considerados como sendo da Tradição Hermética, afirma-se ser de autoria de Hermes Trismegisto. *O Caibalion* não faz essa afirmação; em vez disso, é *dedicado* a Hermes Trismegisto. Pesquisadores como a autora Mary K. Greer apontam que muitos dos princípios de *O Caibalion* parecem ser baseados na introdução de uma tradução de Kore Kosmou, também conhecida como *A Virgem do Mundo de Hermes Mercurius Trismegistus*[32], traduzida pelos teosofistas Anna Kingsford e Edward Maitland. Isso, combinado com os conceitos da Teosofia e do Novo Pensamento, criam a estrutura de ideias que *O Caibalion* apresenta.

Independentemente de quão antigo ou "real" para o Hermetismo *O Caibalion* seja, ou não, definitivamente ele não é um livro perfeito, e às vezes ainda profundamente problemático. Como qualquer texto oculto, este também não deve ser tomado como um evangelho. Como muitos livros ocultistas vitorianos e pós-vitorianos, podemos obter valor com eles e, ao mesmo tempo, compreendemos e discutimos quais ideias, comentários e declarações são problemáticos com transparência e honestidade. Apesar de algumas de suas falhas profundas, *O Caibalion* também é rico em conhecimento, especialmente para aqueles que são novos no ocultismo e na Magia. De fato, o próprio livro se define como "hermético" no uso da palavra "selado" (como a expressão "hermeticamente fechado"), que era um termo comum na época de sua autoria; hoje usamos o termo "oculto", significando "conhecimento secreto".[33] Portanto, sinto que é um ponto discutível se o livro é de uma Tradição antiga ou fruto de Tradições modernas. Fato é, que o livro concilia como compartilhar uma visão da filosofia oculta sobre o funcionamento do Universo e como a humanidade pode entendê-lo para cocriar a realidade. Algumas das Bruxas mais poderosas e sábias que tive a honra de estudar adotaram e ensinaram os Princípios Herméticos de *O Caibalion* como uma base importante para o caminho mágico.

---

32. https://marykgreer.com/2009/10/08/source-of-the-kybalion-in-anna-kingsford%E2%80%99s-
-hermetic-system.

33. Anonymous, *The Kybalion*, 9.

Princípio do Mentalismo

O primeiro Princípio Hermético citado no *O Caibalion* é o Princípio do Mentalismo, e afirma que o Universo é mental – ele é mantido na mente do TODO. As forças elementais, os blocos de construção que compõem toda a realidade no ocultismo, estão dentro da mente do Todo. Este princípio nos diz que tudo o que existe é uma construção mental do Grande Divino. Isso implica que tudo em seu nível mais fundamental é unificado. A consciência é a base de tudo: matéria, energia e espírito. O que resulta em como existimos dentro do Grande Divino e somos parte dele. Estar dentro e fazer parte do Grande Divino sugere que tudo é inerentemente divino, inclusive nós – que temos mentes. Ser parte da Mente Divina e possuir nossa própria mente sugere que nós, como o "Grande Divino", somos capazes de criar a realidade usando nossa própria energia mental divina. Isso porque, de acordo com esse princípio, nossos pensamentos são energia, e se pudermos aproveitar essa energia mental e direcioná-la, podemos começar a entender nossa própria divindade como cocriadores da realidade. Isso reflete a definição de Magia de Dion Fortune como sendo "a ciência e a arte de causar mudanças na consciência de acordo com a Vontade".

Princípio da Correspondência

O segundo Princípio Hermético de *O Caibalion* é o Princípio da Correspondência, que declara: "Como acima, assim abaixo; como dentro, assim fora; como no microcosmo, assim no macrocosmo."[34] Isso afirma que tudo em um plano de realidade afeta outro. Também afirma que, assim como o Princípio do Mentalismo, o Todo está dentro de tudo e que tudo está dentro do Todo. Para ser mais claro, tudo está dentro da consciência divina e a consciência divina está dentro de tudo. Tudo faz parte da Grande Divindade, e toda a totalidade da Grande Divindade está dentro de todas as coisas. Tudo é de natureza fractal, como um holograma, sendo partes do todo e contendo todo o padrão dentro da parte. Isso sugere que o microcosmo é um atlas do macrocosmo e vice-versa.

Além disso, este princípio sugere que as coisas em diferentes planos da realidade estão ligadas entre si pela energia correspondente entre elas. Trabalhar com plantas ou pedras que mantêm determinada vibração elemental, planetária ou celestial nos permite operar e explorar essas energias maiores para criar mudanças por meio da Magia. Esse princípio também sugere que o que fazemos

---

34. Anonymous, *The Kybalion*, 16.

internamente está intrinsecamente ligado ao nosso mundo físico e aos planos superiores da realidade, e vice-versa.

Princípio da Polaridade

O terceiro Princípio Hermético é o da Polaridade. Isso sugere que tudo no Universo tem um oposto e que uma coisa e seu oposto são, na verdade, a mesma coisa, porém diferentes partes desse espectro. Quente e frio, claro e escuro, recepção e projeção, justiça e maldade, felicidade e tristeza, vida e morte, e assim por diante. Tudo não está apenas ligado ao seu oposto, mas é um aspecto complementar que, quando combinado, forma a totalidade do que a coisa realmente é. *O Caibalion* expressa isso dizendo que "Tudo é Dual; tudo tem polos; tudo tem seu par de opostos; igual e desigual são iguais; os opostos são idênticos em natureza, mas diferentes em grau; os extremos se encontram; todas as verdades são apenas meias verdades; todos os paradoxos podem ser reconciliados."[35] A última linha é um dos principais objetivos da alquimia e do ocultismo: a reconciliação e a reunificação de energias que parecem separadas, mas são apenas duas metades de um lado.

Um dos meus filmes favoritos de todos os tempos quando criança era *O Cristal Encantado*, de Jim Henson e Brian Froud, que exemplifica perfeitamente esse princípio como conceito. No filme, existem duas espécies principais de criaturas que são opostas, mas complementares: os malvados, agressivos, egoístas e ignorantes Skeksis, e os gentis, pacifistas, altruístas e sábios Uru Mystics. O ponto do filme é que esses seres costumavam ser uma espécie singular, os UrSkeks que se dividiram em duas metades separadas.

Princípio da Vibração

O quarto Princípio Hermético é o da Vibração, que afirma: "Nada descansa; tudo se move; tudo vibra."[36] Isso significa que nada está realmente parado e que tudo está vibrando ou se movendo em ritmos diferentes. Sabemos pela ciência que mesmo a matéria de aparência mais sólida é composta de átomos e moléculas em movimento e vibração. E sugere que, tudo no Universo, físico e não físico, está vibrando. Quando nos lembramos do Princípio do Mentalismo, percebemos que tudo é composto de consciência e pensamento. Isso significa que nossos

---

35. Anonymous, *The Kybalion*, 19.
36. Anonymous, *The Kybalion*, 17.

pensamentos também têm vibração, e muitos praticantes espirituais, metafísicos e ocultistas sempre se referem à vibração de alguma coisa. Infelizmente, às vezes isso é usado para rotular as coisas como vibrações "boas" ou "ruins", o que leva a uma série de problemas, incluindo o desvio espiritual.

Princípio do Ritmo

O quinto Princípio Hermético é o Princípio do Ritmo, que afirma: "Tudo flui para fora e para dentro; tudo tem suas marés; todas as coisas sobem e descem; o balanço do pêndulo se manifesta em tudo; a medida do balanço para a direita é a medida do balanço para a esquerda; o ritmo compensa."[37] Sabemos pelo Princípio da Polaridade que todas as coisas são apenas uma parte de seus opostos, e que existe um espectro dentro desses dois polos. Já o Princípio do Ritmo afirma que tudo está em estado de fluir de um polo para o outro. Isso pode ser comparado à frase de *Guerra nas Estrelas* "equilíbrio na Força". A ideia é que a energia está fluindo de um espectro do polo para o outro e que uma expressão de energia acabará dando lugar ao seu oposto. Podemos pensar nisso simbolicamente como a crescente e a minguante da Lua, conforme a Lua aumenta em luz, apenas eventualmente para diminuir para a escuridão, e vice-versa. Isso emparelhado com o último princípio implica que nada é permanente e, eventualmente, dará lugar ao seu oposto em compensação, como um pêndulo balançando para frente e para trás. O que também dá uma visão do conceito sustentado por muitas Bruxas de que todas as coisas são cíclicas: tempo, estações, fases da Lua, renascimento, etc.

Princípio de Causa e Efeito

O sexto Princípio Hermético é o de Causa e Efeito, que afirma: "Toda Causa tem seu Efeito; todo Efeito tem sua Causa."[38] Isso significa que tudo o que existe é efeito de uma causa anterior e tudo cria um efeito. Nada do que ocorre é sem consequência. Esta não é a ideia de que, se você fizer o bem, receberá o bem e, se fizer o mal, receberá o mal. Em vez disso, este princípio não é moralista. Está relacionado ao fato de que tudo está se movendo e que tudo está intrinsecamente ligado a tudo o mais. Uma pedra jogada em um lago cria uma ondulação. Da mesma forma, nenhum pensamento, palavra ou ação ocorre no vácuo. Tudo

---

37. Anonymous, *The Kybalion*, 21.
38. Anonymous, *The Kybalion*, 23.

cria mudanças de uma forma ou de outra, para o bem ou para o mal ou para o neutro, porque tudo está interagindo com outra coisa. *O Caibalion* se refere a esse princípio como uma lei e afirma que "o acaso é apenas um nome para a lei não reconhecida", significando que nada é aleatório; tudo ocorre por um motivo ou outro devido a outra coisa.[39]

Princípio do Gênero

Chegamos agora ao mais controverso dos princípios herméticos e por boas razões. O sétimo Princípio afirma que "o gênero está em tudo; tudo tem seus Princípios Masculino e Feminino; o gênero se manifesta em todos os planos."[40] Há muito para descompactar aqui. Com muitos textos clássicos e ocultos mais antigos, devemos ser criteriosos e honestos, enquanto ainda salvamos o que podemos trabalhar dos destroços. Um livro pode ser incrivelmente perspicaz e útil em alguns pontos e altamente problemático em outros, e isso inclui a maioria de nossos textos fundamentais em ocultismo. Nossa tarefa como leitores na Era Moderna é vascular esses textos mais antigos, explorando o lixo de preconceitos pessoais e culturais problemáticos e ideologias de seu período para encontrar as pepitas de ouro dentro deles e o que se aplica a nós agora. *O Caibalion* não é exceção.

Grande parte do ocultismo vitoriano inicial usava o princípio de gênero em seus conceitos metafísicos, sendo alguns mais literais do que outros. Influenciado por essas Tradições e escrito na época pós-vitoriana, *O Caibalion* adota muito dessa linguagem heteronormativa. Embora seja um pouco mais progressivo em comparação com o poço de influências do qual o autor extraiu, ainda fica completamente aquém como metáfora nos tempos modernos com nossos entendimentos atuais. *O Caibalion* afirma que o princípio do gênero não significa o sexo de algo (ou alguém), mas se refere às funções energéticas de geração e criação. No entanto, passa a dizer que o sexo é apenas uma manifestação material do princípio de gênero em ação.[41] Isso é incorreto e turva as águas do que o autor está tentando explicar, pois essa linha de pensamento está enraizada em ideias problemáticas de essencialismo de gênero.[42] Usar o gênero como uma metáfora no ocultismo para descrever as forças complementares e opostas dentro de todas

---

39. Anonymous, *The Kybalion*, 23.
40. Anonymous, *The Kybalion*, 117.
41. Anonymous, *The Kybalion*, 117–118.
42. Magdalene, *Outside the Charmed Circle*.

as coisas do Universo é insuficiente, porque sabemos que, cientificamente, sexo e gênero não são sinônimos e nem binários, mas, sim, um espectro de singularidade em toda a natureza, que inclui também as pessoas. O princípio também falha ao usar o gênero como metáfora, porque ele não é inerentemente mais "passivo" ou "receptivo" ou "mais escuro" que outro; essa visão se baseia completamente em estereótipos de gênero e sexismo.

O autor de *O Caibalion* parece estar tentando explorar uma ideia que era progressiva para seu tempo, sem a estrutura que temos agora e usando metáforas falhas do que veio antes. Por exemplo, *O Caibalion* afirma que o foco do sétimo princípio é mais parecido com "atração e repulsão" dos átomos; afinidade química; "amor e ódio" das partículas atômicas; atração ou coesão entre as moléculas da "matéria" ou mesmo "a própria Lei da Gravitação".[43] Às vezes, é um trabalho de amor pensar além do literalismo de tais obras, mas as possibilidades são infinitas quando o fazemos. Vida e morte, criação e destruição, receptividade e projeção, cargas elétricas positivas e negativas: essas forças polares complementares e opostas, como a força projetiva da vida e a força receptiva da morte – estão vivas em nossa vida e vivas em nossa Magia.

No contexto do psiquismo e da Magia, *O Caibalion* discute o Princípio do Gênero como sendo incorporado no conceito de "Eu Sou"[44]. No livro, o autor propõe que, para nos ajudar a compreender a definição do "Eu Sou", ele pode ser dividido em duas partes: "eu" e "para mim". Ele relaciona o conceito do "eu" projetivo com a *mente consciente* (ou, em nossa estrutura, o Eu Médio) e o "para mim" receptivo com a *mente subconsciente* (ou o Eu Inferior).[45] O livro também associa o "eu" com a força de vontade e "para mim" com o corpo e os apetites físicos.[46] Esta seção é decodificada muito mais facilmente para mim quando enquadrada no Modelo das Três Almas levando em conta o "Eu Sou" como o Eu Superior contendo dentro de si os Eus Médio e Inferior. Quando essas partes estão alinhadas e em equilíbrio, podemos nos envolver magistralmente tanto na Magia quanto na habilidade psíquica, onde a mente consciente pode interpretar e traduzir as imagens da mente subconsciente e, da mesma forma, energizar impressões de imagens mentais em manifestação mágica.[47]

---

43. Anonymous, *The Kybalion*, 122–123.
44. Anonymous, *The Kybalion*, 126.
45. Anonymous, *The Kybalion*, 124.
46. Anonymous, *The Kybalion*, 127.
47. Anonymous, *The Kybalion*, 136.

Exercício 22

Meditação da Transmutação Mental

Momento mágico: a qualquer momento

Material:
- Colar Chave da Lua (opcional)

Objetivo: este exercício é uma meditação ativa que criei empregando os Princípios Herméticos com o propósito de "Transmutação Mental" conforme descrito ao longo do texto de *O Caibalion*, e tive muito sucesso com ele. Se você deseja usar sua Chave da Lua durante qualquer transmutação mental, isso fortalecerá a capacidade da chave e tornará este exercício mais eficaz, mas é totalmente opcional.

Instruções: comece decidindo o que você gostaria de transmutar; pode ser uma emoção, uma crença sobre si mesmo, um padrão de pensamento ou um mau hábito. Depois de escolher o que gostaria de transmutar, entre em *alfa*, ancore-se e centralize-se. Para este exemplo, vamos transmutar crenças sobre estar psiquicamente fechado em um estado psiquicamente aberto, mas você pode modificar este exercício para qualquer outra coisa que deseja transmutar.

Com os olhos fechados, comece avaliando como se sente em relação ao que está transmutando. Concentre-se em como você pode se sentir psiquicamente bloqueado ou fechado. Crie uma imagem em sua mente de como aquilo se parece. Segure essa imagem em seu Olho de Bruxa e então veja um cadeado sobre a imagem. Chame mentalmente a fechadura de "capacidade psíquica". Reserve um momento e imagine esse aspecto de si mesmo que está transmutando como uma vibração, talvez como uma oscilação física, uma nota musical, uma ótica de comprimento de onda, uma cor de luz ou uma combinação, se possível.

Permita que a imagem, o sentimento e a vibração desapareçam. Agora, evoque sua ideia de qual seria a polaridade oposta disso. Neste caso, seria o estado de abertura psíquica. Como imagina que seria? Tente evocar esses sentimentos dentro de você, interpretando-os por um momento. Agora, evoque uma imagem do que acha que pode ser. Segure essa imagem em seu Olho de Bruxa e veja uma chave sob essa ótica. Nomeie a chave de "habilidade psíquica".

Como antes, pare um momento e imagine como seria essa transmutação como uma vibração em contraste com a vibração anterior. Como eles são diferentes?

Permita que a imagem, o sentimento e a vibração desapareçam novamente. Agora evoque as duas imagens em seu Olho de Bruxa lado a lado, vendo o aspecto que deseja transmutar com uma trava sobre ele e a transmutação desejada com uma chave sobre ele. Reconheça que a fechadura e a chave são duas partes complementares e opostas de um todo, assim como a área que você deseja transmutar (neste caso, psiquicamente bloqueada) e a transmutação desejada (estar psiquicamente aberta) são polos opostos de um espectro (de habilidade psíquica como um todo para este exemplo).

Agora evoque novamente aquela sensação de estar bloqueado psiquicamente parece uma vibração dentro de você. Com os olhos ainda fechados, segure a Chave da Lua em volta do pescoço se tiver incorporado ela a este exercício. Coloque mentalmente a chave na fechadura, girando-a. Ao destravar, a trava libera a vibração da transmutação. Sinta a vibração original que você está experimentando e a vibração desbloqueada simultaneamente. Sinta a vibração dentro de você lentamente se conformando e sincronizando com a vibração que acabou de ser desbloqueada. A vibração desbloqueada mantém sua vibração enquanto a que você sente começa a mudar. Por exemplo, a nota musical começa a se ajustar à nota musical desejada, a cor muda para a cor desejada, o comprimento de onda se ajusta ao comprimento de onda desejado, a emoção se ajusta à emoção desejada.

Depois de transmutar mentalmente a energia, faça uma declaração mental ou verbal do que acabou de realizar, como "eu transmutei minha capacidade psíquica para um estado de abertura. Integro isso em mim e na minha vida". Quando terminar, ancore-se e centralize-se novamente, saia do *alfa* e abra lentamente os olhos. Observe a diferença entre como você se sentia antes do exercício e como se sente agora.

Exercício 23

Feitiço de Vela para Transmutação de Energia

Momento mágico: a qualquer momento

Material:
- Uma vela carrilhão branca
- Uma vela carrilhão cinza
- Uma vela carrilhão preta
- Varas de incenso correspondentes (opcional)

Objetivo: este feitiço é para transmutar qualquer situação de uma extremidade da polaridade para outra. O melhor exemplo que vi dos princípios de transmutação sendo empregados em um feitiço específico, e um dos meus favoritos, é o "Mudando de Energia" do brilhante livro de Dorothy Morrison, *Utterly Wicked*.[48] O objetivo do feitiço é pegar maldições, feitiços ou qualquer outra energia negativa que alguém estiver enviando para você e transformar essa energia para alimentar seus objetivos. Este feitiço que estou compartilhando foi inspirado no feitiço de Morrison, só que mais simplificado que o dela, mas definitivamente recomendo verificar a versão que ela ensina.

Instruções: alinhe todas as três velas seguidas a cerca de uma polegada ou duas de distância uma da outra em algum lugar seguro. Coloque a vela preta à esquerda para representar a energia inicial e a vela branca à direita para representar o resultado desejado da energia. Coloque a vela cinza no meio, para representar a transição entre o início e o fim da transmutação da energia. Neste exemplo, vamos fazer um feitiço para clareza mental. Comece nomeando verbalmente a vela preta de carrilhão como "a situação atual". Você pode fazer isso apontando para a vela preta e dizendo "Vela, seu nome é minha falta de clareza". Em seguida, faça o mesmo para a vela branca, afirmando: "Vela, seu nome é clareza". Em seguida, aponte para a vela cinza do meio e diga: "Vela, seu nome é transição".

---

48. Morrison, *Utterly Wicked*, 132–136.

Acenda a vela preta e declare o feitiço:

Quando esta vela queimar e pingar,
por vontade e pela palavra agora vou afirmar.
A luz, a chama, permanece e clama.
À medida que cada vela é alimentada, ela é trocada.
O começo e o fim, duas metades do mesmo, enfim.
Começando a mudar com o movimento da chama
as três velas são queimadas e proclamam,
descartadas a energia nessa dança,
ela atinge um espectro completo de mudança.

Quando a vela preta queimar quase toda (a maioria das velas duram cerca de duas horas), mova a chama para a próxima vela. Eu faço isso usando um bastão de incenso, que corresponde ao meu objetivo desejado, como um impulso adicional. Por exemplo, para este feitiço de clareza mental, posso usar um bastão de incenso de capim-limão e acendê-lo usando a chama da vela preta e em seguida usá-lo para acender a vela cinza. Ao acender a vela cinza, repita o feitiço. Faça o mesmo quando a vela cinza estiver quase apagada, usando o incenso (ou qualquer meio que você tenha para transferir a chama) para acender a vela branca, repetindo o feitiço.

Capítulo 4
LIMPANDO E PROTEGENDO

A expressão popular "a limpeza está próxima da divindade" tem mérito quando se trata de Magia. Assim como cozinhar, fazer cirurgias ou realizar experimentos científicos, o ideal é garantir que sua área de trabalho, bem como os instrumentos com os quais está trabalhando, sejam limpos e higienizados, para que não sejam contaminados por influências indesejadas. O instrumento ou a ferramenta mais importante na Magia é você mesmo: mente, corpo e alma. Queremos garantir que somos canais claros de energia e que trabalhamos em um ambiente onde a energia que é gerada e direcionada é mantida no equivalente a um recipiente limpo. No capítulo anterior, examinamos os tríplices aspectos do Eu. Agora veremos como esses aspectos acumulam a necessidade de limpeza, como limpá-los, e como limpar nossos ambientes de energias desequilibradas e indesejáveis.

O Eu Superior nunca precisa de limpeza. Como afirmado, ele está sempre em estado de pureza. Limpamos nosso Eu Médio por meio da meditação, foco e alteração de nossa consciência, essencialmente limpando nossa mente e levando-a a um estado de abertura e receptividade. Quando falamos sobre limpeza em Magia, geralmente nos referimos à limpeza dos aspectos do Eu Inferior: o corpo, as emoções e a energia. O Eu Inferior também é chamado de "Eu pegajoso", porque está constantemente coletando energias que encontra, como uma esponja. Muitos nomes se referem a esse tipo de energia, mas dentro da Bruxaria, ela é frequentemente referida por seu antigo nome grego *miasma*. Essencialmente, miasma é a energia que é vista como uma espécie de resíduos energéticos pesados.

Não acredito que o miasma seja necessariamente bom ou ruim, nem que seja o equivalente ao conceito de "pecado" de certas religiões. Seria mais ou menos como, "estar sujo não faz de alguém uma pessoa má". Ele também é inevitável, assim como estar sujo é inevitável. Naturalmente, acumulamos impurezas tanto física quanto energeticamente, apenas com a vida diária. Como Bruxas, porém, tendemos a nos envolver em práticas que muitas vezes nos colocam em contato com mais miasmas do que as outras pessoas, à medida que mergulhamos em um trabalho energético cada vez mais profundo. As Bruxas sujam as mãos, tanto física quanto energeticamente. E por que é importante limpar esse miasma? Como afirmado, essa energia é pesada e pode essencialmente obstruir os trabalhos, por assim dizer. Isso pode dificultar a movimentação de energia e o envolvimento direto com ela, o que queremos evitar se estivermos tentando lançar feitiços ou práticas como mediunidade ou projeção astral, nas quais precisamos estar energeticamente limpos.

Como a sujeira, o miasma não é apenas algo que se acumula em torno das pessoas, mas também em torno de objetos e locais. Para mim, psiquicamente, o miasma parece um filme em torno das coisas. Quando é fortemente coletado, é como uma poluição viscosa. Você já viu aquelas fotos antigas em preto e branco de espíritas realizando uma sessão mediúnica, e que, supostamente, captam um ectoplasma em filme? Sejam fotos genuínas ou não, e sejamos honestos, é muito duvidoso que sejam, são uma ótima ilustração de como percebo o acúmulo miasmico.

Certos eventos e atividades têm níveis de miasmas maiores, assim como alguns eventos e atividades o tornam mais sujo fisicamente. Novamente, não há um julgamento de conotações boas ou ruins para os miasmas, assim como não é ruim que suas mãos fiquem sujas por trabalhar no jardim ou levar o lixo para fora. Como regra geral, qualquer coisa que faça com que você queira lavar as mãos, tomar banho ou que cause sensação de estar sujo fisicamente, muitas vezes também coleta miasmas que precisam ser limpos. Isso varia de impurezas físicas a vestir roupas sujas e viver em condições de sujeira. Pense em como essas coisas fazem você se sentir emocionalmente. Tanto emocional, física e psicologicamente, ficamos muito mais relaxados, felizes e com uma sensação de bem-estar quando tomamos banho, colocamos roupas limpas e limpamos nossa casa. Na minha experiência, uma vez que o miasma está diretamente relacionado ao Eu Inferior, avaliar as coisas ligadas aos nossos corpos e emoções nos ajuda a entender quando estamos acumulando miasmas. Estados emocionais que nos trazem sofrimento de alguma forma podem atrair miasmas ou podem ser um resultado direto do próprio miasma. Novamente, nenhuma dessas coisas é necessariamente boa ou ruim em si; são experiências que toda pessoa tem e com bastante regularidade.

Ritos de passagem, como nascimento, morte e assim por diante, são tradicionalmente atividades que geram grandes quantidades de miasmas, quer a pessoa esteja envolvida diretamente nessas atividades, quer esteja entrando em contato direto com elas. O mesmo é dito sobre a doença, bem como sobre a cura energética. Tem sido minha experiência que mesmo feitiços, projeção astral, adivinhação e mediunidade criam miasmas, quando encontramos energias externas que se acumulam em nós como detritos. Felizmente, a limpeza do miasma é extremamente fácil, especialmente porque a limpeza física é metade da batalha.

Diferença entre limpeza e purificação

Quando uso as palavras "limpeza" e "purificação", eu as caracterizo em termos de diferentes níveis. Escolher ou não diferenciar essas palavras como eu faço não é tão importante quanto entender a diferença de intensidade e regularidade das duas ideias. A principal diferença entre limpeza e purificação, em um contexto mágico, é que a limpeza é mais casual, e a purificação é uma limpeza profunda mais completa. Pensando nisso, a limpeza é semelhante a tirar o pó, varrer e remover a bagunça. A purificação é mais como esfregar, lavar ou limpar o carpete com vapor. Se fôssemos pensar nisso em termos de higiene pessoal como uma metáfora, a limpeza é lavar o rosto com água e sabão, e a purificação é mais como ir ao spa para uma limpeza facial profunda.

Embora a limpeza e a purificação sejam essenciais, devemos ter em mente a diferença da regularidade e funções. Costumo fazer purificações apenas uma vez por ciclo lunar, pois faço limpezas de mim mesmo e do espaço regularmente e antes de me envolver em qualquer prática mágica ou psíquica, ou se estiver me sentindo particularmente energeticamente sujo. Não precisa ficar obcecado com limpeza e purificação. Trate as limpezas como lavar as mãos. Você lava as mãos antes de comer, mas provavelmente não toma banho antes de todas as refeições; e provavelmente toma banho regularmente, mas não com tanta frequência quanto lava as mãos. Da mesma forma, ajudaria se fosse purificado antes de se envolver em atividades espirituais. Você notará uma enorme diferença em seu fluxo e conexão com a energia com a qual está lidando.

Exercício 24

Elixir de Limpeza

Momento mágico: a qualquer momento

Material:
- Água potável
- Um copo

Objetivo: esta é a minha versão do Rito Kala. Originalmente, aprendi este rito com Storm Faerywolf, que ensina algumas versões diferentes dele em seu livro *Betwixt and Between*[49] e em sua escola de Bruxaria Black Rose Witchcraft na Modern Witch University.

O Rito Kala é uma prática fundamental na Tradição Faery de Bruxaria. Essencialmente, o ritual é para transmutar a energia que você possui, em vez de liberá-la. Ele permite que você transforme seus bloqueios, bem como a energia mental e emocional que não está servindo a você, em algo que o fortaleça e o cure.

Instruções: comece enchendo um copo com água. Pegue o copo e segure-o em sua barriga, no ponto do Caldeirão do Eu Inferior. Concentre-se em seu Eu Inferior, também conhecido como "pegajoso", que absorve e retém emoções e energias psíquicas. Ao segurar o copo com água diante de sua barriga, sinta todos seus bloqueios e negatividade crescendo dentro de você.

Comece a respirar de maneira lenta e constante, visualizando essa negatividade como uma lama tóxica ou uma fumaça enegrecida começando a deixar seu corpo. Visualize essa energia saindo de você e indo para a água no copo entre suas mãos, seguindo a direção de sua respiração através de sua força de vontade.

Em seguida, invoque a grande Fonte/Espírito. Na Tradição Faery, eles tendem a usar a Deusa Estrela como nome dessa força. Sinta-se à vontade para substituir "Espírito Todo-Poderoso" por qualquer que seja sua noção do Grande Mistério.

Levante o copo de energia negativa até seu coração, o ponto do Caldeirão do Eu Médio. Com voz firme e poderosa, diga:

---

49. Faerywolf, *Betwixt and Between*.

Eu invoco o Espírito Todo-Poderoso,
cujo corpo compõe a realidade.
Quem foi, é e sempre será
O infinito da eternidade!

Sinta a presença do Espírito começando a cercá-lo. Você é composto dessa força, assim como tudo, como nada.

Em seguida, concentre-se em seu Eu Superior, aquela parte de você que é a Fonte e que nunca o deixou.

Traga seu foco de volta para o copo que está em frente ao seu coração. Concentre-se em sua intenção de transformar a água e, com voz firme e poderosa, diga:

Espírito, transforma com a sua luz divina,
O conteúdo deste copo que ilumina.
Limpe-o. Perfeito. Faça isso direito.
Do chumbo escurecido ao ouro brilhante eu aceito!

Visualize o Espírito começando a se fundir com você e a fortalecê-lo, fazendo sua aura brilhar com uma energia divina semelhante ao fogo. Para aumentar a potência, você pode realizar o "Alinhamento da Alma e o Fogo da Bruxa" (Exercício 60 do livro *Bruxa Psíquica*). Enquanto seu Fogo Bruxo queima, leve o copo à sua testa, o ponto do Caldeirão do Eu Superior e diga:

Acenda em mim o antigo Fogo Bruxo
Libere em mim o que precisa ir
Transmute esta água pelo meu desejo num fluxo
À medida que o Poder Cósmico começa a fluir!

Com sua vontade e imaginação, veja a água escurecida começar a cintilar e a brilhar, transformando-se lentamente em águas cristalinas de cura. Em seguida, prossiga e beba a água. Para finalizar, diga:

Impurezas curadas
A Magia selada
Como acima, assim abaixo
Por minha vontade, é o que eu faço!

Exercício 25

Banho de Limpeza Psíquica – Mistura de Ervas de Adam Sartwell

Momento mágico: este é um feitiço necessário e pode ser feito a qualquer momento. Pode ser fortalecido utilizando a Lua minguante. Esse tipo de limpeza é mais forte quando a Lua está nos signos de Água – Câncer, Escorpião ou Peixes.

Material:
- 1 colher de sopa de erva-cidreira seca ou fresca
- 1 colher de sopa de flor de lavanda seca ou fresca
- 1 colher de sopa de hissopo seco ou fresco
- 1 jarro grande
- 1 punhado de sais Epsom
- Água fervente
- Opcional: 6 gotas de óleo essencial de lavanda para cada uso

Objetivo: pessoas psíquicas às vezes podem ser muito sensíveis às energias que encontramos. Quer seja em um ambiente de trabalho, em uma festa, quer seja em um dia de leitura em uma feira psíquica, podemos voltar para casa com sobras de energias e padrões que não são nossos. Este feitiço do chá de banheira serviu bem para me fazer relaxar e me soltar.

Instruções: comece aquecendo a água até a fervura. Segure as ervas secas uma de cada vez em sua mão, imaginando-as cheias de luz e energia. Em sua mente ou em voz alta, invoque o espírito essencial dessa planta para se manifestar e ajudá-lo a se limpar e purificar. Despeje as ervas no jarro e encha até o topo com água fervente. Coloque um prato em cima para conter os elementos essenciais das ervas que possam escapar pelo vapor. Deixe em infusão por pelo menos quinze minutos; depois disso, pode ser usado ou embebido por mais tempo, mas não mais que um dia. Coe as ervas e você pode usar isso imediatamente ou guarde por até dois dias na geladeira.

Adicione esta mistura a um banho morno. Você pode colocar tudo em um só banho para uma limpeza mais profunda ou, se estiver sendo gentil consigo mesmo, pode fazer três banhos do chá de banheira. Depende de sua preferência fazer uma única limpeza mais forte ou três suaves. Adicione um punhado de sais Epsom ao seu banho para uma limpeza extra e, opcionalmente, um pouco de óleo essencial de lavanda.

Sobre o banho preparado, estenda as mãos e imagine a água cheia de luz purificadora.

Entoe este canto ou algo de sua própria criação:

> *Por Velha, Mãe e Donzela pura,*
> *limpa-me e me livre do que estou impura.*
> *Ervas, sal e Deusa divina*
> *Deixe-me apenas com o que é minha sina.*

Entre no banho, imaginando que a água está absorvendo toda a gosma que você pegou e neutralizando sua energia. Entoe o canto novamente durante o banho e relaxe. Você pode fazer qualquer meditação de limpeza para reforçar enquanto estiver no banho. Quando sair, enquanto puxa o plugue da banheira, entoe o canto pela última vez, imaginando toda aquela gosma descendo pelo ralo.

Exercício 26

Aprimoramento Psíquico com Sais de Banho

Momento mágico: Lua cheia e/ou às segundas-feiras

Material:
- 1 tigela grande para misturar
- 1 xícara de sais Epsom
- 1 xícara de sal marinho
- 1 frasco com tampa para armazenamento (450 g ou maior)
- 3 gotas de óleo essencial de hortelã-pimenta
- 5 gotas de óleo essencial de artemísia
- 10 gotas de óleo essencial de jasmim
- 10 gotas de óleo essencial de lavanda

Objetivo: os banhos mágicos podem fazer mais do que apenas limpar sua energia, eles também podem trazer energias específicas que, ao mesmo tempo, vão encharcando seu corpo e infundindo essa energia em sua aura. Esta é a minha fórmula de banho quando preciso daquele impulso extra de conectividade psíquica. Existem algumas regras tradicionais quando se trata de banhos espirituais ou mágicos. Uma é que você não deve usar sabonete, xampu ou qualquer coisa assim. Seu corpo físico já deve estar limpo; caso contrário, tome um banho ou ducha antes de tomar seu banho espiritual. Existem algumas razões para isso, mas essencialmente, é porque você está se envolvendo com o ritual e separando esse ato de banho espiritual do banho mundano. Também é tradicional, em banhos mágicos, secar-se ao ar em vez de usar uma toalha. Veja isso como um ato de absorção da energia em você, em vez de enxugá-la ou embebê-la em uma toalha. Normalmente eu fico na banheira e medito por alguns minutos até secar. Se você não pode tomar um banho de imersão ou não tem uma banheira, pode modificar qualquer banho espiritual para um chuveiro. Nesses casos, adicione os sais em uma jarra de água morna em vez de diretamente na banheira. Em seguida, enquanto estiver no chuveiro, despeje-o lentamente sobre sua cabeça, garantindo que pelo menos um pouco da água cubra todo seu corpo.

Instruções: para fazer esta fórmula, adicione 2 xícaras de sal à tigela e misture completamente. Adicione os óleos essenciais ao sal, garantindo que a quantidade de gotas seja precisa. Ao adicionar um óleo essencial, peça ajuda para transmutá-lo para cada óleo que você usar. Por exemplo: "Espírito da lavanda, peço sua ajuda para criar este sal de banho de aprimoramento psíquico". Repita o mesmo com o jasmim, a artemísia e a hortelã-pimenta.

Com uma colher, comece a mexer no sentido horário, misturando bem e dizendo:

> *Eu mexo este sal dentro desta tigela*
> *Eu mexo este sal com minhas Três Almas singelas*
> *Espíritos das quatro plantas, ajude com este feitiço*
> *Para que meu sentido psíquico seja bem intensivo.*

Continue repetindo isso enquanto mexe, até sentir intuitivamente que terminou de misturar. Guarde-o em seu frasco e tampe.

Quando for fazer o banho, use cerca de dois punhados de sal. Ao adicionar o sal à água, diga:

> *Com este sal a água eu transformo.*
> *Não é mais apenas água, eu informo.*
> *um elixir de aprimoramento psíquico,*
> *posso admitir, na água irá surgir.*
> *E os que forem mergulhados na água então,*
> *infundidos com sua energia serão.*

Em seguida, molhe-se.

Exercício 27

Vermífugo Espiritual,
de Christopher Penczak

Momento mágico: Lua escura ou Lua minguante mais próxima da escuridão; caso contrário, uma terça-feira para Marte ou sábado para Saturno.

Material:
- Alho (em pó ou fresco) em uma tigela pequena
- Disco de carvão
- Pinças de incenso
- Queimador de incenso, como um pequeno Caldeirão ou tigela de latão com areia, ou sal, para dispersar o calor, permitindo que você o segure com segurança.

Objetivo: assim como nosso corpo físico pode contrair infecções na forma de patógenos, nossos corpos sutis têm infecções correspondentes. Embora isso possa parecer assustador para um novo praticante, é simplesmente um fato da vida para todos, ainda que a maioria das pessoas que desconhecem seus corpos sutis não tenham conhecimento dessas infecções, a menos que tenham infecções físicas correspondentes. Assim como o mundo material tem bactérias, vírus e, em particular, parasitas, o mesmo acontece com os níveis sutis. Essas criaturas, embora desagradáveis, não são más e só causam problemas quando nossos sistemas imunológicos sutis naturais estão muito esgotados para lidar efetivamente com elas. Embora muitos pensem que Bruxas, médiuns e curandeiros devem ter uma forte imunidade natural, somos os grupos com maior probabilidade de esgotar nossa energia vital fazendo projetos mágicos, o que nos torna mais suscetíveis a essas forças infectantes.

Bactérias psíquicas que passam de humano para humano geralmente são cultivadas nos primeiros pensamentos indesejados das pessoas e projetadas e multiplicadas a partir de pensamentos e ideias desequilibradas e doentias, que criam raízes e são alimentadas com energia emocional. Às vezes, elas são chamadas de "vírus de pensamento" e governam nossa mentalidade em massa. Essas "bactérias psíquicas" podem ser ainda mais poderosas nos dias de mídia social. Os verdadeiros equivalentes psíquicos dos vírus são geralmente dos reinos elementais não humanos, anexos de energias de espíritos elementais, espíritos da Terra e seres feéricos, geralmente quando os humanos estiveram no lugar errado na hora errada, fazendo a coisa errada na natureza, muitas vezes profanando-a, consciente ou inconscientemente.

Parasitas psíquicos são entidades que drenam nossas forças vitais e psíquicas para viver, muitas vezes desencadeando fortes emoções. Eles são semelhantes a vermes, carrapatos e sanguessugas. E podem ser passados inadvertidamente de um consulente para um atendente ou curandeiro. Depressão prolongada, medo e raiva costumam ser forças que os atraem, e o abuso prolongado de drogas e álcool decorrente de tais sentimentos pode facilitar o acesso. Felizmente, as ervas que têm propriedades antimicrobianas e antiparasitárias – com ervas antiparasitárias sendo conhecidas como vermífugas, pois "fumigam" os vermes do sistema – têm propriedades espirituais semelhantes. Algumas das melhores ervas incluem agrimônia, cohosh preto, noz preta, hortelã-pimenta, tomilho, açafrão, erva-lombrigueira e especialmente absinto. Porém um recurso fácil, muito eficaz e bastante seguro é o alho. Dentes de alho frescos ou pó de alho seco são facilmente acessíveis para a maioria de nós e incrivelmente eficazes para todas as formas de infecção psíquica básica.

Instruções: idealmente, faça isso quando a Lua estiver minguando, perto da Lua escura, para banir as forças nocivas. Se precisar do feitiço durante a fase da Lua crescente, tente cronometrar para um dia de Marte (terça-feira) ou dia de Saturno (sábado), para melhor evocar os poderes do alho. Se estiver usando alho fresco, descasque-o e pique com uma faca para obter pequenos pedaços, embora o pó de alho seco da prateleira de temperos da cozinha seja realmente melhor de se usar.

Acenda seu carvão, do tipo tradicionalmente usado para incenso granulado solto, e coloque cuidadosamente o disco sobre a areia ou sal em seu incensário, sem se queimar. Use pinças de incenso, se necessário. Um Caldeirão com alça é ideal para o queimador de incenso, permitindo que você pegue e mova o recipiente. Segure o alho em uma tigela pequena e encante-o, sentindo a energia sutil em suas mãos se misturar com sua própria força vital, quente e ardente. Diga:

Eu invoco o espírito do alho para emprestar seu poder.
Liberte-me de todos os conhecidos e desconhecidos
parasitas, infecções espirituais e entidades apegadas.
Peço isso para o meu bem de cura mais elevado.
Assim seja!

Em seguida, polvilhe o alho sobre o carvão. Se for picado fresco, use com moderação no início, pois os pedaços molhados vão chiar um pouco. Adicione mais à medida que avança. A energia liberada é mais importante que a fumaça. Não respire diretamente a fumaça, pois ela será bastante acre. Gentilmente, espirale com ela bem perto de seu corpo, girando seu corpo no sentido anti-horário. A cada círculo completo, estenda seu braço um pouco mais para fora, criando uma espiral de fumaça e energia do espírito da planta do alho ardente ao seu redor. Quando sentir que a espiral está o mais larga possível em torno de você, faça uma pausa no centro. Coloque o queimador de incenso para baixo. Inspire profundamente e, ao expirar, expire com força, exalando todos e quaisquer patógenos e parasitas psíquicos indesejáveis na recém-criada energia espiritual do alho ao seu redor. Imagine-os se quebrando ou se sentindo distantes de você por causa da energia do alho. Faça isso três vezes, com três respirações profundas e expirações fortes. Faça uma pausa e observe a diferença de como se sente.

Coloque um pouco mais de alho sobre o carvão, segure o queimador de incenso no comprimento do seu braço e comece a espiralar lentamente, girando o corpo no sentido horário. Gradualmente, aproxime o queimador de incenso até você, criando uma espiral interna. Quando chegar ao centro, faça uma pausa e concentre-se em seu próprio escudo de proteção psíquica sendo infundido com as bênçãos e a Magia do alho, para afastar futuras infecções e parasitas. Para completar o feitiço, diga:

> *Agradeço ao espírito do alho e peço a sua bênção adicional*
> *a ser infundida em minha aura.*
> *Proteja-me de futuras infecções e apegos.*
> *Bendito seja.*

Aterre-se conforme necessário no final, talvez bebendo um pouco de água para equilibrar a energia ígnea.

Repita este feitiço ritual conforme achar necessário.

Exercício 28

Purificação com Fogo e Sal Marinho

Momento mágico: a qualquer momento.

Material:
- Fósforos
- Sal marinho
- Um Caldeirão ou prato à prova de fogo (de preferência um com pernas que o eleve)
- Uma alta porcentagem de prova de álcool
- Uma superfície à prova de fogo

Objetivo: a Purificação de Fogo e Sal Marinho é o meu método de limpeza quando preciso limpar completamente a energia de uma área. Essa técnica removerá quase todo o miasma dentro de uma sala, portanto, também pode anular objetos mágicos e feitiços que você possui. Provavelmente será necessário recarregá-los e capacitá-los novamente depois disso. Essa técnica também é benéfica se estiver tendo problemas para remover um espírito que não quer sair, pois isso cortará o suprimento de energia do qual ele está se alimentando e usando para se manifestar neste plano de realidade.

A maioria das pessoas pensam no sal como um item de limpeza mágica, e definitivamente ele pode ser. A verdade é que o sal é um mineral altamente versátil, suscetível à forma como trabalhamos com ele. O sal é um cristal, e assim como outros cristais, ele pode ser programado de várias maneiras. Como a estrutura cristalina do sal é a de cubos minúsculos, sendo o sólido platônico associado ao elemento Terra, ela exerce forte influência nos níveis físico e etérico da realidade. O sal também é o elemento alquímico do Mundo Médio por correspondência com o Eu Médio.[50]

Ao realizar este ritual, seja extremamente cuidadoso e sempre considere sua segurança. A chama produzida aqui é enorme e nunca deve ser deixada sem vigilância. Esta não deve ser uma técnica padrão de limpeza. Em vez disso, pense mais como uma limpeza profunda de energia. Se você mantiver hábitos de limpeza saudáveis, não vai precisar usar isso com frequência. A técnica deve ser usada quando você precisar de métodos de limpeza mais poderosos, como

---

50. Penczak, *The Three Rays*, 63.

após uma doença grave, morte, energia emocional intensa, assombração ou quando houver apenas uma quantidade extrema de energia negativa presa em uma área e que não está saindo.

Instruções: encha sua palma da mão com sal marinho e direcione sua atenção para ele. Embora não seja necessário, para aumentar o poder disso, execute um Alinhamento da Alma e direcione seu Fogo de Bruxa pessoal para o sal.[51] Diga:

Peço ao espírito do sal que faça parceria comigo
para limpar e purificar a energia desta sala.

Coloque o sal marinho no Caldeirão. Despeje álcool o suficiente para cobrir o sal, mas não tanto que ele fique imergido. Pegue um fósforo e risque-o afirmando:

Como minhas palavras aclamam
Como este sal é aceso em chamas
Energias discordantes neste plano
São queimadas sem sobras eu proclamo.

Solte o fósforo no Caldeirão. À medida que a mistura de sal e álcool é acesa, visualize a chama atraindo toda a energia discordante para si, como um vácuo, queimando-a conforme se aproxima. Lembre-se de que é muito provável que queime energia que também não seja discordante. Você vai notar uma mudança completa na sala. Certifique-se de abrir uma janela para trazer alguma energia fresca de fora.

Exercício 29

Ritual de Purificação com Canela

Momento mágico: a qualquer momento

Material:
- Canela em pó (*Cinnamomum* verum)

Objetivo: uma das minhas formas favoritas de purificação rápida antes do ritual ou trabalho de feitiço é um método supersimples que aprendi originalmente nos cursos e no livro de Jack Grayle[52] que usa canela em pó. Seu método foi

---

51. Veja o Exercício 60 do livro *Bruxa Psíquica*.
52. Grayle, *The Hekatæon*, 21.

inspirado no PMG, uma abreviatura para "Papiros Mágicos Gregos", coleção romano-egípcia de feitiços de Bruxaria e de sincretismo eclético do terceiro século AEC. A canela não apenas purifica e santifica[53], como também, afirma o PMG: "A divindade está satisfeita com ela e lhe deu poder"[54]. A divindade referida aqui é mencionada como o *"Aion* dos *Aions"* ou o que poderíamos simplesmente pensar como Espírito (com E maiúsculo), Fonte, ou mesmo Baphomet, em um contexto oculto moderno, ou como se pode conceituar, o poder mais alto dentro o Universo.

Esta é uma versão modificada e muito adaptada desta limpeza que uso em minha própria prática. O bom nesta purificação, é que não envolve queimar nada e a canela em pó é super fácil de transportar consigo para onde quiser. Você pode até pegar a canela de sua dispensa em pequenos recipientes e guardá-los em seu carro ou em sua bolsa ou mochila.

Também descobri que por meio do uso consistente deste método, a claritangência em minhas mãos parece se fortalecer e, junto a ela, o poder da psicometria, que é obter informações psíquicas por meio do toque nas coisas.

Instruções: polvilhe uma quantidade de canela do tamanho de uma moeda de dez centavos na palma da mão. Aterre-se e centralize-se. Com a canela na palma da mão, comece a esfregar as mãos e a dizer:

Eu invoco Cinnamomum verum, o espírito vegetal da canela.
Peço que você limpe completamente meu corpo físico
para eu ser digno dos Deuses e dela.

Daqui em diante, você deve pegar suas mãos e escová-las em torno de sua aura, começando em torno de sua cabeça até os pés[55]. Repita esta ação com cada frase.

Que meu corpo etérico seja tão puro quanto meu corpo físico.
Que meu corpo astral seja tão puro quanto meu corpo etérico.
Que meu corpo emocional seja tão puro quanto meu corpo astral.
Que meu corpo mental seja tão puro quanto meu corpo emocional.
Que meu corpo psíquico seja tão puro quanto meu corpo mental.
Que meu corpo divino seja tão puro quanto meu corpo psíquico.

---

53. Blackthorn, *Magia Botânica de Blackthorn*, 117.
54. Betz (tradutor), *Papiros mágicos gregos* (traduzido), 175, 182, e 188.
55. Para uma revisão dos vários tipos de áurea (etérico, astral, etc.) veja o capítulo 14 do livro *Bruxa Psíquica.*

Coloque as palmas das mãos juntas no peito e diga:

Que eu seja purificado e limpo em todos os níveis. Que meu Eu Inferior seja tão puro quanto meu Eu Médio e meu Eu Médio tão puro quanto meu Eu Superior e meu Eu Superior tão puro quanto os próprios Deuses.

Use um de seus dedos polvilhados com canela e desenhe uma cruz de braços iguais na parte de trás do seu pescoço, começando de cima para baixo, afirmando:

Como acima, assim abaixo.

Depois da esquerda para a direita:

Como dentro, também fora.

E finaliza afirmando:

Eu estou limpo.

Neste ponto você não deve ter muita canela nas mãos, mas se sobrar vá em frente e sopre o pó ou lave as mãos.

Importância da Blindagem e da Proteção

É importante assumir a responsabilidade por nossos próprios pensamentos, emoções, energia e ações, em vez de apontar constantemente para os outros. Frequentemente, somos nossos piores inimigos. Já vi muitas pessoas entrarem na paranoia de que alguém estava trabalhando Magia negativa sobre elas quando, essencialmente, elas próprias estavam se amaldiçoando. Ao garantir que vivamos uma vida de integridade e ética, reduzimos nossas chances de acumular e perpetuar dramas e energias desequilibradas em nossa vida, mágicas ou não. Viver uma vida de integridade é uma das melhores defesas que alguém pode ter em suas práticas mágicas.

Isso não significa que não devemos nos concentrar em nossa proteção ou que, se formos apenas boas pessoas ou tivermos apenas pensamentos positivos, ficaremos bem. Coisas ruins podem acontecer a pessoas boas, e qualquer um que sugira o contrário é tolo. Em seu clássico *Mastering Witchcraft*, dos anos 1970, Paul Huson aconselha o leitor que "quando você pisa no caminho da Bruxaria, um chamado soa no mundo invisível anunciando sua chegada".[56] Doreen Valiente, também sugeriu os perigos semelhantes da Magia: "Muitas

---

56. Huson, *Mastering Witchcraft*, 136.

pessoas dirão a você que o Ocultismo, a Bruxaria e a Magia são perigosos". Mas Doreen garante que vale a pena, porém, continua afirmando que "Assim são eles; assim é a travessia da estrada; não iremos longe se tivermos medo de tentar. No entanto, podemos optar por atravessar de forma imprudente ou usar nosso bom senso e atravessar com cuidado. O mesmo acontece com a Magia."[57] Ela então continua explicando que a Magia pode ser uma força de alto risco, assim como a eletricidade, a energia atômica, a televisão, o poder da imprensa ou qualquer outra coisa que tenha poder, e argumenta que o poder mágico, como os mencionados, também pode ser útil e melhorar nossa vida.

É por isso que não devemos nos apressar em práticas mágicas, psíquicas ou quaisquer outras práticas energéticas sem nenhum cuidado ou preocupação com a segurança. As práticas mágicas devem ser pensadas e respeitosamente engajadas. Isso inclui tomar precauções de proteção. Você pode se machucar gravemente ao assar um bolo se não estiver usando luvas ao retirá-lo do forno. Não deixe que a arrogância ou o excesso de confiança o façam pensar que pode simplesmente puxar a assadeira quente do forno com as próprias mãos. Da mesma forma, não se precipite no trabalho energético sem proteção, só porque sente que é muito habilidoso para precisar de qualquer cuidado. Ser um bom motorista não significa que você não precisa usar o cinto de segurança.

Embora em um mundo ideal não teríamos que nos proteger de outras pessoas ou espíritos, infelizmente, às vezes o fazemos. Uma das minhas maiores lições é assumir que só porque tenho boas intenções e não quero prejudicar ou controlar ninguém, isso não significa que outras pessoas tenham a mesma mentalidade ou os mesmos motivos. O mundo é um lugar perigoso, cheio de pessoas perigosas, e isso inclui o não físico também. Às vezes precisamos nos defender, e ignorar a proteção é totalmente ingênuo.

Algumas pessoas trocam as palavras "blindagem" e "proteção", mas há uma diferença importante entre elas. Proteger é o que parece, adicionando uma camada de proteção ao redor de si mesmo, de um objeto ou de um lugar. Uma blindagem torna-se inerentemente apotropaica, o que significa que repele ativamente energias e forças negativas. Blindar algo significa, literalmente, afastar alguma coisa. Pense na proteção como um casco de tartaruga e na blindagem como as cores brilhantes de animais venenosos que sinalizam e avisam outros animais para ficarem longe. Outra maneira de pensar nessa diferença é que os

---

57. Valiente, *Magia Natural*, 11.

fossos ao redor de um castelo são formas de proteção que dificultam a entrada de invasores, enquanto as gárgulas posicionadas sobre ou ao redor do castelo são destinadas a serem apotropaicas, projetadas para intimidar pessoas e espíritos, diminuindo a probabilidade de um ataque.

Exercício 30

Selo dos Nove Céus, de Benebell Wen

Momento mágico: Lua crescente minguante, o mais próximo possível da Lua escura; isso está associado à energia *yin*, quando a presença do espírito é mais fortalecida.

Material:
- Algo para pintar o sigilo
- Incenso de madeira de sândalo ou cedro
- Tinta vermelhão
- Velas vermelhas (você vai precisar de quantas velas forem necessárias para iluminar adequadamente seu espaço ritual durante uma hora da noite)

Objetivo: o selo apresenta um oráculo de ossos estilizado que são os quatro caracteres do nome de *Jiu Tian Xuan Nu* (九天玄女), também conhecida como a "Senhora do Nono Céu" (ou Nove Céus), uma protegida da Imperatriz Mãe do Ocstc, considerada uma Deusa negra que dominava as artes ocultas e a guerra. Mais tarde, ela se tornou a Deusa padroeira do Imperador Amarelo. De acordo com a tradição, a Senhora dos Nove Céus ensinou Magia e estratégia militar à corte do Imperador. Ao longo das dinastias, ela incorporou poderes diferentes para pessoas diferentes, embora seja amada por ocultistas em particular, devido a sua associação com a Magia Cerimonial e Bruxaria. A Senhora dos Nove Céus é considerada uma Deusa negra, como seu mentor, alguém que não se esquiva da justiça retributiva. No entanto, ela também é considerada benéfica e misericordiosa por meio de suas conexões com Kuan Yin.

A prestação ritual de seu selo por um ocultista que possui integridade, honra, beneficência, lealdade e excelência moral, e que conhece ou intui ameaças psíquicas iminentes de danos de outros, pode invocar a proteção da Senhora dos Nove Céus. Este selo também pode quebrar ou cortar quaisquer apegos maléficos em sua personalidade. Sua arte em renderizar o selo não é tão importante quanto sua sinceridade, então não se preocupe com o valor estético ou a precisão da linha de seu selo.

Instruções: numa sala escura em uma hora tardia, ilumine seu espaço apenas à luz de velas. A partir de uma das chamas das velas, acenda o incenso. A fumaça do incenso conecta os mundos humano e celestial. Você vai inscrever o desenho do selo em uma superfície lisa, que poderá guardar como um talismã. Considere um disco de madeira, uma pedra plana redonda ou um cabochão.

Inscreva o primeiro caractere do nome dela (九), que significa "Nove". Ao inscrever o caractere, recite ou forme a pronúncia com a boca, "Jiǔ".

Então, carregando suas próximas palavras, orações ou pensamentos com a emoção mais sincera que está sentindo, confesse o que o está incomodando e a natureza do seu propósito de invocar a Senhora do Nono Céu. Fale ou expresse seus sentimentos em sua língua nativa.

Inscreva o segundo caractere (天), que significa Céu. Recite ou forme a pronúncia "Tiān".

Solicite formalmente a proteção divina. Use palavras de reverência e respeito. Diga também por que um bem maior será servido se você estiver protegido e mantido em segurança. Isso não precisa ser um pacto *quid pro quo*; ao contrário, deve ser uma reiteração do bem que você faz pelo mundo ao seu redor e um voto renovado de continuar a servir aos necessitados.

Inscreva o terceiro caractere (玄) à esquerda do segundo, pois estamos escrevendo para formar um círculo com o selo, no sentido horário. Este caractere significa "dos Mistérios" ou "Oculto". Há uma implicação da escuridão ou do invisível. Recite ou forme a pronúncia "Xuán" (*shwen*, um som de "*sh*" que rima com "*wren*").

Visualize todas as emoções geradas como fios ou gavinhas de energia, que agora você está coletando e unindo em uma única força.

Com intenção, converta essa força unida em reivindicação. Sinta-a começando no topo da cabeça, crescendo e percorrendo seu corpo até seus pés, sinta o poder divino se intensificar até engoli-lo, amplificando seu poder pessoal. Esta é a invocação bem-sucedida de Jiu Tian Xuan Nu, que enviou uma onda de poder e invulnerabilidade psíquica através de você.

O caractere final (女) significa Senhora ou Mulher. Enquanto escreve, recite ou forme a pronúncia "Nǔ" (diga "ee" como "ela" primeiro, franza os lábios como se estivesse assobiando e adicione o som "n" na frente). Ao fazer isso, relaxe, descontraia, solte todas as tensões em seu corpo e mente e diga palavras de sincera gratidão a Jiu Tian Xuan Nu, por aparecer para você e dotá-lo com o poder de se proteger.

Movendo-se no sentido horário, desenhe um círculo ao redor dos quatro caracteres. Enquanto desenha o círculo, recite "Ji Ji Ru Lu Ling" (急急如律令), um taoísta esotérico tradicional que encerra um feitiço, comparado a "Assim seja". Coloque o selo pintado em seu altar e deixe-o lá até que esteja completamente seco.

O selo pintado agora está habilitado. Ele irá desviar e dispersar quaisquer flechas de Magia maléfica direcionadas a você. Se houver apegos de espíritos maléficos, segurar o selo pintado quebra esses apegos e faz com que o espírito maléfico seja expulso de sua presença. (Nesses casos, uma vez que esse apego pessoal tenha sido quebrado, considere um banimento ritual do espírito do ambiente.)

Mesmo que você não tenha trabalhado com a Senhora dos Nove Céus antes, ela aparecerá e honrará as petições de qualquer praticante que tenha integridade, honra, beneficência, lealdade e excelência moral, e que tenha sido injustamente prejudicado.

Exercício 31

Uma Noite de Proteção Psíquica, de Storm Faerywolf

Momento mágico: a qualquer momento antes do nascer do Sol, quando o feitiço termina.

Material:
- Fósforos ou um isqueiro
- Pequenas quantidades de alecrim, lavanda, artemísia, sal e pimenta-preta inteira
- Um Caldeirão ou pote de cinzas
- Um pedaço de papel, aproximadamente 2 polegadas quadradas
- Um pequeno cristal de quartzo claro
- Uma caneta
- Uma pequena bolsa de algodão ou musselina em uma corda, ou um infusor de chá
- Uma tigela média, metade cheia com água
- Uma vela branca

Objetivo: este feitiço visa impor um limite semipermeável de curto prazo em torno de sua consciência para permitir que você se envolva no trabalho psíquico enquanto permanece protegido de influências indesejadas.

Instruções: reúna seus itens. Comece realizando qualquer exercício de aterramento ou centralização com o qual se sinta mais confortável. Depois de concluído, segure o cristal em sua mão para que, olhando através dele, veja o pavio da vela apagada. Acenda a vela e diga:

*Da escuridão eu conjuro a luz que
dentro de mim brilha e guia meu caminho.*

Imagine que a luz da vela está sendo transmitida a você através do cristal, e que essa luz é uma e a mesma luz divina dentro de você. Concentrando-se nessa luz interior, escreva seu nome no papel com reverência, mantendo a atitude que faria ao dar uma oferenda a um Deus. Agora, dobre o papel em um pequeno quadrado e desenhe um Pentagrama sobre ele. Pressione o cristal contra o papel e, com cuidado, pingue um pouco da cera por cima de tudo para selar. Certifique-se de cobrir completamente o cristal e o papel.

Depois de seco, coloque-o no saquinho ou difusor com uma pitada de cada erva e um pouco de sal. Feche ou amarre. Jogue um punhado de grãos de pimenta-preta na tigela com água (representando as forças negativas), e adicione a lavanda (forças positivas), o alecrim (limpeza/proteção) e a artemísia (visão psíquica). Polvilhe uma pitada de sal em um círculo no sentido anti-horário na água. Mergulhe a bolsa ou o difusor no centro da água, imaginando que o cristal ainda brilha com sua luz interior. Comece mexendo a água com a bolsa/difusor enquanto entoa:

Luz de dentro que brilha
Aja sobre mim agora como guia.
Reverta todas as sombras, afasta todo temor
Defenda minha alma até a primeira luz com louvor.

Continue repetindo as duas linhas finais do feitiço enquanto aumenta o poder na água. As forças positivas estão dentro e fora de seus limites, simbolizadas pela bolsa ou infusor. As forças negativas ficam de fora. Quando se sentir pronto, levante a bolsa ou difusor e pegue um pouco da água do escoamento, usando-a para ungir-se no Terceiro Olho, garganta, nuca, onde o crânio encontra a coluna, e nas mãos. Mergulhe o artefato de volta na tigela e mais uma vez o levante, pegando novamente o escoamento, mas agora espalhando um pouco de água ao seu redor. Mantenha o feitiço coberto de cera com você pelo resto da noite. Ao nascer do sol, o feitiço será quebrado. A água pode ser espalhada pela casa e as ervas podem ser descartadas como achar melhor. Desmonte o amuleto no dia seguinte, recuperando o cristal (para ser guardado para futuros feitiços de proteção) e queimando o papel coberto de cera em seu Caldeirão.

Exercício 32

Feitiço de Garrafa contra Mau-olhado

Momento mágico: em um sábado

Material:
- Uma garrafa de vidro azul

Objetivo: a crença no mau-olhado é muito difundida em todo o mundo, tanto nas religiões politeístas como nas monoteístas. A ideia básica é que alguém pode lhe enviar energia nociva ao manter ciúmes ou pensamentos ruins sobre você em seu coração, que lhe são transferidos quando olham em sua direção. As referências escritas ao mau-olhado remontam ao antigo Ugarit e, provavelmente, a crença nele remonta ainda mais à história. No entanto, os escritos mais extensos que temos sobre o mau-olhado vêm de autores gregos clássicos.

Curiosamente, parece haver um tema recorrente entre diferentes religiões, tradições e culturas sobre o que evita o mau-olhado – o símbolo do olho, o desenho de uma mão e a cor azul-profundo. Certos amuletos para proteger contra o mau-olhado, como o *nazar* (olho grego), geralmente agrupam dois desses elementos, o olho e a cor azul. Outros amuletos, como o feitiço *hamsa*, por exemplo, incorporam todos os três. No entanto, devido ao antigo intercâmbio cultural, rastrear as origens dos amuletos *hamsa* e *nazar* é muito difícil, pois eles são encontrados em muitas variações nas culturas do Mediterrâneo e do Oriente Médio, variando do judaísmo ao hinduísmo, do islamismo ao Paganismo grego.

Na minha adolescência, eu não estava muito familiarizado com os amuletos de mau-olhado até que os encontrei em lojas esotéricas. Foi só quando fiquei mais velho que percebi que a mesma lógica usada em amuletos como o *hamsa* ou contas *nazar* era muito semelhante a uma tradição que aprendi quando criança. Embora minha família não fosse abertamente mágica, havia algumas práticas que eles chamavam de "supersticiosas" às quais se apegavam, apesar de serem de natureza mágica. Em vez de ser chamado de "Magia", era apenas "algo que você faz". O interessante sobre essas práticas é que as pessoas falavam sobre elas igualmente, como se acreditassem e não acreditassem nelas, mas que era "melhor prevenir do que remediar". Em retrospecto, elas parecem resquícios da antiga Magia popular que persistiu por gerações, mas que entrou em conflito com as crenças religiosas modernas de minha família.

Uma dessas práticas era afastar "o mal dos outros" pegando garrafas vazias feitas de vidro azul-escuro e colocando-as no parapeito da janela por onde os raios do sol brilhavam. Eu peguei esta prática e coloquei mais intenção mágica por trás dela.

Instruções: certifique-se de que a garrafa esteja limpa e vazia. Pegue a garrafa e segure-a em suas mãos, falando com ela:

> *Abençoada garrafa de profundo azul-escuro*
> *Cante para mim uma música que é verdadeira*
> *Uma canção que repele e protege do obscuro,*
> *e das energias ruins que não é brincadeira.*

Coloque o lábio inferior contra a borda do topo da garrafa e sopre através dela em uma longa expiração, produzindo um som ressonante alongado. Você pode fazer isso algumas vezes, se desejar, e então declara:

> *Esta garrafa de um azul-escuro intenso,*
> *tão rico quanto o céu e o mar denso,*
> *nunca permitirá através dela passar,*
> *as forças do mau-olhado que quer entrar.*

Coloque a garrafa no parapeito de uma janela para fazer seu trabalho.

Exercício 33

Técnica de Raspagem

Momento mágico: a qualquer momento

Material:
- Uma lâmina cega de algum tipo, de preferência um Boline feito de ferro ou de aço

Objetivo: raspagem é uma técnica que aprendi com Aidan Wachter, em seu livro *Six Ways: Approaches and Entries into Practical Magic*[58], e que uso desde então, com algumas adaptações ao longo do tempo. Essa técnica basicamente elimina quaisquer apegos, parasitas, ganchos ou cordões energéticos que você pegou por conta própria ou que lhe foram enviados de forma maliciosa em outras circunstâncias. Isso é particularmente útil se você sentir que alguém está drenando sua energia psiquicamente, intencionalmente ou não.

Para este exercício, você vai precisar de algum tipo de lâmina cega, como a maioria dos Athames à venda, ou algo como minha ferramenta preferida para isso, o Boline, uma faca de mão usada para cortar plantas em Bruxaria. Garanta que a lâmina não esteja afiada, este trabalho vai ser feito próximo à pele e você não quer se cortar. Aidan sugere realizar este ritual a cerca de 3 cm de distância de seu corpo. Para mim, isso faz todo o sentido, pois é aqui que reside o nível etérico de sua aura, que é o último lugar na realidade multidimensional antes que algo se manifeste fisicamente. O etérico é onde a energia assume uma forma

---

58. Wachter, *Six Ways*, 148–149.

mais grave e se torna mais permanente ao longo do tempo. Então, ao trabalhar a partir deste nível, você também limpa as outras camadas da aura.

Instruções: ao longo desta técnica, visualize que seu Boline está brilhando com uma aura negra. O preto é a cor de Saturno e está associado à proteção, remoção e limites energéticos. Em seguida, segurando o Boline com a mão direita, passe-o muito lentamente pelo lado esquerdo do corpo, da cabeça aos pés, cerca de 2,5 cm ou mais sobre o corpo. Concentre-se em sua vontade e intenção de eliminar qualquer coisa inútil ligada à sua energia. Enquanto faz isso, entoe:

Ferramentas de Saturno, diurno ou noturno
corta e limpa de mim a ilusão e o apego,
que aderiram à minha aura sem meu desejo.
Corta agora pela vontade e forte intenção.
Sejam eles parasitas, ganchos ou cordão,
ou outras formas de pensamento e confusão.
raspando a influência deles de mim
Torno-me limpo, claro e livre, enfim.

Agora repita isso com o lado direito do corpo com o Boline na mão esquerda.

Depois de terminar a técnica de raspagem, reserve um momento para sentir como você está limpo e livre desses parasitas e ganchos astrais. Enquanto faz isso, visualize seu corpo energético brilhando em branco e tornando-se mais assertivo em sua força. Ele está aumentando sua imunidade, assim como o corpo faz depois de combater com sucesso um vírus. Declare:

Com esta clareza energética,
eu aumento minha imunidade,
contra energias inúteis e maléficas
Que sai de mim com facilidade.

Termine com um exercício de proteção.[59]

---

59. Para uma revisão de proteção, veja o Exercício 43 do livro *Bruxa Psíquica.*

Exercício 34

Cordão da Bruxa Psíquica, de Devin Hunter

Momento mágico: Lua nova

Material:
- Bolsa com mistura de ervas (lavanda, milefólio, rosa, bismuto)
- Bolsa de tecido azul
- Bolsa de tecido preto
- Cabo pelo menos tão longo quanto sua altura
- Ervas de Feitiço de Garrafa de Guia Espiritual (alecrim, rosa mosqueta)
- Fios (preto, azul, roxo, prata ou ouro)
- Papel branco
- Saco de amuletos de proteção psíquica ervas (artemísia, arruda, pimenta-preta)
- Seu próprio cabelo
- Sino ou carrilhão
- Uma pequena garrafa (com uma alça fechada ou boca grande)

Objetivo: um "Cordão de Bruxa" é uma ferramenta mágica que tem tido muitos nomes e permutações ao longo da história. Em algumas Tradições, ele é chamado de "Escadas de Bruxas" ou "Caudas do Diabo" e em outras, ainda, de "Cordas de Fada" – um pouco menos intimidador. Trata-se de um tipo de altar suspenso vertical, feito de corda ou de barbante fortalecido com vários talismãs, encantos e amuletos amarrados ou trançados juntos, que pode ser construído por vários motivos.

Os Cordões de Bruxa são ótimos, porque nos ajudam a atingir um objetivo de várias direções e fundem a Magia de vários trabalhos menores (e intercambiáveis) em um grande trabalho harmonioso. Para nossos propósitos, faremos um Cordão da Bruxa Psíquica, feito especialmente para aumentar as habilidades psíquicas naturais, fornecer proteção contra males astrais e, entre outras coisas, auxiliar na comunicação com guias espirituais.

Instruções: para criar um Cordão de Bruxa, primeiro devemos tomar nossa "medida". Esta é uma antiga prática de feitiçaria geralmente observada por Covens durante a Iniciação, em que a medida foi tomada para criar ostensivamente uma espécie de "clone mágico" bruto do novo membro. Isso geralmente é mantido pelo Coven que preside e usado para acessar esse membro magicamente mais tarde, se necessário. Para nossos propósitos, você vai criar uma medida para servir de cordão, no qual serão presos os amuletos e outros feitiços.

Para fazer esta peça central do trabalho, o ideal é começar com um pedaço de corda que meça sua altura total. Este cordão não deve exceder a espessura de ½ polegada ou o nó pode se tornar um problema mais tarde e terá de ajustar muito o comprimento. Eu recomendo usar preto; no entanto, sinta-se à vontade para usar a cor que achar melhor para representar sua energia psíquica. Amarre as duas pontas do cordão para evitar desgaste. Isso representa a primeira medição.

Pegue uma das pontas e a enrole uma vez no pulso, depois dê um nó onde a ponta encontra o cordão. Esta é a segunda medição. Para fazer a terceira medição, pegue a mesma ponta e a enrole na cintura, dando um nó no local onde a ponta encontra o cordão. Faça isso novamente no peito e no pescoço para fazer as duas medições finais. Depois de amarrar todos os seis nós, você tirou sua medida. Em seguida, abençoe o cordão, passando-o sobre seu incenso psíquico favorito e dizendo:

De cabeça para baixo e por toda parte,
Minha medida eu tomo para a Arte.
Livremente dada e conduzida magicamente,
Esta medida nunca deve se quebrar inutilmente.

Dobre o cordão ao meio e dê um laço no centro para que fique pendurado livremente em um gancho ou maçaneta.

Agora, o resto é realmente com você! O que vai anexar a este cordão pode ser qualquer coisa, desde joias, a frascos de feitiços, bolsas de amuletos, cartas de Tarô ou artesanato que pode perfurar. Às vezes, até faço minhas próprias contas perfurando conchas e cascas. O único limite é a sua imaginação, e como estamos falando do seu bem-estar psíquico, aproveite esta oportunidade para ser específico com as suas necessidades. Dito isto, aqui estão quatro amuletos que você deve adicionar ao seu cordão inicial. Lembre-se, você sempre pode trocá-los mais tarde e atualizar o cordão conforme suas necessidades mudarem. Depois de fazer cada um deles, prenda-os ao cordão usando linha ou fio nas cores preta, azul, roxo, prateada ou dourada. Você pode amarrá-los diretamente ao cordão ou pode ser criativo e entrelaçá-los na trança original. (Sinta-se à vontade para ajustá-los conforme necessário para seus recursos.)

1. Bolsa de Amuletos de Proteção Psíquica

Em um saquinho de tecido preto, ponha três pitadas de artemísia, duas pitadas de arruda, uma pitada de pimenta-do-reino e um pedaço de seu próprio cabelo.

Empodere recitando o feitiço:

Artemísia, arruda, pimenta-do-reino também;
Proteja-me agora, não deixe passar nada além!

2. Bolsa com mistura de ervas

Em uma bolsa de tecido azul, adicione sete pitadas de lavanda, cinco pitadas de milefólio, três pitadas de rosa e um pequeno pedaço de bismuto.

Fortaleça recitando o encantamento:

Tão claro quanto minha visão em um dia ensolarado,
meus dons psíquicos nunca vão me deixar de lado.

3. Feitiço de Garrafa Guia Espiritual

Em um pequeno pedaço de papel branco, desenhe a imagem do seu Guia Espiritual. Enrole o papel e coloque-o em uma pequena garrafa (de preferência com uma alça e borda grossa que facilitará a adição ao cordão). Se você não estiver familiarizado com quem é o seu Guia, desenhe como achar que seria um Guia Espiritual. A essa garrafa, adicione também duas pitadas de alecrim e uma pitada de roseira brava.

Para fortalecer o feitiço, sopre suavemente na boca da garrafa e diga:

Espírito tome este fôlego como seu,
Quebre as barreiras e abra as portas do que é meu.
Vamos estar juntos como um só ser
Vamos ficar juntos, há trabalho a fazer.

4. Campainha de Aprimoramento do ESP

Limpe e dê poder a um pequeno sino ou campainha para ajudar a aumentar sua consciência sobre as mudanças ambientais na energia.

Fortaleça-o recitando o feitiço:

Ansioso para mudanças grandes e pequenas,
Vou conhecê-los a todos, vale a pena!

Depois de adicionar cada peça ao cordão, passe alguns momentos visualizando as diferentes partes trabalhando juntas para o resultado comum, que neste caso é um poder psíquico. Visualize uma luz branca emanando de seu Terceiro Olho e veja ela sendo absorvida pelo cordão. A luz branca, eventualmente, pode ser tão absorvida, a ponto de emanar do próprio cordão. Diga:

Um a um vocês se juntam ao meu cordão,
Encontre-me aqui e me dê proteção.
Pelos poderes e tudo o que eles abençoam,
Pela vontade das Bruxas que entoam;
O que é tecido aqui em rima
permanecerá por muito tempo e acima!

Pendure o cordão sobre seu altar ou em um local onde possa visitá-lo com frequência. Durante a Lua cheia, revisite o cordão, conecte-se a ele e alimente-o com energia realizando a bênção do cordão que acabamos de ver.

Exercício 35

Lavagem de Conexão Psíquica com Lavanda e Limão, de Lilith Dorsey

Momento mágico: a qualquer momento

Material:
- ½ onça de flores de lavanda secas ou frescas
- 1 colher de sopa de artemísia seca
- 1 colher de sopa de galanga em pó
- 1 colher de sopa de mirra em pó
- 1 jarra de vidro grande
- 1 panela
- 1 pano de tecido natural branco
- 1 pedaço pequeno de raiz de gengibre fresco
- 1 xícara de água da torneira
- 1 xícara de água de nascente
- Suco de 1 limão

Objetivo: feitiços podem vir em muitos formatos diferentes. Muitos tiram sua força dos elementos. Terra, Ar, Fogo e Água têm suas próprias Magias especiais e todo médium conhece maneiras de usá-las para ajudar a melhorar seu poder. Este feitiço em particular é uma lavagem que capitaliza o imenso poder da Água.

Esta fórmula começa com dois ingredientes principais: limão e lavanda. Você pode estar mais familiarizado com eles em sua cozinha ou jardim. O limão é conhecido por trazer proteção e purificação, componentes necessários para quem está tentando se conectar com outros reinos, enquanto a lavanda é um belo perfume floral, conhecido por atrair energia benéfica. Artemísia, mirra, galanga e gengibre vão ajudar a abrir você para a energia psíquica. Os dois últimos ingredientes de lavagem são água da nascente, brotando das profundezas da terra, que vai refrescar e rejuvenescer o seu trabalho e a água de torneira, um ingrediente humilde, que na verdade representa o espírito especial do lugar. A água vai conectar a lavagem à sua casa.

Instruções: reúna todos os ingredientes em seu Espaço Sagrado ou em seu altar de trabalho. Aqueça as águas na panela até ferver. Assim que começar a fervura, retire do fogo e acrescente o suco de limão, a lavanda, a artemísia, a mirra, a galanga e o gengibre. Deixe descansar durante a noite, de preferência colocado no parapeito de uma janela onde os raios da Lua toquem o preparo e dê a ele uma bênção adicional. De manhã, coe a mistura através do pano para dentro da jarra de vidro. (Se desejar, descarte as ervas usadas em sua pilha de compostagem ou enterre-as na terra.) Sua lavagem está agora na jarra e pronta para uso. Um respingo é tudo que você precisa. Pode ser adicionado à sua lavagem de chão, sprays de limpeza ou até mesmo ao seu banho para aumentar a conexão e a consciência psíquica.

Capítulo 5
FORMAS E ESPAÇOS ESPIRITUAIS

Formas diferentes movem e retêm energia de maneiras diferentes. A chave é instruir de qual forma essa energia deve se comportar e qual parte de sua natureza você deseja ativar. Isso é semelhante, por exemplo, às propriedades espirituais de uma pedra ou planta, que contêm vários aspectos em relação aos poderes que possuem; a Bruxa, ao trabalhar com esses elementos, instrui ou solicita quais partes da natureza da pedra ou da planta ela deseja que produza algo que vai auxiliar em sua intenção em decorrência de seu trabalho mágico. Há um ditado que diz "a maldição e o bálsamo crescem no mesmo caule", ou seja, isso significa que uma planta geralmente possui os opostos de seu poder. A planta que cura pode envenenar e vice-versa. É apenas uma questão de qual parte você está trabalhando. Isso vale também para as formas. Elas têm a capacidade de trabalhar de determinada maneira, assim como exatamente o seu oposto. O que se alinha aos Princípios Herméticos, afirmando que tudo possui potencial para o seu oposto e pode (e faz) mudar de escala de um polo para outro. Muitas dessas informações sobre formas eu aprendi originalmente com os ensinamentos de Ivo Dominguez Jr. e em seu livro sobre o assunto, *Casting Sacred Space: The Core of All Magickal Work*. Se as informações deste capítulo lhe interessam, sugiro fortemente a leitura desse livro para um estudo mais aprofundado sobre essas ideias.

Quando se trata de formas de espaços espirituais, temos que examinar qual é o propósito de qualquer Espaço Sagrado e contemplar quais são seus objetivos e motivos do trabalho mágico que você se propôs a fazer. O que principalmente nos permite criar um espaço reservado e sagrado. Lançar um Espaço Sagrado cria um recipiente para o trabalho energético e a Magia que está sendo realizada dentro dele, ou cria um ponto de nexo das coisas que queremos reunir. Também nos orienta no tempo e no espaço. Em outras palavras, dá-nos uma noção de onde as coisas estão no mundo espiritual, de modo que tenhamos uma estrutura de referência de onde estamos trabalhando e como podemos interagir com as energias primordiais do Universo. Devemos mapear onde as coisas estão antes de tentarmos usá-las, e o Espaço Sagrado geralmente faz isso declarando onde essas coisas estão dentro da estrutura criada.

Outro aspecto crucial de lançar um Espaço Sagrado é que ele nos protege. Algumas pessoas podem dizer que não sentem a necessidade de serem protegidas por outros espíritos ao realizar seus trabalhos, mas o Espaço Sagrado não apenas protege alguém dos espíritos, como também ajusta as energias para serem trabalháveis. Pense em realizar um ritual mágico semelhante a entrar na água. Talvez um maiô simples ou ficar nu seja aceitável. Talvez você queira um snorkel ou óculos de proteção. Em alguns cenários, você vai querer um equipamento de mergulho e um tanque de oxigênio. Em cenários raros, pode querer uma gaiola de tubarão. Você também pode desejar um submarino. Todas essas coisas protegem o nadador de várias coisas, não apenas de um tubarão faminto. O oxigênio do nadador, por exemplo, protege e facilita a movimentação dentro da água e a pressão esmagadora das profundezas do oceano. E um radar para orientá-lo e dizer onde você está e para onde está indo, pode ser muito útil.

O Espaço Sagrado cria um ambiente limiar onde você entra em outros mundos e energias. Embora a comparação com a natação possa parecer drástica, pense em como os humanos são frágeis fisicamente. Nós, humanos, podemos viver dentro de condições muito específicas de temperatura, pressão, níveis de oxigênio e assim por diante –, mas estar confortável é bem mais delicado. Pense em como seria desconfortável, por exemplo, se no meio do inverno ou no alto verão, o aquecimento e o ar-condicionado estivessem desligados. Você ainda pode viver nessas temperaturas, mas é muito desagradável. Estamos falando simplesmente da nossa existência física; agora pense em como somos sensíveis se tratando de energias não físicas e locais, quando estamos envolvidos em rituais mágicos. Mantendo nossa metáfora da água, o Espaço Sagrado nos permite voltar ao nosso ambiente com muito mais facilidade, em vez de sofrer com as "curvas" ou ofegar por oxigênio.

Círculos

O Círculo é o espaço mais trabalhado pelas Bruxas e, como tal, foi nele que foquei em *Bruxa Psíquica*. Círculos criam ciclos e circuitos de energia, que permitem fluxo e movimento. Este movimento cria uma infinitude expansiva, o que o torna perfeito para uso em rituais mágicos, para separar-se do tempo e do espaço, ao mesmo tempo em que se acessa todo o tempo e espaço. Círculos podem focar e concentrar energia. Pense em um redemoinho ou em um tornado, ou mesmo em uma lente de câmera ampliando e diminuindo e você vai começar a entender esse lado de sua natureza. Podemos colocar as coisas dentro de um Círculo para manter sua energia fluindo e para nos concentrar nelas. Por exemplo, muitas Bruxas colocam bonecos em Círculos Mágicos para manter a energia direcionada a ele e, assim, evitar que a intenção da Magia se disperse. É também por isso que os cristais de vidência tendem a ser esferas e os Espelhos Mágicos costumam ser redondos. Como não há ângulos em um círculo e cada parte dele é perfeita e igualmente distribuída, torna-se a forma mais protetora, pois não há ponto fraco para romper. Laura Tempest Zakroff pontua, em seu livro *Weave the Liminal*, que, dentro de um Círculo, a energia flui em um circuito perfeito, pois não há ângulos para a energia ficar presa.[60]

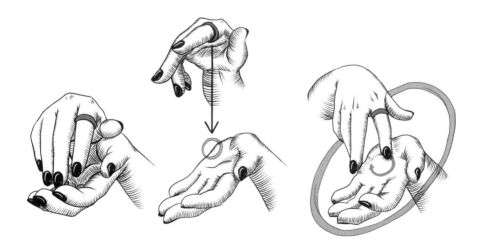

Figura 6: Conjurando o Círculo Mágico com um anel

---

60. Zakroff, *Weave the Liminal*.

Exercício 36

Conjurando o Círculo Mágico com um anel

Momento mágico: a qualquer momento

Material:
- Um anel sem pedra ou qualquer tipo de engaste

Objetivo: este é um dos meus truques favoritos para lançar rapidamente um Círculo ou uma bolha de proteção. A melhor parte é que esse feitiço é furtivo, pois pode ser lançado de forma rápida e silenciosa sem chamar a atenção. Você vai precisar de um anel simples que caiba no dedo indicador, já que esse dedo está associado a Júpiter e, portanto, à Soberania, ao poder espiritual, à consagração e à expansão. Eu uso um anel em forma de ouroboros, a cobra comendo o próprio rabo, o que é perfeito, pois é um símbolo do próprio Círculo Mágico. Quando não estou fora de casa, mantenho-o no meu altar para carregar.

Instruções: enquanto estiver usando o anel, aterre e centralize. Coloque as mãos em concha como se estivesse segurando algo nelas, com a mão que está o anel (que deve ser preferencialmente a mão dominante) em cima da outra. Visualize uma eletricidade azul passando pelo anel, criando um duplo energético. Sinta o anel energético cair duas vezes direto pelo dedo entre as mãos e visualize o anel girando no sentido horário. Abra lentamente as mãos e sinta o anel se expandindo. Com a mão dominante, desenhe um círculo no sentido horário na palma da mão não dominante. Ao desenhá-lo, visualize o anel energético se expandindo ao seu redor até a circunferência que deseja, enquanto afirma verbalmente ou declara mentalmente:

*Eu lanço este Círculo para criar um espaço
além do espaço e um tempo além do tempo.*

Repita esse processo novamente, deixando cair um segundo anel de energia em suas mãos e depois expandindo-o, desenhando em sua mão não dominante, desta vez dizendo ou pensando:

*Eu lanço este Círculo para bloquear quaisquer energias
e espíritos que não sejam meus aliados.*

Repita isso mais uma vez e pense ou diga:

> *Eu lanço este círculo para que todas as energias*
> *levantadas aqui sejam confinadas.*

Visualize os três anéis se fundindo em um anel gigante. Veja esse anel se transformando em uma bolha gigante ao seu redor. Feche o Círculo dizendo:

> *Como acima, assim abaixo! O Círculo está selado!*

Em seguida, estale os dedos das duas mãos em uma declaração de finalização.

Para liberar o Círculo, estenda a mão dominante com o anel à sua frente, com a palma voltada para cima. Visualize a bolha se formando novamente em um anel de energia azul elétrico e retornando ao anel em sua mão. Ao fazer isso, sinta toda a energia de sua Magia correndo para o Universo para começar a se manifestar.

Exercício 37

Círculo de Contenção para Cura

Momento mágico: a qualquer momento

Material:
- O objeto que você está contendo (pode ser um boneco)
- Se possível, uma redoma para caber o objeto, ou um espaço para ele ser colocado e ficar onde não será mexido.

Objetivo: esta é uma técnica na qual você pode lançar um Círculo fora de si mesmo para manter a energia do objeto fluindo, circulando e se movendo. Isso é particularmente útil para manter um fluxo consistente de energia ativa em um objeto e ao mesmo tempo se afastar dele enquanto o mantém em uma quarentena energética. Eu costumo usar isso para fins de cura e sempre obtive grande sucesso. Vou usar um boneco como exemplo neste exercício, mas use sua imaginação para encontrar maneiras de aplicar isso também a outros trabalhos mágicos.

Instruções: pegue o boneco e o coloque em um local onde não seja mexido, como em uma prateleira ou balcão. Assim como você lançaria um Círculo, pegue sua mão e projete energia a partir dela, desenhando um Círculo energético ao redor do boneco três vezes, afirmando:

Três anéis ao seu redor apenas
Eu o tranco agora em quarentena
Um lugar para descansar e se abençoar
Onde você pode curar e crescer
à medida que a energia fluir e florescer.

Em seguida, começando pelo norte do objeto indo no sentido horário, desenhe uma espiral seguindo para dentro e declare:

Energia para dentro e energia para fora.

Agora, do centro do objeto, inverta a espiral, traçando a espiral anterior no sentido anti-horário até a borda, até voltar ao norte do objeto onde você começou e declare:

Energia fluindo e crescendo ao redor.

Depois desenhe uma lemniscata (símbolo de "infinito") sobre o objeto enquanto afirma:

A energia é selada quando você começa a se curar.

Em seguida, coloque uma redoma de vidro sobre o objeto. Você pode periodicamente continuar enviando cura energética para ele, no caso aqui, o boneco, incluindo reiki ou outros trabalhos de cura.

Exercício 38

Vidência com o Antigo Olho de Bruxa

Momento mágico: noturno

Material:
- Água que você pode derramar na tigela
- Incenso (opcional)
- Música instrumental (opcional)
- Poção de Visão da Lua – Pó de Mariposa[61]
- Seu diário (opcional)
- Uma tigela completamente preta para vidência, de preferência feita de pedra

---

61. A receita para isso é dada logo após este exercício.

Objetivo: vidência é o ato de obter informações psíquicas por meios clarividentes, interna ou externamente, ou por ambos, olhando para um objeto, geralmente algo reflexivo. Como mencionado anteriormente, a maioria das técnicas de vidência depende do formato do Círculo, como espelhos, tigelas e bolas de cristal, por exemplo, devido à maneira como a figura funciona energeticamente. Muitas pessoas tendem a pensar somente nesses métodos de vidência e, embora isso seja um fato, minha prática favorita tende a ser a vidência na água. Uma das razões pelas quais gosto de ensinar primeiro este método de vidência antes de outros, é porque você pode "desligá-lo" de maneira rápida e fácil e fechá-lo quando terminar. É por isso que a maioria dos espelhos e bolas de cristal usados para vidência são tradicionalmente cobertos quando não estão em uso. Com a vidência na água, você pode fechar rapidamente a janela pela qual está olhando, livrando-se da água. Gosto de manter minhas tigelas de cabeça para baixo quando não as estou usando. Embora qualquer tipo possa ser usado para isso, é habitual usar água de fontes naturais.[62] A maioria das pessoas que conheço tende a usar água de nascente. No entanto, descobri que qualquer água, incluindo água da torneira, funciona perfeitamente bem.

Nesta sessão de vidência, você vai chamar os espíritos dos primeiros videntes que caminharam sobre a Terra para prestar sua assistência. A tigela preta vai servir como o Olho de Bruxa, para o qual você olhará. Prefira pouca iluminação para fazer isso, a luz de velas é a preferida. No entanto, procure garantir que nenhuma fonte de luz possa ser vista diretamente refletida na própria água. Incensos relacionados a habilidades psíquicas ou adivinhação podem ser queimados, se desejar, bem como tocar qualquer música instrumental que o relaxe ou o coloque em um estado de espírito místico.

Instruções: aterre, centralize, sintonize e entre em *alfa*. Eu gosto de lançar um Círculo e chamar aliados espirituais com os quais tenho um relacionamento e que são protetores. Se você ainda não tem um relacionamento com espíritos protetores, pode simplesmente gritar verbalmente: "Eu invoco meus guias espirituais protetores superiores para estarem aqui comigo durante esta sessão e me protegerem". Um chamado sincero os fará avançar, mesmo que você não perceba a presença deles.

Coloque a tigela vazia sobre a superfície plana e encha-a com a água. Clame aos primeiros videntes da humanidade:

---

62. Eason, *Scrying the Secrets of the Future.*

Eu chamo os primeiros videntes,
aqueles que são convincentes
aqueles, cujos nomes se perderam no tempo e na mente.
Aqueles que puderam perfurar e além do véu espreitar,
e que podiam ver verdades ocultas claramente, sem falhar
Aqueles que estão dispostos a ajudar e a não prejudicar.
E aos que desejam seus dons e encantos compartilhar,
Em seu Olho de Bruxa, peço para olhar,
Para serem revelados esses assuntos a ocultar.

(Declare sua intenção do que deseja aprender aqui, não precisa rimar)

Pegue sua Poção de Visão da Lua – Pó de Mariposa e coloque três conta-gotas cheios da poção bem no centro da água. Pegue seu conta-gotas e use-o como colher, girando a água no sentido anti-horário. Ao fazer isso, diga em voz alta:

Olho de Bruxa a Olho de Bruxa
de mim para você faça essa busca.
Deixe ser mostrado
o que é ignorado,
deixe o que está guardado
além do véu ser revelado

Comece com a Respiração do Quadrado Elemental[63]. Com o semblante relaxado, como se estivesse olhando para auras, contemple fixamente a água rodopiante. É importante não se esforçar ou forçar demais esse processo. Apenas relaxe nisso.

Várias coisas podem acontecer durante uma sessão de vidência. Você pode começar a ver imagens na água rodopiante, semelhante a ver formas nas nuvens. Pode descobrir que sua mente começa a divagar; o que é perfeitamente normal. Permita-se, preste atenção em quais imagens ou pensamentos sua mente divaga. Finalmente, você pode começar a ver imagens na própria água. Isso geralmente começa quando uma névoa branca ou acinzentada aparece sobre a água. Apenas permita que esse processo se desenrole. Eventualmente, a névoa assumirá uma cor. Depois de um tempo, essa névoa começa a se comportar como um vídeo onde verá imagens nítidas.

---

63. Veja o Exercício 9 do livro *Bruxa Psíquica*.

Quando terminar, encerre a sessão de vidência dizendo:

Antigos videntes, agradeço a vocês firmemente
Agradeço a bênção e lhes dou minha assistência.
Embora seus nomes possam estar perdidos na memória,
de suas habilidades lembramos agora.
Eu te convido a partir.
Que sempre haja paz para ir e vir.

Feche o Círculo e aterre e centralize novamente. Descarte a água. Seque sua tigela de vidência e guarde-a de cabeça para baixo. Registre suas experiências em seu diário.

Exercício 39

Poção de Visão da Lua – Pó de Mariposa

Momento mágico: Lua cheia

Material:
- ¾ de colher de chá de pigmento branco iridescente em pó
- 1 bebida energética clara, como vodka, por exemplo (álcool isopropílico de alta qualidade é um substituto apropriado)
- 1 pequena lasca de pedra da lua arco-íris
- 2 colheres de sopa de resina de copal (quanto menor e mais triturada melhor)
- Canela em pó
- Frasco de vidro de 15 ml (1/2 oz.) com tampa conta-gotas
- Gengibre em pó

Objetivo: enquanto as pessoas tendem a pensar em poções como algo para beber, na Bruxaria uma poção é frequentemente o termo usado para qualquer líquido mágico, independentemente de como ele é usado.[64] Quando trabalhei na Enchanted, em Salem, turistas e visitantes constantemente me perguntavam se as poções de Laurie Cabot deveriam ser consumidas. A resposta sempre foi não. Ela usa o termo "poção" para suas misturas de óleo de unção.[65]

---

64. Penczak, *The Plant Spirit Familiar*, 168–169.
65. L. Cabot, C. Penczak, *Livro de feitiços e encantamentos de Laurie Cabot*, 122–123.

Esta poção não é para ser consumida ou mesmo para ungir qualquer coisa. Ela deve ser usada em uma tigela de vidência cheia com água, como no feitiço de vidência anterior. Também pode ser usada como talismã, ativando sua assistência quando sacudida. Apenas certifique-se de que a tampa do recipiente esteja bem fechada antes de carregá-la com você ou agitá-la.

Neste feitiço, vamos invocar o espírito da mariposa para nos ajudar a navegar por sua visão lunar. Vamos usar o pó de pigmento em substituição ao pó de asa de mariposa através de Magia Simpática, que é quando você declara ritualmente um determinado objeto como se fosse outro por meio de uma associação. Os famosos escritos de Carlos Castaneda descrevem suas experiências com o feiticeiro Yaqui Don Juan Matus. Embora seja comumente aceito que Don Juan nunca existiu e que os escritos de Castaneda são fictícios, eles ainda compartilham profundas verdades espirituais nos romances e continuam a inspirar pessoas de diversos caminhos espirituais. No livro de Castaneda, *Tales of Power,* o feiticeiro Don Juan diz a Castaneda que as mariposas são os arautos e guardiões da eternidade, e que o pó de suas asas é o próprio conhecimento.[66] Don Juan explica que eles foram aliados dos feiticeiros ao longo do tempo. Embora essa ideia possa ser totalmente fictícia, e mesmo sabendo nos dias de hoje que o pó de mariposa são pequenas escamas nas asas de uma borboleta, eu encontro inspiração na ideia poética de que o pó de mariposa é o conhecimento da eternidade que liga os praticantes de Magia ao longo do tempo. Então o incorporei a este trabalho como um símbolo desse conceito. Como não queremos prejudicar nenhuma mariposa real – e coletar pó de mariposa em tal quantidade seria uma tarefa enorme –, o pó de pigmento iridescente é usado simbolicamente para invocar essa imagem e suas associações neste trabalho.

O pó de pigmento iridescente pode ser facilmente encontrado na maioria das lojas de artesanato e on-line. Por favor, use pó de pigmento biodegradável não tóxico para isso, pois você vai descartá-lo fora quando usado para vidência. A forma iridescente do pigmento em pó, particularmente aquela que brilha em azul, é a que eu uso, porque parece a pedra da lua arco-íris e esse azul é da mesma cor do Fogo da Bruxa.

Instruções: comece adicionando sua lasca de pedra da lua arco-íris na garrafa vazia. Em seguida, adicione duas colheres de sopa de resina de copal, três pitadas de canela em pó e três pitadas de gengibre em pó. Adicione ¼ colher de chá de

---

66. Castaneda, *Porta Para o Infinito,* 27–29.

pigmento no frasco três vezes (somando ¾ de colher de chá) para simbolizar as Deusas da Lua tríplice. Encha o frasco com o seu destilado líquido, tomando cuidado para não encher demais, pois pode transbordar quando for fechado com a tampa do conta-gotas.

Antes de colocar a tampa, cubra o frasco com as mãos e visualize o espírito de uma linda mariposa branca emprestando seus poderes através de suas mãos para dentro da garrafa.

Diga:

Chamo pelo espírito da mariposa ao anoitecer
para seus poderes de segunda visão eu ter.
Pó de mariposa de prata branca
misturado no rio deste espírito me encanta.
Pedra da lua, ajude-me neste feitiço
para me mostrar o que não diz isso.
Com visões além da periferia cíclica
pela visão da Bruxaria psíquica.
Eu, portanto, vou encantar esta poção
para trabalhar o que é colocado em ação.
Copal, gengibre e canela,
como eu quero, agora se encerra!

Feche a garrafa e agite bem, sabendo que o espírito da mariposa o abençoou. Enquanto agita a garrafa, visualize um fogo branco com um brilho azul elétrico fluindo de suas mãos e carregando a mistura ainda mais. Agite bem para ativá-lo. Armazene por um ciclo de Lua cheia, agitando diariamente se possível, e mantendo longe da luz direta. Após um ciclo lunar (cerca de um mês), a mistura estará pronta para uso. Usá-la mais cedo não produzirá os mesmos resultados que a fórmula precisa criar com o tempo. Quando estiver pronto, agite antes de usar, adicione algumas gotas usando um conta-gotas em uma tigela preta com água e observe as imagens.

A Cruz e o X

A "encruzilhada", onde um caminho de energia se cruza com outro caminho de energia, é outra forma corriqueira de trabalho das Bruxas. Você vai descobrir que esse método é muito mais comum para Bruxas tradicionais, e que ele pode ser lançado tanto dentro como fora de um Círculo. Uma encruzilhada é essencialmente um ponto de conexão e de unificação. Também pode servir para quebrar e desconectar, enviando para fora, para separar. Essa é a única entre as formas compartilhadas aqui que não serve, também, como um recipiente de energia levantado pela própria Bruxa. Embora as encruzilhadas possam não servir como contentoras, elas são fonte comum de poder. A encruzilhada cria uma intersecção de energia ao longo de seus caminhos, criando uma área limiar conectando energeticamente um reino com outro. O ponto médio da encruzilhada, o seu centro, é frequentemente usado para invocações e a criação dele parece atrair a atenção de várias entidades, pois quando essa intersecção é criada, ela se torna visível em vários planos de existência e reinos ao mesmo tempo.

Exercício 40

Conjuração das Encruzilhadas

Momento mágico: a qualquer momento

Material:

- *Stang* (bastão bifurcado) (opcional, mas recomendado)

Objetivo: conjurar a encruzilhada é uma forma de criar um Espaço Sagrado, que é usado em um trabalho ritual quando o propósito é conectar, unir e viajar pelos reinos, em vez de se dividir ou colocar sua energia em quarentena. Normalmente, as encruzilhadas são trabalhadas em um contexto de Bruxaria usando um *stang*, que é um bastão com duas pontas representando a Árvore do Mundo, bem como o "Pai Bruxo" na Bruxaria Tradicional. O *stang* é um instrumento que representa o *Axis Mundi*, que é o eixo cosmológico sobre o qual reside todo o universo espiritual. É também um instrumento do *Anima/Animus Mundi*, às vezes referido como a "Deusa Estrela", que é o espírito vivo do *Axis Mundi*, o espírito do próprio Universo. Tanto o *Axis Mundi* quanto o *Anima/Animus Mundi* são de natureza conectiva, servindo como a força que une e mantém todas as coisas juntas, muito parecido com o propósito da própria encruzilhada. Entendeu por que esta é a ferramenta perfeita para usar neste lançamento? Se você não tiver um *stang*, é totalmente aceitável usar um bastão ou simplesmente sua mão. Esta é uma versão muito simplificada que criei baseada na conjuração de encruzilhada que fazemos na Tradição do Fogo Sagrado da Bruxaria.[67]

---

67. Hunter, *The Witch's Book of Spirits*, 141–143.

Instruções: vire-se para o Norte e segure seu *stang* entre as mãos à sua frente, plantado firmemente no chão.

Declare:

Eu estou no centro da estrada do tempo.

Pegue seu *stang* com a mão esquerda e aponte-o em direção à esquerda, enquanto afirma:

À minha esquerda estende-se o caminho do passado.

Enquanto diz isso, visualize um caminho à sua esquerda. Traga seu *stang* de volta ao centro e segure-o com as duas mãos, firmemente plantado no chão. Pegue o *stang* com a mão direita e aponte-o para a direita, afirmando:

À minha direita estende-se o caminho do futuro.

Continue falando as palavras enquanto visualiza o caminho à sua direita.

Traga seu *stang* de volta ao centro, segurando-o com as duas mãos, e visualize o caminho à sua direita e à esquerda simultaneamente, com você no meio, afirmando:

Eu estou onde eles se fundem como um.

Respire fundo e declare:

Eu estou no centro da estrada da forma.

Pegue seu *stang* com a mão direita e aponte-o à sua frente, visualizando um caminho se desenrolando à sua frente e dizendo:

Diante de mim se estende o caminho da matéria.

Traga o *stang* de volta ao centro, segurando-o com as duas mãos, como antes. Agora, com a mão esquerda, pegue seu *stang* e aponte-o para trás, afirmando:

Atrás de mim estende-se o caminho da energia.

Traga-o de volta ao centro e segure-o com as duas mãos dizendo:

Eu estou onde eles se fundem como um.

Em seguida, traga uma visualização de si mesmo como a Árvore do Mundo.

Segurando sua haste com ambas as mãos, levante-a em direção ao céu visualizando os galhos da Árvore do Mundo alcançando o Mundo Superior, afirmando:

Com galhos empíreos acima de mim.

Traga o *stang* de volta ao centro e, com as duas mãos, aponte-o para baixo em direção à terra, enquanto se visualiza como a Árvore do Mundo, suas raízes se estendendo profundamente pelo Mundo Inferior e diga:

E raízes ctônicas abaixo de mim.

Traga seu *stang* de volta ao centro, declarando:

O tronco dentro e ao meu redor
Eu estou plantado firmemente no meio.

Em seguida, execute qualquer trabalho mágico, feitiço ou ritual com o qual deseja se envolver. Quando terminar, simplesmente diga:

Para cada tempo e cada lugar,
seja como você era antes de eu chegar.

Vire-se e simplesmente vá embora.

Exercício 41

A Cruz da Absolvição

Momento mágico: Lua nova ou Lua minguante

Material:
- Espaço para o objeto ser colocado e permanecer onde não será perturbado
- O objeto que você está desconstruindo energeticamente
- Um Caldeirão ou uma tigela à prova de fogo
- Um pequeno pedaço de papel e um utensílio de escrita

Objetivo: este trabalho é para a "compostagem" da energia de objetos que podem ser negativas, ou para conter excessos de energia que você não precisa mais necessariamente. O objetivo é limpar a energia à medida que a decompõe, para que você possa usar essa energia para outro empreendimento mágico.

Outro grande uso para este exercício é aplicá-lo em um objeto que coletou muita energia negativa sendo lançada contra você, como maldições, feitiços ou negatividade em geral. Pode ser um feitiço para evitar mau-olhado ou outra coisa de natureza apotropaica. Este feitiço quebra a energia do objeto em sua forma energética mais simples. Essa energia bruta é então usada para fortalecer seus outros feitiços e seus outros objetivos. Os aborrecedores que vão odiar. Então, por que desperdiçar a energia que outras pessoas estão enviando livremente para tentar prejudicá-lo ou para impedir seus objetivos? Por que não pegar essa energia, reciclá-la e fazer com que seus inimigos o ajudem com seus próprios objetivos?

Instruções: em um pequeno pedaço de papel quadrado, escreva a palavra "Desconstrução" do canto superior esquerdo ao canto inferior direito. Depois, do canto inferior esquerdo em direção ao canto superior direito, escreva a palavra "Absolvição". Agora você deve ter quatro triângulos de espaço entre a escrita: um acima, um abaixo, um à direita e um à esquerda. Do centro, onde cada um dos triângulos se encontra, desenhe duas setas indo para fora em cada direção emoldurando os triângulos. Entre as setas, no espaço vazio, desenhe um "X".

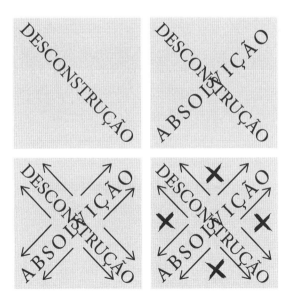

Figura 7: Papel de absolvição

Coloque o pedaço de papel sob os objetos que você está trabalhando. Enquanto direciona a energia da mesma forma que faria ao lançar um Círculo, desenhe um X energético acima do objeto, começando do canto superior direito até o canto inferior esquerdo e, novamente, do canto superior esquerdo até o canto inferior direito. Em seguida diga:

Assim como a terra se decompõe e a água se dissolve
assim como o fogo queima e o ar se revolve
seu poder e sua memória,
Retorna à energia bucólica.
Coletando lá, com graça,
dentro da praça,
faço a oração da minha Bruxa predestinada:
Tábula rasa! Tábula rasa! Tábula rasa!

Tábula rasa é o latim para "lousa em branco", "lousa apagada" ou "lousa raspada". Agora deixe que a energia do objeto se esgote por conta própria. Você pode retornar periodicamente ao longo do tempo e usar um pêndulo para perguntar se a energia ruim do objeto se quebrou. Se ainda não terminou de quebrar, você pode desenhar o X energético sobre ele novamente e repetir as palavras. Se ele quebrou com sucesso, você pode remover o objeto (e se for um amuleto apotropaico, você pode recarregá-lo para sua finalidade). Pegue o pedaço de papel e corte-o ao longo das palavras, formando quatro triângulos. Na próxima vez que lançar um feitiço, simplesmente adicione o papel ao seu Caldeirão ou a uma tigela à prova de fogo e queime-o junto com o feitiço enquanto declara:

Este suprimento extra de energia
Melhora meu feitiço como deveria.

Triângulos e Pirâmides

Os triângulos servem para manifestar e amplificar. A energia de um triângulo parece surgir de dentro dele, semelhante ao "Cone de Poder" realizado por muitas tradições Wiccanianas. A Geometria Sagrada desta forma é que dois pontos se unem e manifestam um terceiro. Manifestação e criação são temas-chave com esta forma. A mãe e o pai se unem para criar a criança. Mercúrio e Enxofre se unem para criar o Sal na alquimia. Esses três ingredientes correspondem vagamente às Três Almas na alquimia, com Enxofre sendo o Eu

Superior, Mercúrio sendo o Eu Inferior e Sal sendo o Eu Médio.[68] O Eu Superior e o Eu Inferior se fundem para criar a personalidade do Eu Médio. Os triângulos também amplificam a energia devido a essa capacidade de se manifestar e criar. Este é o segredo para a forma da pirâmide. É também por isso que o gesto chamado "Triângulo de Manifestação" é frequentemente usado por Bruxas para amplificar a energia de um objeto.

Por outro lado, os triângulos podem silenciar e nivelar a energia. E podem, ainda, prender energias ou entidades dentro deles. É também por isso que essas formas são usadas na Magia dos grimórios para trazer entidades mais perigosas para fora do Círculo Mágico. Aqueles que usam a Magia do grimório cerimonial também se referem a ela como o "Triângulo de Manifestação"; o mesmo termo que as Bruxas usam para uma técnica diferente que iremos explorar. Outros conjuntos de três são frequentemente atribuídos a pontos no triângulo, como TEMPO, ESPAÇO e ENERGIA, ou por modalidades chamadas de MUTÁVEIS, FIXAS e CARDINAIS ao trabalhar com energias astrológicas. A chave é que as três coisas funcionam em harmonia umas com as outras em um relacionamento direto.

Deus	Generativo	Organizador	Destrutivo
Alma Tripla	Eu Inferior	Eu Médio	Eu Superior
Alquímico	Mercúrio	Sal	Enxofre
Astrológico	Cardinal	Fixo	Mutável
Lunar	Crescente	Cheia	Decrescente
Mundo	Mundo Inferior	Mundo Intermediário	Mundo Superior
Caldeirão	Quente	Movimento	Sabedoria
Manifestação	Energia	Espaço	Tempo
Destino	Lachesis	Clotho	Atropos

---

68. Hauck, *The Complete Idiot's Guide to Alchemy*, 100; Penczak, *The Three Rays*, 63.

Exercício 42

Triângulo de Manifestação

Objetivo: este é um método clássico da Bruxaria/Ocultismo de juntar as mãos em forma de triângulo para direcionar, despertar e amplificar uma carga energética, ou para conceder uma bênção. Os três pontos neste triângulo são simbólicos de tempo, espaço e energia.

O gesto e a técnica recebem o nome de um ensinamento de Bruxaria que indica que, para que a manifestação ocorra, esses três componentes de tempo, espaço e energia devem ser usados. Simplificando, se você tocar em um tempo, criar o espaço e direcionar a energia para ele, irá manifestar algo.[69] Embora eu acredite nisso, também acho tudo um pouco mais básico e sinto que há mais componentes envolvidos com a manifestação – ou melhor, que essas três coisas têm aspectos e etapas dentro delas, como discuti longamente em *Bruxa Psíquica*. O gesto destina-se a invocar simbolicamente esses três componentes primários.

Figura 8: Gesto do Triângulo de Manifestação

---

69. Grimassi, *A Alma da Bruxa*, 120–121.

Instruções: pegue suas mãos e segure-as à sua frente com as palmas voltadas para fora. Toque os polegares e os indicadores juntos, formando um triângulo de espaço negativo entre os polegares e os indicadores. Segure o gesto do triângulo perto do rosto com os olhos dentro dele e o ponto do Olho da Bruxa na testa, no ápice do triângulo. Olhando através do triângulo, visualize seus olhos e o Olho de Bruxa preenchendo o espaço entre seus dedos, enchendo-se de energia enquanto olha para o objeto que deseja energizar; para este caso, digamos que uma vela. Usando sua força de vontade e intenção, empurre a energia para dentro da vela, enquanto empurra fisicamente seu gesto de triângulo para mais perto dela, imbuindo-a de energia.

Você pode fortalecer esta técnica cantando algo como:

Um em três, três em um são,
Triângulo de Manifestação.

Exercício 43

~∞~

Pirâmide de Amplificação

Momento mágico: a qualquer momento

Objetivo: essencialmente, esta é uma técnica para moldar um triângulo ao seu redor e o transformar em um recipiente de pirâmide com o objetivo de amplificar suas energias internas e clareza de orientação interior. De certa forma, enquanto a visualização é externa, o foco do trabalho energético é interno, em vez de externo como em outras formas, como um Círculo, por exemplo. Este é um feitiço que gosto de fazer quando vou me envolver em meditação profunda, trabalho de transe, leituras psíquicas ou mediunidade e quero estar totalmente imerso na experiência. Para mim e para outras pessoas que já tentaram isso, muitas vezes leva a experiências e mensagens profundas do mundo espiritual, além de mantê-lo protegido.

Porque isso amplifica muito as coisas, é importante que você ancore antes e depois deste trabalho (e honestamente você deveria fazer isso antes e depois de qualquer trabalho ou meditação energética ou Magia). Descobri que este exercício também fortalece muito minha percepção energética pelo resto do dia e provavelmente também tem efeitos de longo prazo para aumentar a sensibilidade.

Instruções: com os olhos fechados e sentado com as pernas cruzadas, entre em estado meditativo de consciência. Aterre-se e centralize-se. Visualize um triângulo de luz branca ao seu redor, no chão, com um ponto à sua frente e um ponto de cada lado atrás de você. Agora visualize que cada ponto tem uma linha desenhando para cima em direção ao ápice, que fica logo acima de sua cabeça. Visualize os espaços vazios entre as linhas de energia preenchendo com luz branca formando "paredes" e criando uma pirâmide ao seu redor.

Visualize um orbe prismático de luz branca opalescente diretamente acima de sua cabeça, pairando sobre o ponto ápice da pirâmide. Este é o seu Eu Superior. Comece a respirar profunda e lentamente e veja o Eu Superior irradiando luz para dentro da pirâmide, preenchendo-a com uma energia branca opalescente, como se estivesse sendo preenchida com água. Sinta essa energia enquanto ela lentamente o envolve na pirâmide e preenche seu corpo. Sinta-a aprimorando e ajustando seu corpo energético e fortalecendo suas percepções psíquicas.

Realize quaisquer meditações que desejar neste momento. Podem ser meditações guiadas, jornadas de forma livre ou simplesmente exercícios de respiração e atenção plena. Acho esse elenco extremamente poderoso para meditação, bem como sessões de leitura psíquica e quando me envolvo com mediunidade. Quando terminar, simplesmente visualize toda aquela luz líquida retornando ao seu Eu Superior. Veja a pirâmide ao seu redor desaparecer. Certifique-se de aterrar e centralizar novamente quando terminar.

Exercício 44

Triângulo Energizador

Momento mágico: a qualquer momento

Material:
- Três bastões de selenita que podem criar um triângulo
- Um item que você deseja limpar e carregar
- Varinha (opcional)

Objetivo: selenita é uma das minhas pedras favoritas de todos os tempos. Não é apenas uma pedra aliada incrível para aprimoramento psíquico e limpeza energética, mas também uma pedra que ajuda, voluntariamente, a amplificar qualquer energia que encontrar, além de combinar sinergicamente diferentes energias.[70] Há vários anos, quando eu era um leitor psíquico profissional em Salem, Massachusetts, um mentor recomendou que eu cercasse meu espaço de leitura com cristais de selenita para ajudar a manter uma limpeza contínua do espaço e também para manter minha energia psíquica amplificada e fluida. Ele comparou isso a ter purificadores de ar energéticos na sala. Fiz como ele sugeriu e notei uma grande diferença. Desde então, ganhei um nível totalmente novo de apreciação por esse cristal aliado. Acho muito interessante que a pedra tenha o nome de Selene, a Titã grega da Lua, e a selenita parece ter todos os principais poderes da Lua – remover, carregar e uma forte ênfase na habilidade psíquica. Também recomendo colocar três pedaços de selenita nos três cantos da Pirâmide de Amplificação do último exercício, enquanto segura um deles durante a meditação. Você vai notar um aprimoramento ainda maior desse exercício.

O Triângulo Energizador é uma técnica que desenvolvi a partir dessas experiências de gradeamento com selenita, apenas concentrado e miniaturizado. Eu uso essa técnica quando quero despertar, carregar e limpar um objeto rapidamente, sem muito barulho. Embora seus usos sejam ilimitados, vamos usar uma joia como exemplo para este exercício.

Instruções: pegue três bastões de selenita não polida e coloque-os de maneira que formem um triângulo. Agora pegue seu bastão ou sua mão de poder e direcione a energia para traçar o triângulo. Comece com a energia no ponto superior até o canto inferior direito e depois para a esquerda e de volta ao ponto superior. Em seguida, coloque o colar ou qualquer item que você esteja limpando ou carregando no centro do triângulo. Então chame o espírito da selenita, dizendo:

Assim como a Lua cresce e carrega
assim como a Lua mingua e encerra
espírito da selenita, como seu homônimo faças
por este tesouro dentro de suas três lanças, passa.

Em seguida, realize o Triângulo de Manifestação sobre o objeto, fazendo com que suas mãos enquadrem as bordas de selenita. Voilà! Tudo limpo e carregado.

---

70. Simmons, Ahsian, and Raven, *O Livro das Pedras.*

Exercício 45

Lançando o Espaço Triplo

Momento mágico: a qualquer momento

Material:

- 3 velas de chá

Objetivo: descobri que este lançamento de Espaço Sagrado é poderoso quando se deseja capacitar um boneco ou um sigilo, ou para ajudar um espírito a se manifestar mais claramente. Convoque as três modalidades e suas fases de CRIAÇÃO, EXISTÊNCIA e DESTRUIÇÃO. Essencialmente, esse lançamento cria um circuito energético onde esses três poderes são convocados para um espaço, amplificando as energias do tempo e do espaço de maneira que continuará aumentando enquanto estiver dentro dele. Como tal, é perfeito para "animar" formas-pensamento como desejar. Tente lançá-lo dentro e fora de um Círculo Mágico. Veja quais são as diferenças para você energeticamente. Como se orientar dentro do triângulo vai depender de qual é a sua intenção para o seu trabalho mágico. Se a sua Magia envolve criação, você deve realizar o seu trabalho no ponto CARDINAL do triângulo, se é para alimentar ou capacitar, então trabalhe no ponto FIXO do triângulo. Se for desmantelar algo que você animou, seu trabalho deve ser realizado no ponto MUTÁVEL do triângulo.

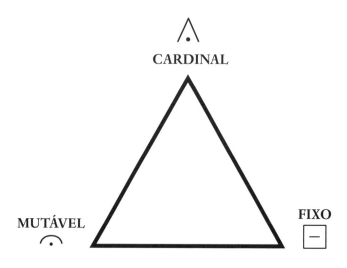

Figura 9: Espaço Triplo

Instruções: coloque uma vela de chá apagada em cada ponto do seu triângulo. Como se estivesse lançando um Círculo, você vai "pintando" com a luz energética que está projetando.[71] Começando no ponto CARDINAL, acenda a vela e diga:

Pelo poder cardinal da criação.

Trace uma linha energética até o ponto FIXO a partir do ponto CARDINAL. Acenda a vela de chá e diga:

Pelo poder fixo da existência.

Desenhe uma linha energética do ponto FIXO ao ponto MUTÁVEL. Acenda a vela de chá e diga:

Pelo poder mutável de destruição.

Desenhe uma linha energética do ponto MUTÁVEL de volta ao ponto CARDINAL e diga:

Eu lanço o espaço triplo.

Repita este processo sem precisar acender as velas, pois já foram acesas. Afirme a cada linha a seguir na mesma ordem de cada ponto do triângulo:

Um circuito de energia
Onde três são um
E um são três
Eu lanço o espaço tríplice outra vez.

Então repita mais uma vez o feitiço, dizendo:

Onde a força é destilada
Onde todo paradoxo é resolvido e mais nada
Para servir como um cadinho da minha vontade
Eu lanço o espaço triplo com integridade.

---

71. Para lembrar como pintar com luz, veja o exercício 62 de *Bruxa Psíquica*.

Para liberar este elenco, simplesmente caminhe pelo triângulo apagando cada vela e afirmando:

Este trabalho aqui realizado está agora completado.
Os três poderes desembarcarão
O espaço tríplice é liberado então
Enquanto as chamas voltam para a escuridão.

Quadrados e Cubos

Os quadrados estabilizam, armazenam e retêm a energia. Dentro de um quadrado, a energia parece se acomodar e desacelerar, ao contrário de outras formas, onde a energia parece fluir e se amplificar de maneiras diferentes. O quadrado é o sólido platônico relacionado ao elemento Terra, uma forma que estabiliza a energia dentro da natureza de maneira aparentemente estacionária. Curiosamente, na Geometria Sagrada o quadrado tem quatro linhas, criando equilíbrio e estabilidade. Devido a isso, o quadrado também tem a capacidade de conservar e reter energia na forma de informação. É como um dispositivo de armazenamento de dados em termos de ser um recipiente energético. Se todas as outras formas (exceto a encruzilhada) funcionam como recipientes de energia, o quadrado funciona ainda mais como um recipiente de energia, armazenando informações energéticas dentro dele.

Exercício 46

Bloqueando um Espírito Assediador

Momento mágico: sábado, hora de Saturno, Lua escura ou Lua nova

Material:
- Caneta preta
- Corda preta
- Molde de gelo quadrado grande (geralmente destinado a uísque)
- Papel laminado
- Pequeno pedaço de papel quadrado

Objetivo: como Bruxa ou vidente, é muito provável que encontre um ou outro espírito pelo caminho que tenha menos do que bons motivos quando se trata de você. Isso se já não aconteceu um monte de vezes, aliás. Se um espírito está assediando você ou aos seus entes queridos (como uma criança ou até mesmo um animal de estimação), esse feitiço vai funcionar como um encantamento, como um botão de bloqueio para o espírito, colocando seu assédio em um bloco de gelo.

Os feitiços de congelamento têm uma longa história em várias práticas mágicas da Europa, Américas e Rússia, e talvez até em outros lugares. Normalmente, os feitiços de congelamento são para prender alguém que está causando muitos problemas a você, como um perseguidor ou um vizinho assediador. A ideia é "congelar" a influência deles em uma determinada área, senão como um todo. Um dos melhores usos que encontrei para feitiços de congelamento não é nem mesmo sobre pessoas, mas sobre espíritos, entidades e formas de pensamento que têm uma obsessão doentia por você ou o estão atacando ou depredando. Então, tomando os tradicionais feitiços de congelamento como base para minha inspiração, eu os adaptei para conseguir que os espíritos malévolos me deixassem em paz.

Este feitiço serve, especificamente, apenas para atingir um espírito que o está assediando ou pretendendo ferir você. Espíritos inocentes não serão afetados por isso. E ainda, após a Magia ser realizada, serve também para enfraquecê-los, caso tentem ativamente assediar ou se aproximar de você novamente. Devido às propriedades mágicas dos quadrados como recipientes, prefiro usar grandes cubos de gelo que são moldados em quadrados perfeitos. Esses cubos tendem a ser vendidos de forma bastante barata e geralmente são destinados a copos de uísque.

Instruções: em um pequeno pedaço de papel quadrado, escreva a frase "o espírito que me quer mal", pensando naquele espírito ou no que você sabe sobre ele. Enrole o quadrado em um pequeno pergaminho e envolva em um barbante preto para mantê-lo fechado. Coloque o pergaminho em seu molde quadrado de gelo e encha-o com água. Coloque as mãos sobre o quadrado de gelo e declare com firmeza:

Seu poder não tem efeito sobre mim
sombra, fantasma, espectro, enfim
qualquer criatura que quer me ferir
Eu o impeço de transgredir
Eu prendo o seu assédio
Sua influência aqui eu congelo
A menos que você fuja, sua liberdade será um mistério.

Coloque-o no congelador. Após congelar, retire o cubo de gelo da forma e embrulhe em papel alumínio, que é ideal para esse tipo de trabalho, porque reflete a luz, mas você não consegue ver seu próprio reflexo nele. Diga:

Você aponta para mim,
sua visão está virada assim.
Sua mão agora trêmula
bate no seu pé e não blasfema
Eu te ofereço sombra para se aposentar,
sua influência já expirou, pode parar.

Coloque o cubo de gelo embrulhado em papel alumínio na parte de trás da geladeira. Minha regra geral para feitiços de congelamento é que, assim que sentir que foi deixado em paz, remova-o do freezer três meses depois e então enterre-o em algum lugar na terra, já que é apenas água, papel e barbante, todos biodegradáveis. (Recicle o papel-alumínio.) Eu gosto de enterrá-lo longe de minha casa, caso o próprio espírito esteja preso dentro dele. Alternativamente, você sempre pode mantê-lo em seu freezer.

Exercício 47

Técnica do Cubo Psíquico – Incorporação e Extração

Momento mágico: a qualquer momento

Objetivo: faço sempre este lançamento de Espaço Sagrado quando preciso armazenar ou extrair informações psíquicas de um objeto. É incrivelmente simples e eficaz. Para este exercício, você não precisa de nada além do objeto com o qual está trabalhando e de um local onde possa meditar em paz sem ser incomodado. Vamos começar imprimindo informações e depois mostrarei como extrair informações de um objeto.

Instruções: aterre, centralize e entre no estado de ondas cerebrais *alfa*. Segure suavemente entre as mãos o objeto que deseja imprimir com informações. Visualize-se dentro de um cubo energético. Lentamente, comece a preencher o cubo com qualquer informação que deseja imprimir no objeto. Faça isso evocando as emoções, as imagens, os sons, a frase ou o que desejar colocar nele. Por exemplo, se estou me sentindo extremamente feliz, vou conjurar um cubo energético ao meu redor e preenchê-lo com a felicidade que está exalando fora de mim. Visualize isso como uma luz colorida preenchendo o cubo. Pode ser amarelo ou rosa ou outra cor que associe ao sentimento. Comece uma respiração lenta e constante. A cada expiração, veja o cubo ficar cada vez menor ao seu redor até que, eventualmente, ele não esteja mais lá, apenas em torno de suas mãos segurando o objeto. À medida que o quadrado fica menor, sinta a impressão dentro do recipiente energético ficando cada vez mais forte. Eventualmente, quando a caixa for apenas grande o suficiente para cercar o próprio objeto, visualize-o se quebrando em milhares de minúsculos cubos energéticos e envolvendo cada molécula do objeto que você está segurando. Quando terminar, declare: ESTÁ CONSERTADO!

Para extrair informações de um objeto, não precisa submetê-lo ao processo de impressão que acabamos de ver. Provavelmente ele já tem alguma forma de impressão, mesmo que seja antiga. Eu uso muito isso quando faço psicometria, que é receber informações psíquicas de um objeto. Geralmente faço isso para fins de mediunidade. Assim como antes, o ideal é ancorar, centralizar e entrar no estado de ondas cerebrais *alfa* enquanto segura o objeto suavemente em uma de suas mãos ou nas duas. Visualize-se dentro de um cubo energético. Agora visualize a energia do objeto em suas mãos. Visualize um pequeno cubo ao seu redor sendo preenchido com a energia do objeto. Comece uma respiração lenta e constante. A cada expiração, veja o cubo menor ficar cada vez maior, até preencher o cubo maior que você está dentro, preenchendo todo o espaço com a energia do objeto.

Assim que os cubos estiverem unidos como um, sente-se pacientemente em contemplação meditativa e esteja ciente de tudo o que receber. O que você está sentindo? Que imagens vêm à sua mente? Algum nome? Rostos? Sons? Temperaturas? Gostos? Cheiro? Tome nota de tudo o que sentir. Esse processo é como um arquivo sendo descompactado e desdobrando os dados. Muitas vezes acho que verbalizar o que está chegando ajuda o fluxo de informações mais forte. Quando terminar, simplesmente imagine o cubo unido se dissipando. Termine aterrando e centrando-se novamente.

Capítulo 6
FERRAMENTAS INTERIORES E EXTERIORES

Os quatro elementos vão de um extremo ao outro, tão fáceis quanto difíceis, quando se trata de descrevê-los. Isso se dá devido a sua natureza abstrata. Ao descrever os elementos, estamos usando uma linguagem metafórica, incluindo os nomes que damos a eles, como Terra, Ar, Fogo e Água. Os quatro elementos não representam exatamente seus nomes simbólicos. Isso fica mais fácil de entender quando se percebe que esses são apenas nomes poéticos para diferentes tipos de energia. Por exemplo, o elemento Fogo não é literalmente uma chama no pavio de uma vela. Seus homônimos são extremamente antigos e muito apropriados na tentativa de apresentar cada um dos elementos, que são blocos de construção energéticos, descritos poeticamente como Terra, Ar, Fogo e Água, porque a natureza de como o elemento se comporta e sente é uma reminiscência desses rótulos. Novamente devemos ser claros para não confundir o símbolo com o que ele está representando. Esses quatro elementos (somados ao quinto) compõem o que chamamos de "energia etérica", a energia sutil mais próxima da substância física. Trata-se, na verdade, mais de um padrão ou estrutura de projeto, que pode ou não ter uma contraparte física. Os elementos não são apenas energias etéricas, eles representam qualidades tanto dentro de nós como de todas as coisas. Como afirma a Lei da Correspondência: "Como em cima, é embaixo. Como dentro, assim fora." Sendo assim, vemos os elementos expressos de diferentes maneiras em diferentes níveis do ser.

As Bruxas trabalham no limiar, num espaço de paradoxo e união que não está nem aqui nem ali, mas ambos, e nenhum, estão onde os limites se confundem e a Magia está em andamento. Quando podemos unir esse mundo interno e externo, a Magia que realizamos interna e externamente é aprimorada e fortalecida, pois tudo está interligado. Os ocultistas, ao longo do tempo, enfatizaram o plano interno, o lugar onde nossas faculdades internas tocam o reino astral. É aqui que podemos encontrar e trabalhar com espíritos em uma espécie de meio-termo e realizar Magia puramente com nossa psique. Quando podemos trazer uma união entre os espaços internos e externos, as ferramentas, os aliados e o material, nossa Magia se torna verdadeiramente viva. O plano interior é acessado por meio de várias técnicas, como meditação guiada, visualização focada, indução de transe, sonho lúcido e projeção astral.

Uma das técnicas que tem sido utilizada por Bruxas e muitos outros praticantes de Magia é a criação de um Templo Interior, um Espaço Sagrado semelhante a um "Palácio da Memória". A técnica, também conhecida como "Método dos Loci", é creditada ao poeta grego Simônides de Ceos. Diz a lenda que ele participou de um grande banquete em um palácio e saiu durante a refeição. Dependendo da versão da história que você leu, o telhado desabou sobre o banquete enquanto ele estava do lado de fora ou um grande incêndio ocorreu e queimou o palácio. Como havia muitos participantes, as pessoas não tinham a certeza de quem havia morrido dentro do palácio, pois os corpos estavam tão destruídos que a maioria deles não era identificável. Simônides foi capaz de se lembrar de quem estava lá, recriando mentalmente em sua mente a memória de passar por todas as salas do banquete para lembrar-se de quem estava presente e agora estava morto. Mais tarde, ele percebeu que, ao usar essa técnica e obter imagens mentais internas de um local e associá-las a várias informações, a mente poderia armazenar, reter e lembrar das informações. Essa técnica foi mostrada no *Sherlock* da BBC, onde o protagonista tinha um palácio mental na forma de uma grande biblioteca, que ele usava para acessar suas memórias de informações que eram muito difíceis de lembrar conscientemente.

O conceito de "Templo Interior" é diferente no sentido de que não é apenas um local de extração de informações consciente, como o Palácio da Memória, embora também possa fazer isso. O Templo Interior, portanto, é a base mágica que você cria nos planos internos. E ele é único para cada pessoa, baseado em seus gostos, caminho espiritual e psique. Ao contrário do Palácio da Memória, o Templo Interior muda de acordo com o tempo por conta própria. Pense nisso como sua "TARDIS[72] interior", aquele veículo da série Doctor Who. A TARDIS da série assume a forma de uma pequena cabine telefônica, mas é massivamente "maior por dentro". Nela, o Doutor viaja no tempo e no espaço e é tem acesso a

---

72. TARDIS é um acrônimo de *Time and Relative Dimension(s) in Space* (em português: Tempo e Dimensão Relativas no Espaço) é a nave espacial, personagem e máquina do tempo do seriado de ficção científica da BBC, *Doctor Who*. (N. T.)

importantes recursos. Quando o Doutor Who assume uma nova forma (interpretada por um novo ator ou atriz), a TARDIS muda completamente por dentro, assim como nosso Templo Interior muda à medida que mudamos e crescemos. Em nosso Templo Interior, temos acesso direto aos vários planos da realidade, divindades, espíritos e todos os recursos mágicos, ferramentas e informações de que possamos precisar. Eu também diria que esse é o Espaço Sagrado mais importante que terá, pois é um espaço que sempre estará com você. Pense que o Templo Interior está simplesmente em sua mente, e isso é verdade. No entanto, como diz o brilhante ocultista Lon Milo DuQuette: "Está tudo na sua cabeça… Você simplesmente não tem ideia do tamanho da sua cabeça".[73] Lembre-se também de que *O Caibalion* afirma que "O Tudo é Mente; o Universo é Mental."

Exercício 48

Jornada ao seu Templo Interior pela Primeira Vez

Realize sua jornada para a Árvore do Mundo. Invoque o *Anima Mundi* enquanto coloca a mão no tronco da árvore. Peça para ser levado ao seu Templo Interior, seu santuário pessoal entre os mundos. Ao fazer isso, a casca da árvore sob sua mão começa a brilhar em ouro e a vibrar. O brilho dourado começa a se espalhar pela casca à sua frente, delineando uma porta grande o suficiente para o seu corpo. A casca dourada desaparece, criando uma passagem para a árvore. Dê um passo para dentro da luz dourada da fenda aberta. Deixe a luz dourada preencher completamente sua visão interior, assim como a névoa prateada faz quando você viaja para a Árvore do Mundo.

À medida que a luz dourada começa a desaparecer, você percebe que agora está dentro do seu Templo Interior. Com o que isso se parece? É uma reminiscência de um determinado período ou não? É confuso ou agradável e organizado? É espaçoso ou pequeno? Reserve um momento para olhar ao redor, percebendo que há várias portas em todo o seu Templo Interior para serem exploradas mais tarde. Em sua exploração, observe um altar principal dentro do Templo. Ainda não há nada no altar, apenas uma superfície plana. Leve o tempo que precisar explorando e conhecendo o seu Templo Interior, tentando absorver os detalhes. Este é o seu porto seguro, seu lugar de poder exclusivo. Quando terminar de explorar,

---

73. DuQuette, *Low Magick*.

visualize a luz dourada ressurgindo aparentemente de todos os lugares e de lugar nenhum até preencher sua visão interior. Quando a luz dourada desaparece, você se encontra de volta na frente da Árvore do Mundo. Agradeça ao espírito do *Anima Mundi* e mais uma vez se afaste dele, encontrando a névoa prateada para voltar a esta realidade. Termine aterrando e centrando-se novamente.

Você pode usar este método para entrar em seu Templo Interior a qualquer momento, aventurando-se pela Árvore do Mundo. Este método é ideal para conhecer o espírito da própria Árvore do Mundo, principalmente para futuros trabalhos de jornada. Mas também saiba que você pode entrar imediatamente em seu Templo Interior apenas fechando os olhos, desejando estar lá, visualizando-o.

O Altar

O altar principal da Bruxa é uma área de trabalho que incorpora seu poder e soberania em sua Magia. É a bancada onde criam e lançam feitiços, aprofundam sua conexão com poderes universais e comungam com a divindade dentro e fora de si mesmos. O altar primário serve como uma ponte entre o microcosmo e o macrocosmo. Nesse sentido, é um macrocosmo dos planos internos da realidade dentro de si mesmo e o microcosmo dos planos metafísicos maiores e externos da realidade. No altar principal a Bruxa trabalha como uma divindade, exercendo as forças dentro de si para comandar e controlar as forças universais externas por meio da conexão e fusão dessas forças internas e externas. Tradicionalmente, o altar contém as quatro ferramentas elementais da Bruxa: o Bastão do Fogo, o Athame do Ar, o Cálice da Água e o Pentáculo ou pedra do altar da Terra. A ligação entre a Bruxa e essas quatro ferramentas não pode ser subestimada, pois elas servem não apenas como ferramentas, mas também como veículos físicos de aspectos da própria Bruxa, além de canais de energia de forças elementais cósmicas externas à Bruxa. Nas Tradições em que fiz parte, dois importantes instrumentos são adicionados, o Caldeirão e o Peyton, que são ferramentas do espírito ou quintessência, o quinto elemento.

Altares e santuários às vezes são dois termos usados de forma intercambiável, mas há pequenas nuances em suas diferenças na maioria das Tradições de Bruxaria. Altares tendem a ser superfícies planas onde se trabalha Magia e se conecta com outras energias espirituais e entidades como Deuses, ancestrais, forças elementais, etc. Um santuário é semelhante, mas tende a ser mais devocional, ocorrendo apenas o trabalho de petição; principalmente locais de reverência, que costumam ser usados para fornecer oferendas para divindades, espíritos ou ancestrais específicos. As Bruxas também costumam ter vários altares e santuários. Por exemplo, eu tenho meu altar principal, como estou descrevendo aqui, bem como um altar para Hécate, uma Deusa com quem trabalho de perto, que se relaciona especificamente com trabalhos mágicos relacionados a invocá-la e aos espíritos sob seu comando. Também tenho um santuário separado para Hécate, onde realizo minhas devoções e dou minhas oferendas. E ainda tenho um altar de cura, onde as divindades são dedicadas e os trabalhos que ocorrem lá são especificamente relacionados à cura. Tenho também um santuário ancestral e existem vários santuários diferentes para várias divindades em minha casa. Quantos altares ou santuários você tem é uma preferência puramente pessoal, mas a principal escola de pensamento é que você não deve criar santuários que são negligenciados. Se você vai erguer um santuário para um espírito, deve se dedicar ao trabalho devocional regular e à conservação e manutenção desse santuário.

Tradicionalmente, o altar também possui dois itens relacionados aos dois aspectos polares do divino, que são os modos primários de como o espírito universal singular opera através da polaridade. O espírito universal, uma força andrógina não binária (muito parecida com "a Força" em *Guerra nas Estrelas*) compõe e percorre toda a realidade. Os dois aspectos desta força singular são opostos e complementares, criando uma verdadeira polaridade. Um aspecto é de natureza projetiva e elétrica e está associado à luz e à criação. O outro é de natureza receptiva e magnética e está associado à escuridão e à destruição. Historicamente, no ocultismo, essas duas forças foram referidas com linguagem heteronormativa ultrapassada como o Grande Deus e a Grande Deusa, respectivamente.

Em muitas práticas esotéricas ocidentais, o Andrógino Divino se divide em Gêmeos Divinos binários de gênero, e essas duas forças são simbolicamente reunidas ritualmente, bem como internamente, para criar "a criança divina", referida como andrógina e completa. Este processo de divisão e reunificação incorpora os princípios primários do Baphomet, a representação simbólica das forças andróginas e da força divina universal perpetuamente se separando e unificando, conforme escrito nos braços de Baphomet "*Solve et coagula*". Os itens sobre o altar que representam essas duas forças tendem a ser uma vela preta e uma branca, representando as forças polares existentes no divino, ou estátuas de divindades polares que o praticante tem em alta consideração.

O local onde os objetos são colocados no altar também tem um significado simbólico. A vela preta é tradicionalmente colocada no lado esquerdo do altar, assim como todas as ferramentas receptivas também. Enquanto a vela branca é tradicionalmente colocada no lado direito do altar, assim como todas as ferramentas projetivas também são. As quatro ferramentas elementais são colocadas em suas direções tradicionais sobre o altar. O Pentagrama ou pedra do altar no Norte, o Athame no Leste, o Bastão no Sul, o Cálice no Oeste e o Caldeirão no meio do altar.

O poder do altar principal é baseado na energia, conexão e significado simbólico que você coloca nele. Dito isto, realmente não há regras rígidas e rápidas sobre como você monta seu altar e muitas Bruxas usam todos os tipos de altares. Esse formato tende a ser o que funcionou com muito sucesso para mim. O altar deve refletir você e sua conexão com sua Magia.

Existem várias escolas de pensamento sobre os quatro elementos, suas ferramentas e suas localizações. Isso vale para a orientação de quais elementos vão em qual direção. Algumas Bruxas tentam alinhar seus elementos com base no que é significativo para sua localização física. Por exemplo, quem mora em algum lugar com oceano no Leste e montanhas ao Sul, pode colocar Água no Leste e Terra no Sul. Costumo me ater ao que cresci e estou acostumado: Terra no Norte, Ar no Leste, Fogo no Sul e Água no Oeste, porque, para mim, os elementos que estou explorando são os "elementos dos sábios", as forças primordiais que compõem o Universo, não suas representações simbólicas no reino físico. Algumas escolas de pensamento também mudam a orientação das direções elementais com base no nível de realidade em que estão trabalhando. No Templo da Bruxaria, Christopher Penczak nos ensina essas correspondências para as direções elementais, com base no mundo em que estamos operando.[74]

	Terra	Ar	Fogo	Água
Mundo Superior	Leste (Touro)	Norte (Aquário)	Sul (Leão)	Oeste (Escorpião)
Mundo Médio	Norte (Inverno e Meia-noite)	Leste (Primavera e Nascer do sol)	Sul (Verão e Meio-dia)	Oeste (Outono e Pôr do sol)
Mundo Inferior	Norte (Frio e Seco)	Sul (Quente e Seco)	Leste (Quente e Úmido)	Oeste (Frio e Úmido)

---

74. Penczak, *Foundations of the Temple.*

A lógica por trás disso é que o Submundo é elementarmente equilibrado e, portanto, esse posicionamento dos elementos em sua direção equilibra os atributos elementais com elementos complementares e opostos entre si, favorecendo uma sinergia alquímica para a criação com os elementos úmidos e secos entre eles. Um do outro sendo o mesmo. A Terra, que é alquimicamente fria e seca (e o elemento mais denso), é o oposto do Ar, que é quente e seco (e o elemento menos denso). O Fogo, que é quente e seco, é o oposto da Água, que é fria e úmida. Os atributos tradicionais das direções elementais são a colocação do Mundo Médio e se alinham com a forma como experimentamos os ciclos da vida em relação ao Sol, que nasce no Leste e se põe no Oeste. Esta orientação mantém as correspondências sazonais tradicionais dos elementos com a primavera e o nascer do Sol ocorrendo no Leste e no Ar, com o pôr do Sol e o outono sendo associados ao Oeste e à Água, e a Terra sendo o ponto limiar estéril do inverno e da meia-noite. A lógica por trás da colocação do Mundo Superior relaciona-se com o zodíaco e seus atributos elementais FIXOS, como Terra no Leste com Touro; o Ar no Norte com Aquário; o Fogo no Sul com Leão e a Água no Oeste com Escorpião. Com este conjunto de orientações, temos novamente o Mundo Inferior correspondendo às energias elementais sublunares, o Mundo Médio correspondendo às energias solares e o Mundo Superior correspondendo às energias celestiais.

Recomendo que você experimente esses diferentes posicionamentos, dependendo de qual é o objetivo do seu trabalho mágico. Sua Magia está relacionada ao Eu Superior ou ao Mundo Superior? Experimente a orientação do Mundo Superior para o posicionamento dos elementos. Você está fazendo Magia relacionada ao seu Eu Interior, trabalho com as sombras, Eu Inferior ou Mundo Inferior? Experimente a orientação do Mundo Inferior de posicionamento dos elementos. Para todo o resto, fique com a colocação elemental tradicional do Mundo Médio.

Honestamente, não importa quais direções colocar com quais elementos, contanto que você entenda por que os está colocando e onde. O poder está em sua conexão pessoal e associações com as direções; em minha cosmologia mágica, tendo a me ater às orientações de Christopher, porque acrescenta imensos níveis de significado simbólico à Magia que trabalho em relação às Três Almas e aos Três Mundos.

As Ferramentas Elementais

As quatro ferramentas rituais elementais primárias da Magia vêm até nós a partir dos Magos Cerimoniais da Ordem Hermética da Golden Dawn. Além de cada ferramenta estar associada a um elemento, elas também podem ser ligadas esotericamente à mitologia Pagã irlandesa das Quatro Relíquias dos Tuatha Dé Danann. Acredita-se que a associação dos quatro poderes elementais com as Quatro Relíquias se origine da poetisa visionária Fiona MacLeod (pseudônimo de William Sharp), cujo trabalho influenciou tanto a Golden Dawn quanto a Wicca Moderna.[75] Os Tuatha Dé Danann tinham Quatro Relíquias Sagradas, consideradas mágicas ou santificadas. Diz-se que esses Deuses anciões trouxeram essas relíquias de quatro cidades míticas e uma divindade diferente possuía uma das três. Essas quatro relíquias são o Caldeirão de Dagda, da mítica cidade de Murias; a Espada de Luz de Nuadha, da mítica cidade de Findias; a Lança de Lugh de Gorias e a Pedra do Destino de Falias.

A Pedra de Fal, também conhecida como "Pedra do Destino", não pertencia a nenhuma divindade em particular, mas, sim, a terra da Irlanda e seu povo. Segundo a lenda, a Pedra do Destino faria um barulho estrondoso quando o legítimo rei colocasse os pés sobre ela e supostamente revitalizaria o rei e o abençoaria com um longo reinado. A Pedra de Fal é um símbolo do elemento Terra e representa tanto o Mago como a Bruxa com seu instrumento mágico Pentáculo, ou Pedra do Altar. Dizia-se que a Espada de Luz de Nuadha era aquela da qual ninguém poderia escapar depois de desembainhada. A Espada de Nuadha simboliza o elemento Ar e representa o Athame da Bruxa ou do Mago. Na Bruxaria e nas tradições cerimoniais, o Athame e a Espada costumam ser ferramentas mais agressivas ao trabalhar com espíritos. Eles são usados para banir espíritos agressivos e, em algumas tradições, intimidar ou ameaçar espíritos selvagens a se comportarem com sua mera presença. Embora nem todas as Bruxas se sintam confortáveis em lidar com espíritos como este, há muito significado simbólico quando lembramos que esta é uma ferramenta do Ar e, portanto, da mente e da fala. Nossas palavras têm poder, assim como nossos pensamentos, e elas nos permitem não apenas formular planos, mas também expressá-los e executá-los. Se você já viu uma luta de espadas, também sabe que é preciso pensar rápido quando se está usando uma, pois chega a ser

---

75. Penczak, *The Temple of High Witchcraft*, 202.

quase uma dança marcial, tendo que bloquear a espada do oponente enquanto também tenta atacar.

Diz-se que a lança de Lugh foi aquela contra a qual nenhuma batalha jamais foi sustentada, nem contra a pessoa que a segurou em suas mãos. Christopher Penczak observa que, "a tradução do nome (de Lugh) frequentemente é contestada, mas ele foi conectado a imagens solares, de luz e relâmpagos, bem como ao 'vigor do fluxo', que é perfeito, como o elemento Fogo e sua lança representam o poder do impulso."[76] Também devemos observar que as lanças são armas que usamos para golpear ou avançar. Há um movimento de empuxo que é mais direto em movimento do que, digamos, a espada, que é empunhada e manipulada em batalha com mais complexidade. A lança de Lugh influenciou o mágico e a varinha mágica, que direciona nossa força de vontade e energia.

O Caldeirão de Dagda (ou "o Bom Deus") nunca se esvaziava, e todos os que comiam dele ficavam satisfeitos e realizados. Este era um instrumento de generosidade e parece simbolizar a realização emocional e a generosidade do coração, propriedades do elemento Água, e os caldeirões contêm líquidos, como sopas, ensopados, elixires ou poções. O Caldeirão de Dagda é um símbolo do elemento Água e influenciou o mágico e o instrumento do Cálice da Bruxa. Um estudioso do Paganismo e do folclore, o escritor irlandês Morgan Daimler, relaciona os quatro tesouros a quatro valores: a pedra é a soberania, o Caldeirão é a hospitalidade, o Bastão é a defesa e o Athame a ofensa.[77]

Athame e Bastão, Ar ou Fogo?

Muitas Bruxas estão divididas sobre se é o Athame ou o Bastão que representa o Ar ou o Fogo. Algumas consideram o Bastão como Ar e o Athame como Fogo. Professores notáveis de Bruxaria, incluindo Raven Grimassi e seu primeiro aluno, Scott Cunningham, abraçaram esse conceito. Para eles, a lógica é que as varinhas (Bastão) vêm das árvores, que têm galhos que balançam ao vento e chegam até o céu, e os Athames são forjados no Fogo, mas que o elemento não deve destruir a ferramenta. Isso está perfeitamente bem. Contanto que você tenha uma compreensão do raciocínio para associar um elemento a uma ferramenta, siga em frente. Quando atribuímos poder a um símbolo e o tocamos por longos períodos, ele se torna profundamente enraizado na nossa consciência. Isso ocorre

---

76. Penczak, *The Temple of High Witchcraft*, 294.

77. Daimler, *Pagan Portals—Fairy Witchcraft*.

muito mais rapidamente quando uma ferramenta física real é usada em um ritual. Para mim, os instrumentos são mais sobre como eles operam com os próprios elementos. O Bastão é feito de madeira, o que o torna um veículo para carregar, direcionar e alimentar o Fogo, assim como a varinha é uma extensão de nossa força de vontade e a ferramenta para dirigi-la. O Athame, como uma espada, corta e separa o vento, o que muitas vezes produz um som, que é descrito como um canto. A língua inglesa também é repleta de termos e expressões que conectam palavras e pensamentos à lâmina. Ao falar da inteligência de alguém, costumamos dizer coisas como a pessoa é "afiada" ou "maçante". Quando alguém é prolixo, pedimos a ele para "ir direto ao ponto" ou "cortar o assunto". Existem inúmeros outros exemplos, mas espero que isso possa ilustrar o ponto, sem trocadilhos.

O Bastão do Fogo

O Bastão, um instrumento do elemento Fogo, é talvez a ferramenta mais intimamente associada à Magia, desde cajados de Bruxos e mágicos ao longo das lendas até às varinhas de Harry Potter, que ajudou a ferramenta a ganhar popularidade novamente aos olhos do público. No folclore tradicional da Bruxaria, a varinha deve ter o comprimento do cotovelo até a ponta do dedo indicador. Embora esta não seja uma regra definitiva, ela nos dá uma visão sobre a natureza e o uso do Bastão. As Bruxas usam o dedo indicador não apenas para projetar sua energia, mas também para focalizá-la e controlá-la. O Bastão é uma extensão da vontade, do poder, do impulso, da paixão e da força vital da Bruxa. É uma reminiscência do cetro ou do bastão de um monarca, um símbolo de poder, força e autoridade sobre si mesmo, sua vida e sua Magia.

A varinha é normalmente feita de madeira, que ecoa a Árvore do Mundo e os Três Mundos. Assim como o Bastão do arauto de Hermes, o caduceu, que lhe dava autoridade para viajar livremente pelos mundos. Como tal, é este instrumento que comanda e simboliza o domínio de cada um sobre os diferentes níveis de realidade, e é por isso que pessoalmente prefiro usar o Bastão para lançar um Círculo, pois você está criando um lugar energético fora do próprio mundo físico. Trabalhar com uma Varinha ou Bastão fortalece seu poder energético inerente e amplifica sua vontade. Uma das primeiras representações da varinha sendo usada na Magia está na história grega de Circe, que a usou para canalizar sua energia. Também podemos ver paralelos com os Bastões Mágicos de Aarão e Moisés, símbolos de sua autoridade.

Exercício 49

Jornada do Fogo

A Árvore do Mundo fica no centro entre os mundos. A partir deste centro, vire para o Sul. Diante de você está um grande portão dourado, coberto de cactos e trepadeiras com agulhas afiadas e flores arrojadas. Sobre este portão está gravado o símbolo alquímico do elemento Fogo: um triângulo apontando para cima. Permita que seu olhar se torne tranquilo enquanto você se imagina olhando através deste símbolo. Respire profundamente e esvazie-se de todos os pensamentos e emoções. Nada existe exceto você mesmo, este portão e o símbolo através do qual agora concentra sua atenção.

Imagine-se dando um passo à frente a cada respiração... a cada batida do coração. Ao se aproximar do portão, ele se abre como num passe de mágica e você vê a luz ardente do sol de verão. Uma brisa quente sopra pelo portão. Respire fundo... Quando chegar ao portão, afirme mentalmente sua intenção de viajar para o Reino do Fogo Elemental. E com um sopro de poder, atravesse a soleira e entre na luz...

Você está no pátio de um Templo deserto, cheio de areia fofa, salpicado de muitas pequenas fogueiras. Aqui é eternamente verão... e eternamente meio-dia. Diante de você, a parede de pedra embala um grande vitral circular, que está logo acima, lindamente iluminado à medida que a luz do meio-dia brilha. A luz do sol resplandecente entra pela janela e se projeta para baixo, iluminando um altar no ccntro do pátio.

Respire fundo e caminhe em direção a esse altar, permitindo-se tomar consciência de quaisquer outros detalhes que possam surgir desse lugar. Use todos os seus sentidos para tornar o lugar mais real para você. O que você vê? Ouve? Sente? Cheira? Verifique suas emoções. Como se sente sobre esse lugar? Faça o check-in com o seu corpo. Observe quaisquer dores ou incômodos. Observe sua postura.

Ao chegar ao altar, de pé diante dele e do vitral, afirme mentalmente sua intenção de chamar o guardião do elemento. Entre na luz do sol e imagine que está se abrindo mais profundamente ao poder elemental. Sobre o altar está uma vela vermelha. Invocando sua própria luz interior, acenda a vela e invoque o guardião.

À medida que a vela queima, a luz do sol parece ficar mais brilhante. A cada respiração, essa luz brilha mais intensamente vinda dos céus e através dos vitrais, derramando-se ao seu redor até o altar, em um Círculo de ouro brilhante e vermelho profundo. Você sente uma vibração estrondosa no chão, como se as próprias paredes ao seu redor estivessem tremendo.

Diante de você, do lado de fora do Círculo de luz, o guardião emerge, entrando no Círculo, agora totalmente iluminado pela luz do sol. Observe como ele vem até você. Que forma (se houver) ele assume? Como é a presença dele? Apresente-se a ele. Pergunte seu nome. Dê a si mesmo algum tempo para receber este nome. Talvez seja necessário perguntar mais de uma vez. Sem pressa.

Depois de receber um nome, o guardião começa a irradiar uma luz carmesim brilhante. Ele avança e entrega a você um Bastão. Ao pegá-lo, suas mãos se tocam e você é envolvido por aquela luz carmesim, a essência do Fogo elemental... a luz da vontade. Você sente esse brilho entrar em seu corpo, agitando seu espírito, concentrando sua vontade. Concentre-se nessa sensação enquanto o sentido de sua própria vontade cresce cada vez mais, envolvendo-o completamente, assim como a luz carmesim o faz. Sinta sua determinação, deixando todos os seus pensamentos, sentimentos e apegos fluírem para a luz carmesim, deixando você forte e totalmente presente.

O guardião dá um passo para trás e você segura o Bastão perto dele. A luz do sol parece se projetar diretamente na varinha enquanto você contempla as lições do elemento Fogo: é quente e seco, é ativo e projetivo, é vontade. Sinta como o Bastão incorpora essas qualidades. Reserve alguns momentos para realmente sentir isso.

Agora, pergunte à ferramenta seu nome secreto. Ela pode responder de alguma forma, ou o guardião pode lhe oferecer uma resposta. Não tenha pressa. Você pode precisar perguntar mais de uma vez.

Depois de receber um nome, saiba que pode usá-lo a qualquer momento para chamar a essência psíquica dessa ferramenta para o seu trabalho, e que agora ela aparecerá em seu próprio altar interior.

Reserve um momento para comungar ainda mais com o guardião. Pergunte se ele tem alguma mensagem ou ensinamento para você. Quando terminar, gere um sentimento de gratidão no centro do seu coração e imagine-se enviando isso ao guardião, agradecendo-lhe por suas mensagens e pelo presente. Dê-lhe saudações e adeus. Sua luz se apaga e ele dá um passo para trás e desaparece.

Vire-se e saia do Círculo de luz, volte por onde veio, atravessando o pátio e voltando pelo portão dourado, retornando ao centro e de frente para a Árvore do Mundo. Reserve um momento para permitir que todas as suas experiências retornem com você. Faça três respirações profundas de poder. Está feito.

O Athame do Ar

Uma adaga cerimonial tradicionalmente de cabo preto e de dois gumes, é a ferramenta do elemento Ar. O poder simbólico de nossos pensamentos e palavras, nossa inspiração e nossas epifanias. Esta adaga ritual, que chamamos de "Athame" é o mais fisicamente perigoso de todos os instrumentos do altar e, como tal, a maioria dos que você encontrar serão sem corte. Isso também ocorre, porque em algumas Tradições o Athame nunca foi feito para cortar nada físico; em outras, ele é usado na Magia também para cortar as coisas fisicamente. Frequentemente, outra lâmina é usada para cortar algo físico nos rituais, seja a foice de mão (chamada de "boline"), seja apenas outra lâmina mais afiada. Essas lâminas são tradicionalmente de cabo branco, enquanto o Athame tem cabo preto. Independentemente de quão afiada seja a lâmina, você deve sempre usar o Athame com cuidado para evitar ferimentos a si mesmo ou a outros. O Athame pode cortar ilusões e planos de realidade, particularmente no que diz respeito ao pensamento e à palavra. Em configurações de grupos maiores, ele às vezes é trocado pela Espada, que serve a usos quase idênticos ao do Athame.

Exercício 50

Jornada do Ar

A Árvore do Mundo fica no centro entre os mundos. A partir deste centro, vire-se para o Leste. Diante de você está um grande portão prateado, coberto com finas trepadeiras de flores delicadas. Sobre este portão está gravado o símbolo alquímico do elemento Ar: um triângulo apontando para cima, dividido igualmente por uma linha horizontal. Permita que seu olhar se torne suave enquanto você se imagina olhando através deste símbolo. Respire profundamente e esvazie-se de todos os pensamentos e emoções. Nada existe exceto você mesmo, este portão e o símbolo através do qual agora concentra sua atenção.

Imagine-se dando um passo à frente a cada respiração... a cada batida do coração. Ao se aproximar do portão, ele se abre como num passe de mágica e você vê a luz dourada de uma nova manhã. Uma brisa fresca, refrescante, sopra pelo portão, revigorando você conforme se aproxima. Respire fundo... Quando chegar ao portão, afirme mentalmente sua intenção de viajar para o Reino do Ar Elemental. E, com um sopro de poder, atravesse a soleira e entre na luz...

Você está no pátio de um Templo cheio de grama verde e macia, salpicado com muitas flores silvestres coloridas. Aqui é eternamente primavera... e eterna madrugada. Diante de você, a parede de pedra embala um grande vitral circular, que está logo acima, lindamente iluminado à medida que a luz da manhã brilha. A luz do sol da manhã cai suavemente pela janela e se projeta para baixo, iluminando um altar no centro do pátio.

Respire fundo e caminhe em direção a esse altar, permitindo-se tomar consciência de quaisquer outros detalhes que possam surgir desse lugar. Use todos os seus sentidos para tornar o lugar mais real para você. O que você vê? Ouve? Sente? Cheira? Verifique suas emoções. Como se sente sobre esse lugar? Faça o check-in com o seu corpo. Observe quaisquer dores ou incômodos. Observe sua postura.

Ao chegar ao altar, de pé diante dele e do vitral, afirme mentalmente sua intenção de chamar o guardião do elemento. Entre na luz do sol e imagine que está se abrindo mais profundamente ao poder elemental. Sobre o altar está uma vela amarela. Invocando sua própria luz interior, acenda a vela e invoque o guardião.

À medida que a vela queima, a luz do sol parece ficar mais brilhante. A cada respiração, essa luz brilha mais intensamente dos céus e através dos vitrais, derramando-se ao seu redor até ao altar, em um Círculo de ouro brilhante e verde suave. Você sente uma vibração estrondosa no chão, como se as próprias paredes ao seu redor estivessem tremendo.

Diante de você, do lado de fora do Círculo de luz, o guardião emerge, entrando no Círculo, agora totalmente iluminado pela luz do sol. Observe como ele vem até você. Que forma (se houver) ele assume? Como é a presença dele? Apresente-se a ele. Pergunte seu nome. Dê a si mesmo algum tempo para receber este nome. Talvez seja necessário perguntar mais de uma vez. Sem pressa.

Depois de receber um nome, o guardião começa a irradiar uma luz dourada brilhante. Ele avança e entrega a você um Athame. Ao pegá-lo, suas mãos se tocam e você é envolvido por aquela luz dourada, a essência do Ar elemental... a luz do conhecimento. Você sente esse brilho entrar em seus pulmões, limpando sua mente e aguçando sua atenção. Concentre-se nessa sensação enquanto a percepção do conhecimento cresce cada vez mais, envolvendo você completamente, assim como a luz dourada o faz. Sinta a nitidez da sua mente, deixando todos os seus pensamentos, sentimentos e apegos fluírem para a luz dourada, deixando sua mente clara e totalmente presente.

O guardião dá um passo para trás e você segura a lâmina perto. A luz do sol parece se projetar diretamente na lâmina enquanto você contempla as lições do Ar elemental: é quente e úmido, é fresco e puro, é conhecimento. Sinta como esta lâmina incorpora essas qualidades. Reserve alguns momentos para realmente sentir isso.

Agora, pergunte à ferramenta seu nome secreto. Ela pode responder de alguma forma, ou o guardião pode lhe oferecer uma resposta. Não tenha pressa. Você pode precisar perguntar mais de uma vez.

Depois de receber um nome, saiba que pode usá-lo a qualquer momento para chamar a essência psíquica dessa ferramenta para o seu trabalho, e que agora ela aparecerá em seu próprio altar interior.

Reserve um momento para comungar ainda mais com o guardião. Pergunte se ele tem alguma mensagem ou ensinamento para você. Quando terminar, gere um sentimento de gratidão no centro do seu coração e imagine-se enviando isso ao guardião, agradecendo-lhe por suas mensagens e pelo presente. Dê-lhe saudações e adeus. Sua luz se apaga e ele dá um passo para trás e desaparece.

Vire-se e saia do círculo de luz, volte pelo caminho que veio, atravessando o pátio e voltando pelo portão prateado, retornando ao centro e de frente para a Árvore do Mundo. Reserve um momento para permitir que todas as suas experiências retornem com você. Faça três respirações profundas de poder. Está feito.

A Pedra da Terra

Muitas tradições de Bruxaria usam o Pentáculo de altar (também chamado de *Peyton*) como ferramenta para o elemento Terra. Curiosamente, nenhuma das Tradições de Bruxaria nas quais treinei pessoalmente adotou essa linha de pensamento, embora seja comum e não necessariamente errada. A ferramenta que uso em minha prática é uma "pedra de altar", que é tipicamente um cristal ou uma pedra de algum tipo que eu uso para ancorar e aterrar o elemento Terra no altar. Outras Tradições, como a Black Rose Witchcraft, por exemplo, usam um cubo como ferramenta elemental. No Tarô, o naipe de Pentáculos (geralmente feito de madeira ou de metal) é representativo do elemento Terra. A pedra simboliza a providência da Bruxa, que vem com o relacionamento correto com o ambiente. A Lia Fáil, a lendária pedra da coroação da Irlanda, só falaria quando o governante legítimo colocasse os pés sobre ela. No mito arturiano da espada e da pedra, a espada Excalibur só poderia ser arrancada da pedra pelo rei legítimo. Nos mitos celtas e nas lendas arturianas, o rei era casado com a terra, muitas vezes personificada como uma Deusa. Como aponta a estudiosa celta e arturiana Caitlin Matthews "Essa ideia não foi totalmente perdida, como podemos ver, se não olharmos além do rito da coroação inglesa, no qual o monarca é cerimonialmente casado com a terra, tendo a aliança de casamento da Inglaterra como apresentação de regalias".[78] A ideia é que, se o monarca tiver um relacionamento correto com a terra e seu povo, a terra será abençoada com fertilidade, felicidade e segurança. As pedras existem há muito mais tempo do que os humanos e permanecerão por muito mais tempo depois que partirmos. Como tal, elas também são símbolos das bênçãos de permanência, ancestralidade e linhagem.

Exercício 51

Jornada da Terra

A Árvore do Mundo fica no centro entre os mundos. A partir deste centro, vire para o Norte. Diante de você está um grande portão de pedra, coberto com grossas gavinhas de hera verde. Sobre este portão está gravado o símbolo alquímico do elemento Terra: um triângulo apontando para baixo, dividido igualmente por uma linha horizontal. Permita que seu olhar se torne suave enquanto você se imagina olhando através deste símbolo. Respire profundamente e esvazie-se de todos os pensamentos e emoções. Nada existe exceto você mesmo, este portão e o símbolo através do qual agora concentra sua atenção.

Imagine-se dando um passo à frente a cada respiração... a cada batida do coração. Ao se aproximar do portão, ele se abre como num passe de mágica e você não vê nada além da escuridão absoluta. Um vento frio e cortante sopra pelo portão, gelando você conforme se aproxima. Respire fundo... Quando chegar ao portão, afirme mentalmente sua intenção de viajar para o Reino da Terra elemental. E com um sopro de poder, atravesse a soleira e entre na escuridão...

Você está em uma grande sala de pedra... um antigo Templo do elemento Terra. Aqui é eternamente inverno... e eternamente meia-noite. Na escuridão fria, seus olhos levam um momento para se ajustar e agora você pode distinguir uma luz fraca brilhando bem acima e diretamente à frente: a Estrela do Norte.

---

78. J. Matthews, G. Knight, V. Chandler, *Arthurian Magic*, 125.

Você a vê brilhando logo acima e lentamente começa a perceber que está vendo essa estrela através de um grande vitral circular. A luz da estrela cai suavemente através do vidro e se projeta para baixo, iluminando um altar no centro da sala.

Respire fundo e caminhe em direção a esse altar, permitindo-se tomar consciência de quaisquer outros detalhes que possam surgir desse lugar. Use todos os seus sentidos para tornar o lugar mais real para você. O que você vê? Ouve? Sente? Cheira? Verifique suas emoções. Como se sente sobre esse lugar? Faça o check-in com o seu corpo. Observe quaisquer dores ou incômodos. Observe sua postura.

Ao chegar ao altar, de pé diante dele e do vitral, afirme mentalmente sua intenção de chamar o guardião do elemento. Entre na luz da estrela e imagine que está se abrindo mais profundamente ao poder elemental. Sobre o altar está uma vela verde. Invocando sua própria luz interior, acenda a vela e invoque o guardião.

À medida que a vela queima, a luz da Estrela do Norte parece ficar mais brilhante. A cada respiração, a luz da estrela brilha mais intensamente no céu e através dos vitrais, derramando-se ao seu redor até ao altar, em um Círculo de verdes e marrons. Você sente uma vibração estrondosa no chão de pedra, como se as próprias paredes ao seu redor estivessem tremendo.

Diante de você, do lado de fora do Círculo de luz, o guardião emerge, entrando no Círculo, agora totalmente iluminado pela luz da estrela. Observe como ele vem até você. Que forma (se houver) ele assume? Como é a presença dele? Apresente-se a ele. Pergunte seu nome. Dê a si mesmo algum tempo para receber este nome. Talvez seja necessário perguntar mais de uma vez. Sem pressa.

Depois de receber um nome, o guardião começa a irradiar uma luz verde profunda. Eles avançam e entregam a você uma pedra ou cristal natural. Ao pegá-lo, suas mãos se tocam e você é envolvido por aquela luz verde, a essência da Terra elemental... A luz do silêncio. Você sente a quietude e o silêncio entre cada respiração. Concentre-se nessa sensação enquanto a quietude e o silêncio crescem cada vez mais, envolvendo você completamente, assim como a luz verde o faz. Sinta a quietude em seus ossos e mergulhe ainda mais profundamente nos átomos e moléculas, no vasto vazio entre eles e no silêncio que está por trás de tudo. Deixe todos os seus pensamentos, sentimentos e apegos fluírem para a luz verde, deixando-o vazio, quieto e silencioso.

O guardião recua e você segura a pedra perto. A luz da Estrela do Norte parece se projetar diretamente na pedra enquanto você contempla a Terra elemental: ela é fria e seca. Está tudo quieto e silencioso. É a morte. E, no entanto, também é vida. Sinta como a terra sob seus pés está viva – mesmo no auge do inverno! – força vital, lenta e quase imperceptível, escondida na terra, nas raízes, esperando pacientemente para surgir no devido tempo, e sinta como esta pedra personifica todas essas qualidades. Reserve alguns momentos para realmente sentir isso.

Agora, pergunte à ferramenta seu nome secreto. Ela pode responder de alguma forma, ou o guardião pode lhe oferecer uma resposta. Não tenha pressa. Você pode precisar perguntar mais de uma vez.

Depois de receber um nome, saiba que pode usá-lo a qualquer momento para chamar a essência psíquica dessa ferramenta para o seu trabalho, e que agora ela aparecerá em seu próprio altar interior.

Reserve um momento para comungar ainda mais com o guardião. Pergunte se ele tem alguma mensagem ou ensinamento para você. Quando terminar, gere um sentimento de gratidão no centro do seu coração e imagine-se enviando isso ao guardião, agradecendo-lhe por suas mensagens e pelo presente. Dê-lhe saudações e adeus. Sua luz se apaga e ele recua, voltando para a escuridão.

Vire-se e saia do Círculo de luz, volte pelo caminho que você veio, andando pelo chão de pedra e de volta pela escuridão e pelo portão de pedra, retornando ao centro e de frente para a Árvore do Mundo. Reserve um momento para permitir que todas as suas experiências retornem com você. Faça três respirações profundas de poder. Está feito.

O Cálice da Água

O Cálice é a ferramenta do elemento Água. É um símbolo de nossas emoções, intuição, sonhos, fluidez, receptividade e flexibilidade. A Água também é o elemento do amor em todas as suas formas, do amor divino ao amor romântico, do amor da família, ao amor de amigos e estranhos. A Água, como as emoções, pode ser extremamente curativa e nutritiva ou extremamente destrutiva. A chave para sua assinatura energética é que ela flui e assume a forma de tudo o que a contém. O Cálice é um recipiente que domina essa energia em um estado calmo, centrado, receptivo e estável. A forma mais antiga do Cálice foi provavelmente o Caldeirão de Hospitalidade de Dagda, que nunca secou, e depois o Caldeirão de Cerridwen, no qual ela preparou sua poção de inspiração divina chamada "*greal*". Mais tarde, parece que o Graal começou a tomar seu lugar na forma do Santo Graal da lenda arturiana, uma mistura de cristianismo e Paganismo celta. O Santo Graal foi supostamente o Cálice que Jesus usou na

Última Ceia, o mesmo talvez, usado para colher seu sangue na cruz, símbolo do sacrifício do amor divino. As lendas da busca pelo Santo Graal costumam ser histórias de romance. Como o Caldeirão de Dagda, o Cálice é uma ferramenta que representa a comunhão e o compartilhamento com os outros, sejam outros membros do Coven, sejam os próprios espíritos e Deuses. Através do Cálice, recebemos energias e bênçãos de nossas divindades e aliados espirituais e as integramos em nossos corpos físico e energético quando dele bebemos.

Exercício 52

Jornada da Água

A Árvore do Mundo fica no centro entre os mundos. A partir deste centro, vire-se para o Oeste. Diante de você está um grande portão prateado, coberto de algas. Sobre este portão está gravado o símbolo alquímico do elemento Água: um triângulo apontando para baixo. Permita que seu olhar se torne suave enquanto você se imagina olhando através deste símbolo. Respire profundamente e esvazie-se de todos os pensamentos e emoções. Nada existe exceto você mesmo, este portão e o símbolo através do qual agora concentra sua atenção.

Imagine-se dando um passo à frente a cada respiração... a cada batida do coração. Ao se aproximar do portão, ele se abre como num passe de mágica e você vê a luz suave do sol poente. Uma brisa fresca sopra pelo portão, trazendo o chciro do mar salgado. Respire fundo... Quando chegar ao portão, afirme mentalmente sua intenção de viajar para o Reino da Água Elemental. E com um sopro de poder, atravesse a soleira e entre na luz...

Você está em um Templo aberto na praia. Um grande arco de pedra fica ereto no Oeste, aberto para o vasto oceano e embalando um grande vitral circular, bem acima de você. Aqui é outono eterno... e o sol está se pondo eternamente sob o horizonte aquoso. A luz do entardecer entra pela janela e se projeta para baixo, iluminando um altar colocado na areia.

Respire fundo e caminhe em direção a esse altar, permitindo-se tomar consciência de quaisquer outros detalhes que possam surgir desse lugar. Use todos os seus sentidos para tornar o lugar mais real para você. O que você vê? Ouve? Sente? Cheira? Verifique suas emoções. Como se sente sobre esse lugar? Faça o check-in com o seu corpo. Observe quaisquer dores ou incômodos. Observe sua postura.

Ao chegar ao altar, de pé diante dele e do vitral, afirme mentalmente sua intenção de chamar o guardião do elemento. Entre na luz do sol e imagine que está se abrindo mais profundamente ao poder elemental. Sobre o altar está uma vela azul. Invocando sua própria luz interior, acenda a vela e invoque o guardião.

À medida que a vela queima, a luz do sol poente parece se intensificar suavemente. A cada respiração, essa luz brilha mais intensamente dos céus, através das águas e dos vitrais, derramando-se ao seu redor até ao altar, em um Círculo de azuis e cinzas suaves. Você sente uma vibração estrondosa no chão, como se as próprias paredes ao seu redor estivessem tremendo.

Diante de você, do lado de fora do Círculo de luz colorida, o guardião emerge, entrando no Círculo agora totalmente iluminado pela luz do sol. Observe como ele vem até você. Que forma (se houver) ele assume? Como é a presença dele? Apresente-se a ele. Pergunte seu nome. Dê a si mesmo algum tempo para receber este nome. Talvez seja necessário perguntar mais de uma vez. Sem pressa.

Depois de receber um nome, o guardião começa a irradiar uma luz safira brilhante. Ele avança e entrega a você um Cálice. Ao pegá-lo, suas mãos se tocam e você é envolvido por aquela luz azul, a essência da Água elemental... a luz da ousadia. Você sente esse brilho entrar em seu corpo, mexendo com suas emoções, abrindo seu coração. Concentre-se nessa sensação enquanto os seus próprios sentimentos crescem cada vez mais, envolvendo-o completamente, assim como a luz safira o faz. Sinta seus sentimentos, pensamentos e apegos fluírem para a luz azul, fazendo com que você se sinta de coração aberto e ousado.

O guardião recua e você segura o Cálice perto. A luz do sol parece se projetar diretamente no Cálice enquanto você contempla as lições do elemento Água: está frio e úmido; é passivo e receptivo. É a profundidade... o inconsciente... as emoções... os sonhos. Sinta como este Cálice incorpora essas qualidades. Reserve alguns momentos para realmente sentir isso.

Agora, pergunte à ferramenta seu nome secreto. Ela pode responder de alguma forma, ou o guardião pode lhe oferecer uma resposta. Não tenha pressa. Você pode precisar perguntar mais de uma vez.

Depois de receber um nome, saiba que pode usá-lo a qualquer momento para chamar a essência psíquica dessa ferramenta para o seu trabalho, e que agora ela aparecerá em seu próprio altar interior.

Reserve um momento para comungar ainda mais com o guardião. Pergunte se ele tem alguma mensagem ou ensinamento para você. Quando terminar, gere um sentimento de gratidão no centro do seu coração e imagine-se enviando isso ao guardião, agradecendo-lhe por suas mensagens e pelo presente. Dê-lhe saudações e adeus. Sua luz se apaga e ele dá um passo para trás e desaparece.

Vire-se e saia do Círculo de luz, volte pelo caminho que você veio, atravessando a praia e voltando pelo portão prateado, retornando ao centro e de frente para a Árvore do Mundo. Reserve um momento para permitir que todas as suas experiências retornem com você. Faça três respirações profundas de poder. Está feito.

O Quinto Elemento

O Quinto Elemento é ainda mais difícil de discutir e de descrever, porque são muitas coisas, mas também uma só coisa. Eu realmente amo a opinião de Ivo Dominguez Jr. sobre o Quinto Elemento como os "Quintos Elementos". Ele os define e divide de uma maneira brilhante que faz todo o sentido para mim e se encaixa perfeitamente em minha estrutura cosmológica de Magia. Ivo divide o Quinto Elemento em três partes, empregando termos que historicamente têm sido usados indistintamente: "Éter", "Espírito" e "Quintessência". Vou explicar como ele os diferencia, junto ao meu próprio entendimento e epifanias sobre esse modelo de três divisões.

O *Éter*, neste sentido, é a divindade como imanente. A imanência, aqui, refere-se à ideia da divindade existente e totalmente integrada em todas as coisas do Universo físico. Éter é a divindade como a força "generativa" em nosso acrônimo de Deus.[79] É a força do "*Coagula*" na alquimia, a força que une, reúne, liga, forma e conecta à medida que surge. O poder do qual os dezesseis subelementos (como combinações) emergem para formar os quatro elementos primários. Associo a energia etérica com o Eu Inferior, o Mundo Inferior, o Caldeirão do Aquecimento e sendo de natureza CARDINAL. Na Sacred Fires Tradition of Witchcraft, referimo-nos a esta força como Energia Z[80], aquilo que compreende toda a realidade e a própria força da criação. Para evitar confusão com outros usos do termo "etérico" vou me referir a este conceito como "Energia Z" daqui para a frente.

O elemento do *Espírito*, por outro lado, é a divindade como transcendente. Transcendência, aqui, refere-se à ideia da divindade existente fora dos limites de nossa realidade física e do Universo. Espírito é a divindade como a força

---

79. O acrônimo aqui, refere-se a *G.O.D*, "Deus" em inglês. (N. T.)
80. Hunter, *The Witch's Book of Mysteries*, 39–40.

"destrutiva" em nosso acrônimo de Deus, ou melhor, é o aspecto que se dissolve, como uma gota de água que se funde com o oceano. Como tal, é a força de "Resolver" na alquimia, a força que se desfaz à medida que desce. Suponho, no entanto, que isso realmente depende do seu ponto de vista. À medida que o éter sobe em direção ao espírito, ele constrói e unifica aspectos da energia. À medida que o espírito desce em direção ao éter, ele se desfaz e divide os aspectos da energia. Associo o espírito ao Eu Superior, ao Mundo Superior, ao Caldeirão da Sabedoria e ao ser de natureza MUTÁVEL.

A *Quintessência* é onde a Energia Z e o espírito se encontram. Neste sentido, a Quintessência é um pouco paradoxal. É a membrana, o espaço limiar, o recipiente e a divindade central dentro de algo. Se o espírito está se desintegrando à medida que desce, é a Quintessência que está aumentando. Se a Energia Z está se solidificando à medida que sobe, é a Quintessência que está diminuindo. A energia Z é o que dá identidade constituinte intrínseca e central a algo, seja físico ou não físico. Assim como o Eu Médio dá o sentido de personalidade e individualidade de coisas fora do Eu, a Quintessência dá a energia que define o núcleo de algo através do que ele contém, como o uso da palavra "Quintessencial". Por exemplo, em nossa visão do corpo de sete camadas do indivíduo, cada uma define o limite e o ponto limiar de sobreposição, onde, paradoxalmente, ambas as coisas e nenhuma delas é a Quintessência.

O Peyton e o Caldeirão

As duas ferramentas principais que uso em meu altar para os quintos elementos são o Peyton[81] e o Caldeirão. O Peyton é um Pentagrama físico, geralmente envolto por um disco feito de madeira ou metal. É uma ferramenta de equilíbrio, conexão, bênção, proteção e harmonia dos elementos. Como um amuleto, o Peyton pode ser pensado como um escudo espiritual, neutralizando as energias desequilibradas que surgem em seu caminho. É também por isso que muitas Bruxas usam amuletos de Pentagrama. Não é apenas um símbolo de seu caminho, mas também aquilo que as protegem espiritualmente de energias desequilibradas. Também serve para abençoar, equilibrando as energias. Como uma ferramenta de bênção, manifestação, petições e feitiços, o Peyton pode ser colocado para acelerar e ampliar a realização do objetivo do feitiço, e também pode ser usado para carregar e ativar a potência do material colocada sobre ele.

---

81. Também conhecido como "Patena"; a Tradição Cabot usa *Peyton*.

Na Tradição Cabot de Bruxaria, usamos o Peyton para chamar e dispensar energias elementais, particularmente quando chamamos os quatro elementos e seus guardiões para o Círculo Mágico. O Peyton é sustentado na mão da Lua, a mão receptiva, ao chamar as energias elementais, e na mão do Sol, a mão projetiva, ao dispensá-las. Quando um Peyton não está disponível, as próprias mãos são usadas da mesma forma com os cinco dedos abertos, simbolizando os cinco elementos. Você pode ver um exemplo do Peyton sendo usado dessa maneira no videoclipe de "Voodoo" de Godsmack, que apresenta Laurie Cabot e seus iniciados ao longo do clipe, já que o vocalista Sully Erna é um iniciado de Cabot.

A outra ferramenta é o Caldeirão, que já foi brevemente mencionado quando discutimos o elemento Água. O Caldeirão é o epítome de *Coagula and Solve*, criação e destruição, combinação e separação. É uma ferramenta de renascimento e regeneração. Como um recipiente que pode conter todos os quatro elementos, é incrivelmente versátil em seus usos. Pode servir como um ponto focal físico para os três Caldeirões espirituais dentro de nós e para as mudanças pessoais que gostaríamos de fazer em nós mesmo, em nossa vida e em nosso mundo.

Em meu altar principal pessoal, quando trabalho com o Caldeirão, coloco o Peyton no centro e o Caldeirão em cima dele. Da mesma forma, quando trabalho com o Peyton, eu o coloco sobre o Caldeirão. O centro do altar e o Espaço Sagrado de uma pessoa é a direção geralmente atribuída ao(s) quinto(s) elemento(s), um dos motivos de a Bruxa ou o Mago conduzir a maior parte de seu trabalho dentro de um círculo, cercado pelos quatro elementos em seu local designado ao redor da Círculo Mágico.

Exercício 53

Jornada do Espírito

Entre no seu Templo Interior. Observe uma porta dentro do Templo. Esta é a entrada do seu Templo Espiritual.

Imagine dar um passo à frente a cada respiração... a cada batida do coração. Ao se aproximar do portão, ele se abre como num passe de mágica e você percebe que as paredes do Templo parecem ser compostas pelo vazio do próprio espaço e um bilhão de pequenas estrelas ao longo dele, iluminando o Templo. É como se o Mundo Inferior e o Mundo Superior fossem um e o mesmo aqui. No alto da sala você percebe os quatro vitrais dos Templos elementais anteriores; o portador de água do signo de Aquário no Norte, o touro do signo de Touro no Leste, o leão do signo de Leão no Sul e a águia do signo de Escorpião no Oeste.

Respire fundo e caminhe em direção ao centro do Templo, permitindo-se tomar consciência de quaisquer outros detalhes que possam surgir deste local. Use todos os seus sentidos para tornar o lugar mais real para você. O que você vê? Ouve? Sente? Cheira? Verifique suas emoções. Como se sente sobre esse lugar? Faça o check-in com o seu corpo. Observe quaisquer dores ou incômodos. Observe sua postura.

Alcançando de um lugar de sua própria divindade interior, você chama o Grande Deus e a Grande Deusa, brilhando como o Sol e a Lua, respectivamente. Reserve um momento para sentir a presença deles, duas forças complementares, mas duais. O que eles parecem para você? São familiares ou desconhecidos? Eles são o que você esperava, ou são diferentes? Você pode vê-los claramente ou eles estão velados de alguma forma, impedindo-o de vê-los diretamente neste momento?

Você estende sua mão esquerda e a Deusa coloca o Caldeirão sobre ela. Reserve um momento para refletir sobre seus mistérios: do nascimento e renascimento, da criação e destruição, da vida e da morte, da tumba e do útero. Do Grande Caldeirão todas as coisas emergem e ao Grande Caldeirão todas as coisas retornam.

Agora, pergunte ao Caldeirão que você recebeu, qual é o seu nome secreto. Ele pode responder de alguma forma, ou a Deusa pode lhe oferecer uma resposta. Não tenha pressa. Você pode precisar perguntar mais de uma vez.

Depois de receber um nome, saiba que pode usá-lo a qualquer momento para chamar a essência psíquica dessa ferramenta para o seu trabalho, e que agora ela aparecerá em seu próprio altar interior.

Você estende sua mão direita e o Deus coloca o Peyton sobre ela. Reserve um momento para refletir sobre seus mistérios; tudo está intrinsecamente conectado, porque todas as coisas são aspectos do espírito: todas as forças elementais, toda matéria, toda energia, todo pensamento e todas as emoções. Tudo contém dentro de si tudo o mais. Tudo está vivo, animado e consciente em algum nível. Toda causa tem um efeito e todo efeito teve uma causa.

Agora, pergunte ao Peyton que você recebeu, qual é o seu nome secreto. Ele pode responder de alguma forma, ou o Deus pode lhe oferecer uma resposta. Não tenha pressa. Você pode precisar perguntar mais de uma vez.

Depois de receber um nome, saiba que pode usá-lo a qualquer momento para chamar a essência psíquica dessa ferramenta para o seu trabalho, e que agora ela aparecerá em seu próprio altar interior.

Reserve um momento para comungar ainda mais com o Deus e a Deusa. Pergunte se eles têm alguma mensagem ou ensinamento para você. Quando terminar, gere um sentimento de gratidão no chacra do coração e imagine-se enviando isso a eles, agradecendo-lhes por suas mensagens e pelo presente. Dê-lhes saudações e adeus. Suas luzes se fundem como uma só e lentamente parecem se dissipar em tudo e em nada.

Vire-se e encontre a porta pela qual entrou; abra-a e retorne ao seu Templo Interior. Reserve um momento para permitir que todas as suas experiências retornem com você. Em seu altar interior estão todas as seis ferramentas. Sempre que precisar, você pode realizar sua Magia aqui. Você tem todas as ferramentas, materiais e recursos disponíveis em seu Templo Interior. Quando terminar, respire profundamente três vezes e retorne à consciência desperta.

Figura 10: Layout de Inspiração do Ritual da Alma

Exercício 54

Ritual de Inspiração da Alma

Momento mágico: a qualquer momento

Material:
- 1 Caldeirão ou recipiente com água
- 10 velas de chá
- Incensos

Objetivo: este ritual invoca Mnemósine (Nem-oh-zeen-ee) e as nove Musas para abençoá-lo com inspiração. Mnemósine é a Titã grega da memória. Trabalhando com Mnemósine, descobri que ela não é apenas a própria memória, mas a Deusa que governa as faculdades mentais, incluindo a visualização, a ponte entre o Eu Médio e o Eu Superior, onde ocorre a habilidade psíquica. Esta é minha própria gnose pessoal, e o mais perto que cheguei de verificá-la é uma linha do Hino Órfico para ela, que afirma: "vigoroso para excitar o olho mental da noite escura do esquecimento".[82] E então descobri que ela é uma excelente ajuda para ativar os poderes psíquicos da mente, particularmente a clarividência, bem como para auxiliar na descoberta da Verdadeira Vontade. As Musas são as Deusas da inspiração, criatividade e inovação. Ao trabalhar com as Musas, uma maior criatividade se apresentará em sua vida, inclusive na elaboração de feitiços e rituais. Trabalhar com as Musas e suas mães também pode trazer sabedoria e inovação no nível da alma para o seu caminho espiritual, incluindo a Bruxaria.

Mnemósine reside em uma piscina no Submundo com seu homônimo. A piscina é um contrapeso ao rio Lete no Mundo Inferior, do qual as almas beberiam, esqueceriam suas vidas mortais e reencarnariam. No orfismo, os iniciados eram instruídos a não beber do Lete, mas esperar e beber da piscina de Mnemósine, para que pudessem se lembrar de suas vidas passadas, encerrar o ciclo de renascimento e habitar entre Orfeu e outras almas heroicas e lendárias na vida após a morte. Então, para mim, Mnemósine não é apenas a Deusa da memória em si, mas a memória do Eu Superior, a alma imortal.

Na mitologia grega, ela dormiu com Zeus nove noites consecutivas, dando à luz as nove Musas. Como a mãe das Musas, eu a conecto ainda mais com o Eu

---

82. Orpheus, *Os Hinos Órficos*, 93–94.

Superior, já que a verdadeira inspiração vinha do *daemon* na cultura grega antiga (chamado de "gênio" na cultura romana antiga). Platão via o Daemon como um ser espiritual pessoal que cuidava de uma determinada pessoa, o que os ocultistas modernos correlacionam com o conceito do "Sagrado Anjo Guardião" ou Eu Superior. Então, para mim, ela é a Deusa da inspiração da Verdadeira Vontade do Eu Superior. O Hino Órfico afirma que Mnemósine é "por quem a alma e o intelecto se unem", o que se relaciona com a visão de Platão sobre a memória (como uma força cósmica) sendo o poder de unir o intelecto (a mente ou o Eu Médio) com a alma (ou o Eu Superior).[83]

Instruções: comece queimando os incensos, que são sagrados para as Musas e Mnemósine, como oferenda.[84] Coloque um Caldeirão ou outro recipiente cheio com água no centro do seu altar. Coloque uma vela de chá dentro do recipiente. Ela deve flutuar no topo. Em seguida, pegue mais nove velas de chá e coloque-as em um triângulo em grupos de três ao redor do Caldeirão. Acenda a vela no Caldeirão e diga:

Eu chamo Mnemósine, a mãe das Musas, agora.
Eu chamo a Deusa Titã da memória.
Reveladora da verdadeira luz da alma,
doadora da visão interior, que me acalma.
Pela chama de luz dentro desta água
eu abro o caminho para suas filhas sem mágoa!

Pare por um momento e concentre-se na presença de Mnemósine. Então diga:

Espíritos de Zeus, o mais alto
nove irmãs, aproximem-se, venham de fato
Três por três são suas sagradas chamas.
Um por um seus nomes sagrados proclamas.

Acenda cada vela começando de um a nove. Ao acendê-las, diga o nome das Musas a cada vela e passe um momento concentrando-se em sua presença:

Calíope, Clio, Erato, Euterpe, Melpômene,
Polímnia, Terpsícore, Talia e Urânia.

---

83. Orpheus, *Os Hinos Órficos*, 72.
84. Orpheus, *Os Hinos Órficos*.

Quando todas as velas estiverem acesas, concentre-se em seu Caldeirão da Sabedoria, que é o ponto de ancoragem energética do Eu Superior, localizado no topo de sua cabeça. Veja o Caldeirão em sua mente acima de sua cabeça. Visualize as Musas derramando inspiração no Caldeirão como se fosse luz líquida. Veja essa luz começar a transbordar e a se espalhar por todo o seu corpo energético, preenchendo sua aura. Ao fazer isso, diga:

Peço que encha de Sabedoria o meu Caldeirão
com as centelhas de sua inspiração.
Através do meu santo Daemon e vontade divina,
ilumine a criatividade em minha rotina.
E pelas minhas palavras e pelas minhas mãos
eu lhe darei forma dentro desta terra com gratidão.

Agora você pode passar algum tempo em meditação e comunhão com as Musas, se desejar. Deixe as velas queimarem completamente. Quando terminar retire a vela de dentro do Caldeirão e despeje a água em um copo. Adicione a água a um banho ou, se não tiver banheira, despeje sobre a cabeça ao final do banho. Depois de fazer isso, agradeça às Musas por suas dádivas de inspiração. Recomendo queimar mais incensos como uma oferta de gratidão.

Figura 11: O Pentáculo Psíquico

Os Elementos, os Sentidos e as *Clairs*

Ensinaram-me que cada elemento está associado a um sentido primário e sua contrapartida psíquica. O elemento Terra governa nosso senso de toque e interações físicas, e a claritangência, capacidade de sentir psiquicamente informações por meio do toque ou sensações corporais. O elemento Ar está associado aos cheiros transportados no ar e sua contraparte psíquica é a clarividência, o fenômeno psíquico do olfato.

Da mesma forma, o sentido físico do elemento Água é o sabor, devido à saliva da língua e da boca, e sua contraparte psíquica é a clarividência, obtendo informações psíquicas de sabores fantasmas que ocorrem na boca. O elemento Fogo está associado à visão, principalmente devido a luz captada pelos olhos, e a clarividência é naturalmente a *Clair* associada a ele. O elemento Espírito está associado à audição e a clariaudiência, a audição psíquica, que tende a ser o sentido psíquico mais próximo associado à mediunidade e à comunicação espiritual. Como tal, descobri que invocar seu aliado elemental (que você conheceu nas jornadas) pode ajudar a fortalecer essas áreas quando você está trabalhando para desenvolvê-las e fortalecê-las. Tudo o que precisa fazer é chamar mentalmente ou verbalmente o espírito por sua ajuda com o nome que ele forneceu a você.

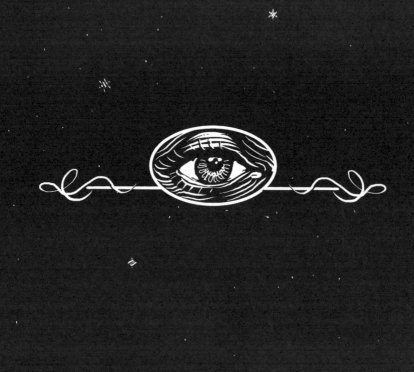

Capítulo 7
SINCRONIZANDO COM O SOL, A LUA E AS ESTAÇÕES

O tempo mágico tem suas origens na Astrologia, um estudo do movimento dos corpos celestes e como isso afeta a vida das pessoas na Terra. Muitas culturas diferentes usaram a Astrologia ao longo da história e, embora seja praticada há milhares de anos, suas origens exatas são desconhecidas. As raízes da Astrologia registradas historicamente remontam ao antigo Egito e à Mesopotâmia, onde nossas primeiras culturas e civilizações usavam as estrelas para entender o mundo ao seu redor. Os povos antigos viam padrões com movimentos celestes, tanto na natureza quanto entre si. Essa ciência observacional dos céus acima mais tarde se transformou em uma prática de fazer previsões por meio de seu uso. Não demorou muito até que eles percebessem que as pessoas poderiam usar o tempo astrológico na Magia para obter mais eficácia.

Embora o tempo mágico não seja necessário para lançar feitiços ou praticar Magia, é um componente poderoso que é facilmente esquecido. As Bruxas veem o Universo como um vasto espaço de energias interagindo umas com as outras por meio de causa, efeito e influência, e a Astrologia é o que nos permite rastrear e entender essas influências energéticas em um nível macrocósmico.

A maneira mais fácil de pensar sobre o tempo mágico é pensar em seu feitiço como se fosse um jogo de boliche. Os pinos no final da pista são o objetivo que você almeja e sua bola de boliche é o feitiço. Idealmente, você gostaria de derrubar todos os pinos de boliche com um único golpe; não querendo que sua bola caia na vala sem acertar nenhum dos pinos. Incorporar o tempo mágico astrológico em nossos feitiços é como colocar um para-choque na pista de boliche. Quanto mais tempo mágico for incorporado ao feitiço, mais "para-choques" você colocará na pista para ajudá-lo a atingir seu objetivo e, com sorte, conseguir aquele golpe certeiro.

Embora, é claro, seria ideal ter todas as correspondências astrológicas perfeitas para nosso tempo mágico em relação ao lançamento de feitiços, você pode esperar anos ou décadas pelas condições certas para se alinhar. Devido a isso, tentamos nos concentrar nas influências astrológicas que têm maior impacto sobre nossa Magia: a Lua e o Sol. Isso é especialmente verdadeiro, pois são eles que completam um ciclo completo mais rapidamente. Isso significa que há mais oportunidades de alinhar sua Magia com esse momento de sucesso do que esperar trinta anos pelas condições perfeitas para lançar o feitiço perfeito. Nenhum de nós tem tempo para isso.

O Sol

Historicamente, a Bruxaria tende a ser associada principalmente à Lua e à noite, com as Bruxas executando sua Magia sob o véu escuro do segredo. Embora isso não seja falso, não é a história toda. As Bruxas trabalham com o Sol tanto quanto com a Lua, e trabalhar com o Sol é de grande benefício para qualquer Bruxa, especialmente porque a maioria de nós, com exceção daqueles que trabalham no turno da noite, estão acordados e vivendo suas vidas durante o dia. Para a Bruxa, o Sol é pura força vital ativa, e é por isso que seu nascer, pôr e desaparecer é frequentemente visto como um ciclo de vida em relação à morte e renascimento por muitos povos antigos. A luz do sol nutre a vida e auxilia no crescimento da flora do nosso Planeta, que é o principal elo da cadeia alimentar de todos os nossos ecossistemas. As plantas dependentes do nosso Sol também criam e regulam os níveis de oxigênio do Planeta, o que cria a condição perfeita para os animais, incluindo nós mesmos, viverem e respirarem. O Sol também traz calor e conforto. A relação do Sol com o nosso Planeta determina o quão quente é uma área, como o equador, que está diretamente alinhado com o Sol; ou quão fria é uma região, como nossos polos Norte e Sul.

Primavera

Do Equinócio da Primavera ao Solstício de Verão estamos na primavera, período em que a energia para a manifestação mágica começa a crescer e aumentar, assim como a habilidade psíquica relacionada a eventos externos e a pessoas em sua vida. É um momento para colocar a Magia em movimento para manifestações maiores relacionadas a grandes mudanças que você gostaria de ver concretizadas ao longo do ano. Em outras palavras, é o momento perfeito para começar a lançar Magia para manifestar seus objetivos maiores para sua vida. O contato com guias espirituais e espíritos familiares tende a ser mais fácil para as pessoas nesta época, bem como um aumento nos poderes da empatia psíquica e das energias emocionais. Os sonhos neste período tendem a ser de natureza mais profética.

Verão

Do Solstício de Verão ao Equinócio de Outono estamos no verão, período em que a onda de energia mágica tende a ser intensificada. Lançar feitiços para uma manifestação mais rápida de coisas que já estão em vigor tende a ter melhores resultados nesta época. O que quero dizer com isso é que, enquanto a primavera seria um ótimo momento para lançar feitiços para uma nova carreira, o verão é um ótimo momento para fazer Magia para uma carreira que você já possui. É um momento em que você pode usar a Magia para ajustar e refinar as coisas em sua vida, em vez de manifestar algo completamente novo. O verão é uma época tradicionalmente mais difícil para o trabalho psíquico, como a mediunidade, mas é um ótimo momento para usar sua habilidade psíquica para observar a estrutura de sua vida e como o passado está influenciando o presente e o futuro. Viajar pelo Mundo Superior é mais fácil durante esta estação.

Outono

Do Equinócio de Outono ao Solstício de Inverno estamos no outono. Magicamente, uma época fantástica para fazer feitiços e aumentar suas colheitas na vida, seja o que for para você. Durante o outono, você pode notar um aumento drástico na capacidade psíquica, particularmente relacionada à mediunidade e intensa clareza com adivinhações que dizem respeito ao futuro. A mediunidade é tão forte durante este período, que pode ocorrer quase sem esforço ou acidentalmente, e não é incomum que os espíritos o visitem em seus sonhos com mais frequência durante esta estação do que em qualquer outra. Este também é o momento ideal para avaliar os aspectos de sua vida que não estão servindo a você, adivinhar como seria sua vida sem essas coisas e lançar feitiços para se livrar de pessoas, lugares, eventos, atitudes, situações e hábitos de sua vida que o estão atrapalhando. Durante o outono, a projeção astral começa a se tornar mais fácil, assim como o sonho lúcido e qualquer tipo de sonho mágico.

Inverno

Do Solstício de Inverno ao Equinócio de Primavera, estamos no inverno, período em que a corrente de energia mágica está mais fraca. As energias são mais voltadas para dentro do que para fora. Isso contribui para intensa projeção astral e sonhos muito vívidos e lúcidos. Este é o período em que o autocuidado é mais crucial, não apenas devido aos efeitos biológicos/psicológicos que a falta de luz solar tem, mas porque é um período para realmente descansar e se recarregar magicamente para a próxima temporada, quando a roda recomeçar seu ciclo. A Magia relacionada à mudança dos aspectos psicológicos e emocionais do Eu é intensificada, bem como a cura relacionada a essas áreas de você mesmo.

Este é um momento de profunda contemplação, meditação e gratidão pelas bênçãos em sua vida (que é um elemento-chave em uma vida de manifestação). Período ideal para limpeza, purificação e banimento. A atividade espiritual ainda é intensificada durante este período, embora tentar se comunicar com eles por meio da mediunidade possa ser um pouco mais difícil do que em outras ocasiões. A jornada ao Submundo é mais fácil durante esta temporada.

Horas do dia

Quando se trata de momentos do dia relacionados ao Sol e ao tempo mágico, tendemos a dividir o dia e a noite em quatro períodos principais: do amanhecer ao meio-dia; do meio-dia ao pôr do sol; do pôr do sol à meia-noite e da meia-noite ao amanhecer.

Alvorecer

Do amanhecer (nascer do sol) ao meio-dia, é quando a Magia relacionada a atrair e manifestar coisas novas em sua vida, ou apenas definir o tom do dia, tende a ser realizada. O amanhecer é um dos momentos mais fortes para esta Magia e explora os poderes de crescimento.

Meio-dia

Do meio-dia, quando o sol está em seu ponto mais alto durante o dia, até o pôr do sol, a Magia relacionada ao crescimento, bem como ao desenvolvimento, força, estabilidade e abundância é mais benéfica. O meio-dia é o horário mais benéfico para esses tipos de trabalho.

Pôr do Sol

Do pôr do sol à meia-noite, a Magia relacionada a resoluções, banimento, amarras, limpeza, términos e rompimento de laços tende a ser preferida, com o pôr do sol sendo o horário de pico.

Meia-noite

Da meia-noite ao amanhecer tem todos os mesmos atributos que do pôr do sol à meia-noite, pois ainda é um período de escuridão. No entanto, este período tende mais a uma Magia ideal para necromancia, contato espiritual e projeção astral, e a Magia dos sonhos tende a ser imensamente aumentada; vamos explorar algumas teorias sobre o porquê em breve. O horário de pico para a Magia neste momento é tradicionalmente meia-noite.

Exercício 55

Feitiço para abrir seu Terceiro Olho, de Melanie Barnum

Momento mágico: pôr do sol

Material:
- Pote de glitter biodegradável (de preferência multicolorido)

Objetivo: este feitiço visa ajudá-lo a abrir o Terceiro Olho, o espaço no centro da testa, um pouco acima das sobrancelhas. Seu Terceiro Olho é a sede de sua clarividência ou de sua visão psíquica clara. Este feitiço vai aumentar as suas habilidades psíquicas ou intuitivas atuais e vai ajudar a limpar quaisquer detritos que possam estar impedindo que seus dons floresçam e se manifestem.

Instruções: este é um feitiço simples, mas você precisa executá-lo com uma intenção clara de abrir sua clarividência. Você vai querer estar ao ar livre, sob o céu, ao entardecer, de preferência em algum lugar na grama e com um pouco de privacidade para não ser incomodado. É fundamental, também, ter uma noite seca. Qualquer tipo de precipitação, como chuva ou neve, será contraproducente.

Traga seu pote de glitter para fora com você. Antes de começar seu feitiço, respire fundo e expire. Respire profundamente novamente e diga as palavras:

Minha intenção é abrir meu Terceiro Olho para me ajudar,
e com minhas habilidades psíquicas naturais me sintonizar.

Agora, com seu pote aberto e pronto em sua mão direita, olhe para o Norte e recite estas palavras em voz alta:

As cores do mundo são abundantes
e estão disponíveis gratuitamente para ver
do céu ao chão distantes,
para todos os que acreditam e desejam saber.

Em seguida, ainda voltado para o Norte, com a mão direita, jogue um pouco da purpurina no ar. Ao descer, pegue algumas com a mão esquerda. Em seguida, esfregue um pouco com a mesma mão em seu Terceiro Olho.

Vire o corpo para o Sul e com o rosto para o céu diga:

Minha visão psíquica é clara e certeira,
minha intenção é verdadeira.
As imagens começarão a aparecer.
Como o céu escurece de azul ao entardecer.

Com a purpurina na mão direita, jogue um pouco para o céu, novamente pegando um pouco com a mão esquerda e esfregue-a em um círculo sobre o Terceiro Olho.

Em seguida, vire para o Leste. Com sua alma aberta e pronta, declare em voz alta:

Meus dons intuitivos aprimoro agora
Ao abrir meu Terceiro Olho sem demora
Levará a uma mudança completa
e vai permitir que minha visão voe certa.

Repita o ritual, termine colocando a purpurina em seu ponto clarividente em sua testa. Em seguida, vire para o Oeste e diga:

Eu declaro com total intenção,
que agora sou digno de compreensão.
As paisagens e visões se apresentam para mim.
minhas habilidades de clarividência não têm fim.

Uma última vez, jogue purpurina no ar à sua frente, pegando uma pequena quantidade com a mão esquerda. Desta vez, você esfrega o glitter na área do Terceiro Olho e segura o pote com a purpurina restante na testa, agradecendo por poder abrir seu dom de clarividência.

Habilidade Psíquica, Manifestação do Espírito, Períodos de Luz e Escuridão

Por fim, gire lentamente e jogue fora o glitter restante ao girar em um círculo completo, repetindo todas as frases em voz alta enquanto o faz. Permita que as cores do glitter se misturem com todas as cores do Universo, abrindo sua clarividência para todas as mensagens coloridas que você receberá.

O Sol parece ter um efeito direto não apenas em nossa capacidade psíquica, mas também na manifestação e atividade de certos tipos de espíritos. Primeiro, o Sol está diretamente ligado aos nossos ritmos circadianos, que é o relógio interno do corpo que regula nossos ciclos de sono e vigília alterando nossos circuitos de ondas cerebrais via melatonina. Em meu livro anterior, *Bruxa Psíquica*, falei da conexão entre a glândula pineal, ritmos circadianos, luz, produção de melatonina, estados de ondas cerebrais e capacidade psíquica. Também sobre o motivo de a pouca iluminação e o trabalho noturno serem momentos mais favoráveis para lançar Magia.

O que é particularmente interessante, é que a produção de melatonina através do sistema circadiano atinge o pico duas vezes durante o dia para o adulto médio. Isso altera nossos estados de ondas cerebrais para continuar mais firmemente em *alfa* deslizando para *theta* (que é quando ocorre a habilidade psíquica). A primeira é da 1 às 3 horas da manhã e a outra é das 14 às 16 horas, o que sugere que esses são os períodos em que as habilidades psíquicas são naturalmente intensificadas na pessoa média em um ciclo regular de sono. O que eu acho fascinante sobre isso é que, entre 1 e 3 da manhã é bem o meio da Hora das Bruxas, onde a atividade do espírito e a percepção das Bruxas tendem a ser aumentadas.

Outro aspecto fascinante em relação ao Sol e aos espíritos é a correlação entre a manifestação do espírito e a luz do sol. Parece haver uma gama de espíritos que se manifestam muito mais fortes na escuridão. Não só os contos de espíritos que aparecem à noite são quase uma norma universal, o interessante é que esses tipos de espíritos também tendem a se manifestar e a interagir com nosso plano de realidade, independentemente do tempo, se for um lugar desprovido de qualquer luz, notadamente a luz do sol. Pense em quantas vezes as pessoas relatam espíritos em sótãos e porões completamente protegidos de qualquer luz, especialmente da luz solar. Esta não é apenas uma experiência comum, isso se tornou um tropo na mídia e nas histórias de nossa cultura.

Então, antes de começarmos, quero deixar bem claro novamente que vibração mais alta *versus* vibração mais baixa não são marcadores de moralidade nem caracteriza um espírito como "bom" ou "mau". Ao contrário de certas religiões ou da apresentação da grande mídia sobre o assunto, residir em um determinado plano vibracional não torna um espírito inerentemente bom ou mau. É como dizer que os animais que vivem no chão são inerentemente maus e os animais que vivem nas árvores são moralmente superiores. O que não é apenas uma ampla declaração de ignorância desprezando qualquer tipo de nuance, mas também um forte preconceito que muitos carregam consigo.

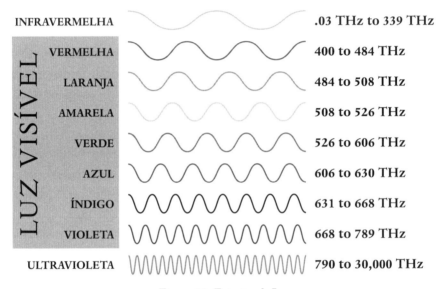

Figura 12: Espectro de Luz

Em relação à frequência, o Espectro de Luz que nós, humanos, podemos ver fisicamente com nossos olhos, varia entre 430 terahertz (THz) e 750 terahertz. O espectro de luz vermelha existe em 400 a 484 terahertz e é o comprimento de onda de luz mais lento que podemos alcançar visivelmente. De 399 terahertz a 0,03 terahertz apresenta uma vibração de comprimento de onda tão baixa, que é invisível a olho nu e cai no que chamamos de "luz infravermelha". O espectro violeta ocorre em 668 terahertz a 789 terahertz, e é o comprimento de onda de luz mais rápido que podemos alcançar visivelmente. De 790 terahertz a 30.000 terahertz o comprimento de onda vibra muito rápido para nossos olhos ver e é chamado de "ultravioleta". O Sol é a principal fonte de luz ultravioleta.

Voltando à nossa discussão sobre luz e espíritos, é interessante observar a longa história e tradição de certos espíritos, particularmente fantasmas e demônios, sendo mais ativos à noite ou na escuridão, quando não há luz visível, especialmente a luz do sol. Acredito que isso ocorre, porque esses espíritos residem em uma frequência vibracional mais baixa, que é compatível com as frequências de luz mais lentas e inferiores além da percepção humana em algum lugar no espectro infravermelho. Curiosamente, na mediunidade clássica e nas sessões espíritas, os médiuns usavam luzes vermelhas ao invocar os espíritos, acreditando, por meio de suas experiências, que as tornavam mais condutivas para a manifestação espiritual do falecido, bem como para a criação do fenômeno do ectoplasma. Eles estavam, na verdade, criando condições ideais para que os espíritos dessa frequência de realidade interagissem com a nossa frequência, criando uma ponte de sobreposição.

Como quanto mais lento o comprimento de onda da luz, menor a energia exercida, parece que o comprimento de onda vibracional mais lento da luz facilita sua manifestação e interação com nosso nível de realidade, que mais uma vez coincide no mesmo espaço multidimensional que o nosso. Pela minha experiência, seres de vibração mais elevada não têm dificuldade de interagir conosco ou de se manifestar quando querem. Como já estão vibrando em um ritmo mais rápido e exercendo mais energia do que nosso espectro de luz visível, eles simplesmente precisariam diminuir sua velocidade de vibração para se manifestarem.

Por outro lado, também parece que frequências mais altas de luz, especialmente a luz ultravioleta produzida pelo Sol, torna muito mais difícil para um ser de vibração inferior se manifestar e interagir diretamente em nosso plano. Eu até conheço um ancião feiticeiro que traz luzes ultravioletas para assombrações particularmente desagradáveis. Pode parecer pouco convencional para os padrões de Bruxaria, mas é uma maneira eficaz de acabar com essas assombrações maliciosas. Às vezes é permanente, mas muitas vezes é temporário, e então se faz mais banimento e exorcismo. Acho que essas práticas devem ser reservadas para os casos extremos de seres espirituais mais desagradáveis. Conectar-se e descobrir o que o espírito quer ou precisa é uma abordagem muito mais útil e duradoura e que beneficia a todos, pessoas físicas e não físicas. Alguns espíritos são completamente inofensivos e preferem não ser incomodados ou incomodar você. Outros estão em busca de ajuda e não sabem como chamar nossa atenção sem fazer coisas que podem nos assustar.

Embora seja absolutamente possível contatar, comunicar ou trabalhar com qualquer espírito a qualquer hora do dia, definitivamente existem condições que tornam muito mais fácil de se fazer isso. Entre as condições internas dos ciclos de ondas cerebrais da mente, devido ao nosso ritmo circadiano de uma a três da manhã e a falta de luz que ocorre à meia-noite, há definitivamente algo no conceito da "Hora das Bruxas" como um momento em que o contato espiritual, a comunicação e a aparição são os mais ideais.

Exercício 56

Adorações Solares

Momento mágico: ao longo do dia, conforme especificado

Objetivo: as Adorações Solares são práticas regulares dentro da Thelema, quando se cumprimenta o Sol em vários momentos do dia. A prática é muitas vezes chamada de *"Resh Performing Resh"*, e ficou conhecida a partir do *Liber Resh vel Helios*, de Aleister Crowley.[85] *Liber* significa "livro", e *Resh* é uma letra hebraica que na Cabala está associada ao Sol, a divindades solares e à carta Sol do Tarô. Helios é o Titã solar da antiga religião grega. Crowley foi parcialmente inspirado pela prática islâmica de orar cinco vezes ao dia em diferentes horários: nascer do sol, meio-dia, meio da tarde, pôr do sol e noite.[86] Na versão de Crowley, o mago se dirige a várias divindades solares egípcias associadas às quatro horas do dia, enquanto se volta para diferentes direções cardeais. Durante essas horas do dia, o Sol está em "estações" no céu.

Existem vários propósitos para esta prática, que conecta a pessoa à energia solar e vitaliza os corpos energéticos e o poder mágico. Também ajuda a sincronizar com os ritmos da natureza, uma vez que essa energia circula de maneira muito mais rápida do que as estações ou mesmo que a Lua, devido ao fato de que o Sol nasce e se põe diariamente. A prática, acima de tudo, pretende ser um ponto focal de reflexão meditativa em que o praticante vê o Sol como um símbolo de seu Eu Superior, a parte divina dele. O significado disso é que, do nosso ponto de vista de vida em um corpo físico aqui no Planeta Terra, parece

---

85. Crowley, Waddle, e Desti, *Liber Aba – Magia em Quatro Partes*.
86. DuQuette, et al., *Llewellyn's Complete Book of Ceremonial Magick*, 343.

que o Sol nasce e se põe, mas isso é uma ilusão. Em muitas culturas antigas, eles acreditavam que o Sol nascia todos os dias e morria todas as noites ou que viajava pelo Mundo Superior durante o dia e depois pelo Mundo Inferior à noite em um ciclo diário. Mas não é o Sol que está se movendo. O Sol é eterno e estacionário; em vez disso, somos nós nos movendo em nossa relação para perceber o Sol enquanto nosso Planeta gira.

Então, se pensarmos no Sol como um símbolo de nosso Eu Superior e em nós, aqui na Terra, como uma encarnação atual, podemos ver que somos de fato eternos e que nossa existência não depende de nossa encarnação física e nem termina com a morte. O que nos faz lembrar da Grande Obra, que o ocultista francês, Éliphas Lévi, define como sendo "acima de tudo a criação do homem por si mesmo. Ou seja, a conquista plena e total de suas faculdades e de seu futuro é, sobretudo, a perfeita emancipação de sua vontade, assegurando pleno poder sobre o Agente Mágico Universal. Este Agente, disfarçado pelos antigos filósofos sob o nome de *Prima Matéria*, determina as formas da substância modificável e, por meio dele, podemos realmente chegar à transmutação metálica e à Medicina Universal".[87] Em outras palavras, a intenção da Grande Obra é transformar o Eu em um nível interior para desbloquear todo o nosso potencial como humanos, permitindo, assim, estarmos novamente em alinhamento com nossa verdadeira natureza divina, simbolizada pela busca do alquimista para transformar chumbo em ouro.

Resumidamente, a prática das adorações ao Sol fortalece nossos corpos mágicos e energéticos; sincroniza-nos com os ritmos da natureza; coloca-nos em alinhamento com nosso Eu Superior; lembra-nos de nossa natureza eterna e da Grande Obra. Aqui eu forneço minha versão desta prática, que remove nomes de divindades específicas, bem como gêneros, e enfatiza novamente os pontos principais dela. Também integrei a Pirâmide da Bruxa, que é um projeto para a Grande Obra do Caminho da Bruxa. Embora alguns Thelemitas possam se ofender com a mudança de qualquer um dos rituais de Crowley, o próprio Aleister escreveu que seus rituais "não precisam ser imitados servilmente; pelo contrário, o aluno não deve fazer nada cujo objetivo não entenda; e também, se ele tiver alguma capacidade, vai achar seus próprios rituais rudimentares mais eficazes do que os altamente polidos de outras pessoas".[88]

---

87. Lévi, *Transcendental Magic*, 104.
88. Crowley, *The Equinox*.

Instruções: ao acordar (mas de preferência ao nascer do sol), vire-se para o Leste e levante os braços com as palmas das mãos voltadas para fora, em saudação ao Sol. Feche os olhos e diga:

Saudações ao Soberano Solar da Luz
Como você parece subir no mundo da forma
Sempre inabalável em seu trono
Chamo a você como um companheiro
Alma para Alma e Sol para Sol
Para que você me ensine O Saber
Em alinhamento com a Grande Obra
Para que eu também possa me conhecer em todas as partes.

Ao meio-dia, quando o Sol está no ápice, olhe para o Sul e levante os braços com as palmas das mãos voltadas para fora em saudação ao Sol. Feche os olhos e diga:

Saudações ao Soberano Solar da Luz
Como você parece reinar no mundo da forma
Sempre firme em seu trono
Eu chamo você como um companheiro
Alma para Alma e Sol para Sol
Para que você possa me ensinar A Vontade
Em alinhamento com a Grande Obra
Para que eu também possa me conhecer em todas as partes.

Ao pôr do sol, vire-se para o Oeste e levante os braços com as palmas das mãos voltadas para fora em saudação ao Sol. Feche os olhos e diga:

Saudações ao Soberano Solar da Luz
Como você parece descer no mundo da forma
Sempre firme em seu trono
Eu chamo você como um companheiro
Alma para Alma e Sol para Sol
Para que você possa me ensinar a Ousar
A serviço da Grande Obra
Para que eu também possa me conhecer em todas as partes.

Em algum momento durante a noite (embora de preferência à meia-noite), vire para o Norte com as palmas das mãos voltadas para fora em saudação ao sol, mesmo que você não possa vê-lo visivelmente. Feche os olhos e diga:

Saudações ao Soberano Solar da Luz
Como você parece estar camuflado no mundo da forma
Sempre firme em seu trono
Eu chamo você como um companheiro
Alma para Alma e Sol para Sol
Para que você possa me ensinar a Silenciar
A serviço da Grande Obra
Para que eu também possa me conhecer em todas as partes.

A Lua

O corpo celeste mais associado às Bruxas e à prática da Bruxaria é a Lua. A imagem de um Coven de Bruxas se reunindo à noite sob a Lua cheia é algo que está bastante ligado aos nossos ideais culturais sobre o que as Bruxas fazem, e não está muito longe da verdade. A Lua está ligada à Bruxaria culturalmente de várias maneiras diferentes. Obviamente, a Lua é uma fonte de luz no céu noturno, e é difícil fugir do fato de que muitos dos símbolos associados à Bruxaria são derivados de tempos antigos, quando a Lua era a única fonte de luz que as pessoas tinham à noite.

A Lua também representa o mistério do desconhecido e dos reinos inconscientes. A conexão entre as Bruxas e a Lua provavelmente também está enraizada em antigos mitos, lendas e religiões. As Deusas da mitologia greco-romana explicitamente associadas à Bruxaria e à Magia também eram Deusas lunares, como Hécate, Diana e Selene. Da mesma forma, muitas das famosas Bruxas e Feiticeiras da mitologia greco-romana, como Circe e Medea, foram descritas como sendo crianças ou Sacerdotisas de Hécate.

Podemos considerar a Lua como uma representação física perfeita do psiquismo e das habilidades mágicas, que são dois lados da mesma moeda. É apenas uma questão de saber se estamos recebendo e percebendo a energia ou se a manejamos e a enviamos para o Universo. A Lua recebe a luz do sol e depois a reflete para a Terra. E é metamorfa, mudando de forma ao longo do mês e equilibrando-se tanto na escuridão quanto na luz, assim como o caminho espiritual da Bruxa. A Lua também rege as marés mágicas e psíquicas das energias, assim como as marés de luz e escuridão, por meio de suas fases e da maneira como sua gravidade afeta o oceano e as marés derretidas. Na Bruxaria, a Lua afeta o fluxo de energia psíquica e astral das marés através de suas fases.

Lua Nova / Lua Negra

A Lua nova e a Lua negra são frequentemente usadas de forma intercambiável por alguns, e sua diferença é discutida por outros sobre o que diferencia as duas. Diferentes tradições e escolas de pensamento definirão as duas de maneira um pouco diferente. Para mim, a Lua negra faz parte da Lua nova. É quando a fase da Lua é exatamente zero por cento iluminada e é completamente invisível a olho nu. O período logo após, quando a Lua começa a "crescer" novamente, é como eu defino a Lua nova. Astronomicamente, a Lua nova é o tempo em que a Lua está entre o Sol e a Terra, então muito pouco é refletido durante este período.

Na maioria das vezes, este é um período em que faço pouco ou nenhum feitiço envolvendo manifestação externa. Em vez disso, aproveito este tempo para me concentrar, ir para dentro e descansar. O trabalho das sombras, as jornadas interiores, o autoaperfeiçoamento, a meditação e a contemplação são práticas extremamente fortalecidas durante este período. Da mesma forma, é um excelente momento para começar a planejar e a se preparar para o trabalho mágico. Costumo usar esse tempo para me concentrar em determinar qual é a minha vontade para um feitiço e decidir o que quero manifestar com minha Magia. Sugiro aproveitar o período para se tornar o mais claro possível com sua vontade e seu resultado e, em seguida, começar a formular um plano de como deseja lançar seu feitiço.

Lua Cheia

A fase da Lua cheia é quando a Lua está exatamente 100% iluminada. Astronomicamente, a Lua cheia é o período em que a Lua está no lado oposto à Terra em relação ao Sol, e o Sol é totalmente refletido por ela. Historicamente, é a fase da Lua mais associada às Bruxas ao longo dos tempos, e por boas razões. Magicamente, quando a Lua está cheia, ela está no auge de seu poder, mas também em um estado limiar entre minguante e crescente. Muitas Bruxas consideram o dia anterior e o dia seguinte à Lua cheia favoráveis para todas as intenções e propósitos mágicos. Este é um bom momento para fazer praticamente qualquer coisa magicamente, e a eficácia de qualquer conjuração aumenta muito. É o período preferido para limpar e carregar objetos mágicos (novamente, aquele ponto limiar perfeito entre o aumento e a diminuição).

Crescente e Minguante

A fase entre Lua cheia e Lua nova, e vice-versa, é onde obtemos a segunda divisão principal das fases da Lua, que são as crescentes e minguantes. Estas são as principais marés de movimento para a energia da Lua. Simplificando, quando a Lua está crescendo, sua luz está aumentando e se encaminhando para a Lua cheia. Quando a Lua está minguante, sua luz está diminuindo e se encaminha para Lua nova. Uma ótima maneira de pensar na Lua crescente e minguante em termos de habilidade mágica é quando a Lua está crescendo, aumentando seu reflexo de luz para fora, é um ótimo momento para despachar objetivos mágicos relacionados à manifestação de mudanças em sua vida e no mundo físico. Quando a Lua está minguando, ela está reduzindo seu reflexo de luz, o que torna um ótimo momento para Magia relacionada ao banimento de coisas de sua vida e do mundo físico e para atrair as mudanças solicitadas. Pense em sua Magia como um bumerangue que você enviou ao Universo enquanto a Lua estava crescendo; seus resultados começam a ficar mais fortes durante a Lua minguante, quando o bumerangue metafórico retorna para você.

Uma maneira simples de olhar para a Lua e determinar se ela está crescendo ou minguando é modelar sua mão como uma Lua crescente e ver com qual mão ela corresponde. Se ela se parece com o crescente de sua mão direita (sendo a mão projetiva mais comum da anatomia energética), a Lua está crescendo. Da mesma forma, se a Lua se parece com o crescente de sua mão esquerda (sendo a mão receptiva mais comum da anatomia energética), a Lua está minguante. Outro grande dispositivo de memória para determinar em qual Lua a fase está é pensar nas Deusas romanas Diana e Hécate. Quando a Lua curva como o D em Diana, ela está crescendo e aumentando sua energia. Quando curva como o C em Hécate, ela está minguando e diminuindo em sua energia. O último método para discernir facilmente se a Lua é crescente ou minguante está relacionado com o que aprendemos quando crianças na escola; pense nos símbolos matemáticos para menor e maior. Quando a Lua se parece mais com o sinal de maior (>), ela está crescendo. Quando se parece com o sinal de menor (<), ela está minguando.

Quartos Lunares

A próxima divisão da Lua é chamada de "quartos", portanto, como o nome indica, são quatros divisões. O sistema de quartos inclui a Lua nova e a Lua cheia, mas também os pontos intermediários entre elas, que são aproximadamente sete dias depois. Assim como a Lua afeta as correntes de energia mágica, ela também afeta as ondas de energia psíquica.

Quarto Crescente

O primeiro quarto é o período da Lua nova até a metade do caminho para alcançar a Lua cheia crescente. A Lua está meio sombreada, parecendo a letra maiúscula D. Este é um ótimo momento para usar sua Magia para moldar e construir energias e colocá-las em movimento para começar a manifestar sua vontade. A Magia relacionada à motivação também é particularmente poderosa neste momento. O primeiro quarto da Lua tende a ser o período em que a percepção psíquica começa a aumentar naturalmente. Ótima ocasião para fazer leituras psíquicas ou adivinhações relacionadas a coisas que estão apenas começando ou surgindo. Você provavelmente se sentirá mais sintonizado com as práticas de adivinhação e vai sentir que pode entender o que suas leituras estão dizendo com muito mais clareza do que o normal. E vai também perceber que seus aliados espirituais começam a transmitir mensagens para você. Durante esta fase da Lua, as pessoas tendem a ser um pouco mais empáticas e sensíveis às energias emocionais dos outros. Pessoalmente, acho que este é um momento em que meus sonhos são muito mais vívidos do que o normal e é mais provável que eu tenha sonhos lúcidos ou projeções astrais.

Segundo quarto

O segundo quarto é o ponto intermediário até a própria Lua cheia. Um ótimo momento para se concentrar nos aspectos e detalhes refinados de seus lançamentos mágicos, aumentando e acelerando as coisas e aprimorando-as. Excelente período para Magias relacionadas à expansão e para trazer harmonia e equilíbrio à sua vida. O segundo quarto da Lua é quando a percepção psíquica tende a ser mais forte para as pessoas. Tudo, desde emoções a sonhos e orientação espiritual de aliados, parece ter seu volume aumentado ao máximo. Um ótimo momento para trabalhar no desenvolvimento psíquico, e a adivinhação tende a ser a mais clara possível em relação à influência da Lua. Ideal para o desenvolvimento e práticas mediúnicas, e é provável que você reconheça sua intuição como se estivesse em pleno andamento. Este é um período em que os sonhos tendem a ser mais proféticos, e quanto mais perto da Lua cheia estiver, mais ideal é para fazer oniromancia, que é a prática de receber respostas de seus sonhos. Este também é o período mais provável de se obter respostas a perguntas feitas a um espírito, divindade ou aos seus guias.

Terceiro quarto

O terceiro quarto é o período da Lua cheia até a metade entre a Lua cheia e a Lua nova. Ótimo momento para a Magia completar seu objetivo e colher resultados. Período favorável para banir as coisas de sua vida e integrar os resultados que colheu de suas manifestações diárias. Favorável também para Magia relacionada a blindagem, proteção, autodefesa e banimento de coisas. O terceiro quarto da Lua é quando a percepção psíquica tende a começar a se retrair um pouco e a se interiorizar. Notavelmente, os espíritos externos se tornam um pouco mais perceptíveis, principalmente os espíritos da Terra e dos falecidos. A capacidade de meditação e visualização, como você vai perceber, pode ser aumentada nessa época, enquanto a adivinhação e as leituras psíquicas parecem estar começando a perder um pouco de sua clareza ou compreensão do que se está percebendo.

Último quarto

O último quarto é o ponto intermediário entre uma Lua cheia minguando para uma Lua nova e a própria Lua nova. A Lua está meio sombreada, parecendo a letra D maiúscula invertida. Este é um período que é tradicionalmente usado para Magia destrutiva, Magia maléfica, conclusões, separações, limitações, amarras e trabalho de reversão. Também é um ótimo período para descansar e se recuperar. Em minha própria experiência, o último quarto da Lua é quando a atividade espiritual é mais intensa. Adivinhação e habilidade psíquica tendem a ser muito mais difíceis de decifrar durante este período, ao tentar perceber as coisas fora de você. Momento ideal para meditar e fazer trabalho interior, trabalhar com as sombras e ainda desbloquear e descobrir aspectos de si mesmo e de sua sabedoria interior. Ideal para descansar suas tentativas psíquicas e divinatórias e dar-lhes uma pausa, especialmente por estar mais perto da Lua nova.

Lua sem rumo

O vazio lunar, é claro, é quando a Lua está saindo de seu signo atual, mas ainda não está no próximo, geralmente considerado um período de instabilidade. É considerado "vazio" no sentido de que não cria um "aspecto", termo na astrologia que significa o ângulo específico em relação a qualquer um dos outros planetas, até entrar no próximo signo do zodíaco; também "vazio", porque não estamos recebendo nenhuma informação energética da Lua de maneira estável e utilizável. Devido a isso, muitas vezes é considerado magicamente nulo. Sempre me ensinaram que o vazio da Lua é um momento desfavorável para lançar feitiços, mas algumas pessoas discordam disso. A verdade é, isso falando por minha experiência, que feitiços lançados durante o período em que a Lua está sem curso tendem a ser mais fracos do que os lançados em outras épocas – e esse é o melhor cenário. Normalmente, e repito, por experiência própria, os feitiços tendem a se manifestar apenas parcialmente ou não se manifestam como pretendido. Nos piores cenários, eles saem pela culatra. Na astrologia, é aconselhável não começar nada novo ou assinar novos contratos durante esse período, ou é considerado um mau presságio. Recomendo firmemente a não fazer Magia durante este período, o que não deve ser um grande problema, já que eles não duram muito – geralmente apenas algumas horas a cerca de um dia no máximo. Você pode descobrir se a Lua está sem curso olhando para uma efeméride astrológica ou anuais orientados para a Magia, como o *Llewellyn's Witches' Spell-A-Day Almanac*. O vazio de curso da Lua geralmente é anotado como "v/c" em almanaques e recursos astrológicos.

Exercício 57

Águas Luminares

Momento mágico: a qualquer momento, dependendo de sua intenção com sua correspondência

Material:
- Água potável
- Um frasco transparente ou garrafa de vidro com tampa e algo para rotular o frasco.

Objetivo: a água luminosa (às vezes chamada de "água do Sol" ou "água da Lua") é uma das práticas mais fáceis e é extremamente versátil. Essencialmente, essas águas captam a luz do sol ou o luar e as infundem energeticamente com seu poder. A água é tanto energética quanto literalmente receptiva e solvente. Pense na água como uma espécie de esponja energética. Se você estiver fazendo Água Lunar, anote mentalmente a fase da Lua e o signo em que ela está para se beneficiar de suas propriedades inerentes. Isso também se aplica à Água Solar e a qualquer signo do zodíaco em que o Sol esteja. Independentemente da fase ou do signo em que estejam, eles terão a energia da Lua ou do Sol e, às vezes, isso pode ser o suficiente.

A água pode ser bebida para absorver suas energias; pode ser adicionada a banhos rituais; usada para limpar ferramentas mágicas; para limpar e abençoar sua casa ou usada como spray. Essencialmente, ela pode ser usada para qualquer coisa a qual normalmente empregaria a água comum, uma maneira fantástica de integrar a Magia ao aparentemente mundano. Certifique-se de usar uma jarra ou garrafa transparente, pois o vidro colorido impede a entrada certa de luz. É por isso que os frascos de comprimidos e óleos essenciais nunca são transparentes.

Instruções: encha a garrafa com água e coloque-a do lado de fora ou no parapeito da janela com a tampa fechada. A chave não é apenas colocar uma garrafa sob o luar ou à luz do sol. Se você puder colocá-la sob luz direta, isso é definitivamente o preferido, mas nem sempre é possível devido ao clima e a outros fatores; não se preocupe, ainda funcionará, mas não com tanta força. Certifique-se de que há uma tampa sobre a garrafa, para evitar poeira ou qualquer outra coisa que possa entrar na água. A chave para as águas luminosas, como para qualquer Magia, gira em torno da intenção e da vontade.

Simplesmente colocar a água para fora sem pensar não vai fazer muito. Gosto de me conectar com a própria água e deixá-la saber o que estou pedindo. Eu me sintonizo segurando a água e faço o seguinte.

Para a Água Lunar eu digo:

> *O Espírito da Água lembra e sabe*
> *O poder do brilho da noite lunar*
> *Lembre-se de seu signo, lembre-se de sua fase*
> *Para que eu possa de maneiras mágicas usar.*

Para a Água Solar eu digo:

> *O Espírito da Água lembra e sabe*
> *O poder poderoso do brilho Solar.*
> *Lembre-se de seu signo como base*
> *Para que eu possa de maneiras mágicas usar.*

É isso! Agora é só colocar a garrafa lá fora e deixá-la absorver a energia. A Água Lunar geralmente é deixada fora à noite e removida do luar antes do nascer do sol. Da mesma forma, a Água Solar geralmente é deixada fora durante o dia e removida da luz solar externa antes do pôr do sol. Se você perder esses horários, não se preocupe. Eles não serão magicamente nulos de uma hora para outra, especialmente se você especificou qual energia deseja absorver e lembrar. Certifique-se de rotular suas águas para saber qual é qual.

Exercício 58

Óleo do Terceiro Olho da Lua Cheia, de Kate Freuler

Momento mágico: qualquer lua cheia

Material:
- ½ xícara de óleo carreador, como jojoba ou azeite
- 1 colher de chá de artemísia seca
- 1 colher de chá de lavanda seca
- 1 flor fresca, em plena floração, com o caule removido. (Qualquer tipo de flor é bom).
- 1 frasco com uma tampa bem apertada

- 1 pequena foto ou desenho de um olho. Simplesmente desenhar o contorno de um olho invoca poder devido ao seu antigo simbolismo.
- 1 pequeno cristal de ametista

Objetivo: o símbolo do olho já foi visto em todo o mundo ao longo da história, representando conhecimento, iluminação e sabedoria espiritual elevada. Este óleo destina-se a ajudar a abrir o Terceiro Olho, localizado no centro da testa. Abrir o Terceiro Olho aumenta a percepção, a intuição e as habilidades psíquicas. Correspondente ao nosso Terceiro Olho está a glândula pineal, uma pequena glândula localizada no centro do nosso cérebro que tem formações em espirais, como uma pinha. A espiral é uma parte importante da geometria sagrada que compõe o mundo natural. Pétalas de flores também crescem neste padrão. Portanto, a flor aberta e totalmente desabrochada neste óleo reflete a abertura do Terceiro Olho.

Instruções: em noite de Lua cheia, reúna seus ingredientes em seu altar ou em uma superfície de trabalho ao ar livre. Sinta a energia da Lua cheia iluminando seu espaço (mesmo que você não consiga ver fisicamente a Lua, vai conseguir sentir sua energia). Passe um momento concentrando-se na imagem do olho, visualizando-o banhado pela energia e pela luz da Lua cheia e brilhante. O olho e a Lua agora estão conectados em sua mente.

Coloque a ametista, as ervas e a flor na imagem do olho. Imagine-os embebidos na energia da Lua cheia de cima e o simbolismo místico do olho da imagem abaixo deles. Passe alguns momentos vendo os ingredientes banhados nesse poder compartilhado. Isso pode parecer uma luz roxa e branca girando em torno deles ou uma bolha de energia ao seu redor.

Coloque todos os ingredientes na jarra, cubra com o azeite e feche a tampa. Segure o frasco na sua testa e diga:

Meu Terceiro Olho se abre como uma flor em plena floração.
Meu Terceiro Olho revela o invisível como a Lua.

Coloque o frasco sobre a imagem do olho por três noites, enquanto ele absorve a essência das ervas e da flor. Coe e guarde o óleo em local escuro e seco. Quando quiser fazer qualquer tipo de trabalho psíquico, unte sua testa com uma pequena quantidade deste óleo e repita o canto acima, enquanto imagina seu Terceiro Olho se abrindo como uma flor. Você também pode ungir sua testa antes de dormir para sonhos proféticos, antes de fazer uma leitura com o oráculo de sua escolha, durante a adivinhação ou durante a meditação.

Capítulo 8
ENERGIAS PLANETÁRIAS

Na Mesopotâmia, o berço da civilização, os antigos astrólogos nomearam os sete planetas clássicos visíveis em homenagem a seus Deuses. Os gregos helênicos, influenciados pela astrologia babilônica, também associavam os planetas a suas próprias divindades, que pareciam, na verdade, corresponder mais às divindades babilônicas e sumérias. Os romanos adotaram essa tradição e atribuíram cada dia da semana a um dos planetas. Nossos planetas ainda recebem os nomes de divindades nos idiomas romanos, e vemos essa tradição mantida com nosso homônimo dos dias da semana atribuídos às divindades; no entanto, em inglês, vemos muitas divindades romanas substituídas por divindades nórdicas que compartilham uma função arquetípica para o poder do planeta. Isso não quer dizer que sejam equivalentes ou as mesmas divindades, mas que seus papéis compartilham um arquétipo semelhante de áreas que governam na vida.

Em nossos calendários ingleses, terça-feira (*tuesday* – dia de Tiw) tem o nome do Deus nórdico Tyr, que é o Deus nórdico da guerra, um papel compartilhado pelo Deus romano Marte. Quarta-feira (*wednesday* – dia de Woden) tem o nome de Woden, que é o Deus nórdico do aprendizado, da poesia e da Magia, características que o Deus romano Mercúrio possui. Quinta-feira (*thursday* – dia de Thor) tem o nome do Deus nórdico Thor, e a conexão com o Deus romano Júpiter parece a mais frágil, mas ambos são Deuses do trovão e do relâmpago, e ambos são filhos do rei dos Deuses de seus respectivos panteões (com Júpiter usurpando essa posição de seu pai Saturno), embora a comparação pareça terminar aí. Sexta-feira (*friday* – dia de Frigga) recebeu o nome da Deusa nórdica Frigga, que, como a Vênus romana, era a Deusa do amor, da beleza e da fertilidade. Sábado (*saturday* – dia de Saturno) mantém seu homônimo romano e domingo (*sunday* – dia do Sol) e segunda-feira (*monday* – dia da Lua) mantém sua associação planetária bastante clara. Embora o Sol e a Lua não sejam planetas pelas definições astronômicas modernas, eles são pelas definições astrológicas antigas, referindo-se aos objetos que vagavam pelo céu noturno.

Olhando para os Poderes Planetários Através das Lentes do Psiquismo e da Magia

Agora que entendemos quais planetas regem quais dias da semana, vamos mergulhar mais fundo no que esses planetas regem e qual é sua função energética para entender melhor o que são essas forças em relação à Magia e à habilidade psíquica. Quando falamos de poderes planetários, a maioria das pessoas tendem a relacioná-los às áreas que eles governam e costumam usá-los apenas para esse propósito, sem ao menos olhar o motivo de fazerem isso. Cada planeta tem um efeito energético arquetípico sobre determinada energia. Para colocar em uma metáfora muito simples, pense em cada planeta como um filtro em uma imagem. Um filtro pode deixar uma foto em preto e branco, outro pode torná-la sépia, outro pode inverter suas cores, aguçar os detalhes, desfocar a imagem e assim por diante. Você pode aplicar qualquer um dos filtros a uma foto, mas alguns irão funcionar melhor para seus propósitos e para o que está tentando expressar do que outros. Também pode ser usada uma combinação de diferentes filtros para criar uma síntese de efeitos com a finalidade de transmitir determinada sensação à imagem. Da mesma forma, cada planeta altera a energia de maneiras diferentes. Você pode aplicar qualquer energia planetária a qualquer objetivo mágico e obter resultados diferentes, alguns mais agradáveis ao que deseja e outros arruinando o que planejava alcançar.

Trago isso à tona, para ajudar a entender como cada energia planetária pode ser aplicada ao psiquismo, bem como a qualquer outra área da vida. Por exemplo, a maioria das pessoas vai trabalhar com Júpiter e apenas com Júpiter quando se trata de Magia de dinheiro. Eu não. O efeito de Júpiter na energia é a expansão, mas é necessário algo para expandir para começar. Então eu uso Vênus primeiro (que é frequentemente usado mais para Magia de amor) para atrair o dinheiro, depois uso Júpiter para expandi-lo, porque Vênus tem um efeito de magnetização e atração sobre a energia. Portanto, em vez de discutir as áreas que cada planeta governa como fiz em *Bruxa Psíquica*, vamos examinar também a função energética central de cada planeta.

Os sete planetas funcionam energeticamente em pares opostos de forças, mas complementares: Sol e Lua, Júpiter e Saturno, Marte e Vênus. Mercúrio não possui uma energia planetária oposta complementar a ser emparelhada, pois é considerado um planeta de união e síntese de energias opostas em si. Mitologicamente, Mercúrio é um psicopompo e divindade limiar, um dos poucos seres que podem viajar livremente em qualquer reino, entre e dentro de todos os lugares e coisas.

Sol

Mesmo não sendo conceituado como um planeta pelas definições astronômicas modernas, o Sol foi considerado um dos sete primeiros planetas pelos astrólogos antigos, embora, é claro, seja na verdade uma estrela. A principal função energética do Sol é criar e sustentar. Podemos entender isso facilmente observando as propriedades doadoras de vida do próprio Sol em relação ao nosso Planeta. O Sol cultiva plantas a partir do solo por meio da fotossíntese, que é crucial para a criação e manutenção de toda a cadeia alimentar e ecossistemas. A partir disso, a humanidade foi capaz de cultivar e, eventualmente, criar civilizações e impérios. Devido a essas habilidades, além de fornecer luz e calor e uma sensação de segurança e sobrevivência, é fácil entender por que muitas culturas antigas associavam o Sol às divindades criadoras.

Vendo que o Sol está frequentemente ligado à divindade, ele se torna simbólico para muitos dos aspectos divinos pessoais de nossa alma. Sabemos que tudo em nosso Sistema Solar, inclusive nosso próprio Planeta, gira em torno do Sol, o que simbolicamente o torna o "planeta" mais importante de nosso Sistema Solar. Foi a partir do Sol que cada corpo planetário em nosso Sistema Solar foi literalmente criado. E foi a partir da nebulosa solar que o Sol se tornou o centro e tudo o mais se formou ao seu redor. O Sol também é o único corpo em nosso Sistema Solar que pode gerar sua própria luz. Devido a essas funções energéticas, o Sol (astrologicamente falando) rege aspectos de nós mesmos e de nossa vida que queremos criar, crescer, brilhar, curar, vitalizar ou fortalecer.

Efeitos energéticos solares: criação e restauração. Manifestando-se externamente e iluminando.

Maneiras de usar a energia solar: você pode aproveitar a energia solar para obter clareza em qualquer uma das áreas de empreendimentos mágicos que o Sol rege. Pode também aproveitar a energia solar para revelar informações que estão ocultas; realizar varreduras de saúde psíquica; conectar-se com forças superiores e entidades de vibração superior; conectar-se com o Eu Superior e receber orientação divina.

Lua

Como o Sol, a Lua não é mais considerada um planeta pelas definições astronômicas modernas da palavra, mas era na astrologia antiga. Sabemos agora que a Lua é um satélite. A principal função energética da Lua é o ritmo e a transmutação. Por ritmo, quero dizer o Princípio Hermético do Ritmo conforme descrito no *Caibalion*, que afirma que "Tudo flui para fora e para dentro; tudo tem suas marés; todas as coisas sobem e descem; o balanço do pêndulo se manifesta em tudo; a medida do balanço para a direita é a medida do balanço para a esquerda; o ritmo compensa."[89] A implicação deste princípio é que uma pessoa pode transmutar qualquer coisa em vários graus de uma escala em seu oposto de um polo ou outro. A Lua exemplifica isso perfeitamente com suas fases e seus efeitos sobre as marés da terra e o crescimento das plantações.

A Lua é a mais versátil das energias planetárias e abrange toda a gama de energias. Às vezes ela é projetiva, às vezes receptiva, às vezes iluminadora, às vezes é escura – sempre aumentando e diminuindo no céu noturno. Esse alcance e versatilidade fizeram dela uma energia favorita para trabalhar entre as Bruxas, principalmente, porque muito de nossa Magia é sobre transformação, seja de nós mesmos, seja de nossa vida. A Lua projeta luz apenas para criar, aparentemente, a ilusão de trazer essa luz para dentro em receptividade, tornando-a poderosa para o trabalho interno, como a habilidade psíquica, trabalho de sonho e a projeção astral por um lado, e o trabalho externo de manifestação mágica em

---

89. Anonymous, *The Kybalion*.

nossa vida por outro. Eu também argumentaria que, até certo ponto, exemplifica todos os efeitos energéticos de cada planeta, dependendo da fase lunar em que se encontra. Quando se trata de energia, ela pode se manifestar e banir, pode projetar e receber, pode expandir e contrastar e etc.

Efeitos energéticos lunares: ciclos e transformação. Indo para dentro e reflexão. A energia lunar pode transmutar qualquer coisa em seu oposto polar; também pode manter as coisas fluindo e circulando.

Maneiras de usar a energia lunar: a Lua é uma espécie de energia padrão a ser utilizada para qualquer coisa relacionada ao psiquismo, mas especialmente para obter clareza em qualquer uma das áreas de empreendimentos mágicos que ela rege. A energia lunar é particularmente poderosa para o psiquismo, porque pode ajudá-lo a ver os ciclos e padrões das coisas e para onde elas estão indo.

Mercúrio

A principal função energética de Mercúrio é a de troca e movimento. Mercúrio é o planeta que se move mais rapidamente em nosso Sistema Solar, o que reflete sua capacidade de agitar as coisas e colocá-las em movimento. Mercúrio tende a ser associado à comunicação, que é a troca de pensamentos de uma pessoa para outra, seja falando, seja escrevendo, enviando mensagens de textos ou e-mails, postando em redes sociais, seja usando linguagem de sinais, etc. Outras maneiras pelas quais a função energética de movimento de Mercúrio é exemplificada incluem qualquer coisa que se desloca de um lugar para outro ou algo relacionado a viagens, de avião, trem, carro, barco ou até mesmo a pé.

Entre seus domínios estão outras áreas relacionadas a trocas e movimentos, como transações comerciais, eletrônica, maquinário ou qualquer coisa que envolva o funcionamento de transferência de energia, como moedas, eletricidade, dados e assim por diante. Do mesmo modo que a eletrônica, que se baseia no movimento da informação dentro de um sistema, tudo que pertence à mente, como os pensamentos, por exemplo, está relacionado a Mercúrio, pois o cérebro move as informações elétricas no cérebro para pensar.

A influência de Mercúrio é sutil, mas persuasiva, ao contrário de Marte, que é forte e direta. Enquanto Vênus é tradicionalmente visto como receptivo e feminino e Marte como forte e masculino, Mercúrio é considerado a união desses dois como um meio-termo andrógino, ligando a projeção com a recepção para a conexão da criação.

Efeitos energéticos mercuriais: movimento e conexão. A energia mercurial pode acelerar qualquer coisa e conectar coisas diferentes, bem como sintetizá-las. Também pode afetar sutilmente as situações de maneira mais encoberta e menos óbvia.

Maneiras de usar a energia mercurial: você pode explorar a energia mercurial para obter clareza em qualquer uma das áreas de empreendimentos mágicos regidos por Mercúrio. Ideal para qualquer tipo de comunicação psíquica, seja telepatia, mediunidade ou canalização.

Vênus

A principal função energética de Vênus é a de atrair e receber. Uma força mágica que atrai – nesse sentido, Vênus é magnético, sempre puxando para si mesmo, recebendo. A energia venusiana pode ser prazerosa e muitas vezes carrega a estética visual da beleza e todas as coisas que nos fazem sentir bem. Essa força planetária pode ser mais bem resumida no velho ditado "é mais fácil pegar moscas com mel do que com vinagre". Energeticamente, Vênus pode ser pensado como um flautista, chamando e esperando. Deixar as coisas virem, em vez de ir até elas. E as coisas que vêm? Elas vêm para venerar – a palavra fluindo da própria Vênus – aquela força receptiva que puxa, cria, dá.

Independentemente da reputação unilateral que Vênus tende a ter – aquela beleza feminina estereotipada, envolta em romance e amor – essa energia é toda sobre como ela é usada, não o que ela é. A energia venusiana pode ser usada para o bem ou para o mal. Sirenes cantando canções de tamanha beleza, que levam os marinheiros a pular do navio apenas para se afogarem; o tamboril, atraindo seu companheiro para eles, apenas para dissolvê-los lentamente em seu próprio corpo; o louva-a-deus, mordendo a cabeça de seu companheiro. Nem tudo que é atraente e sedutor é benéfico, e Vênus pode nos ensinar essa lição. Vênus pode seduzir por amor, por criação, por união – ou por seu próprio interesse. Com um forte glamour, tanto na conotação positiva quanto na negativa da palavra, Vênus nos lembra de que essas energias sempre criam, mas podem destruir. É apenas uma questão de como é essa união e pode muito bem ser uma união dentro da digestão de alguém. Nunca se esqueça de que a armadilha carnívora de Vênus tem um bom nome.

Efeitos energéticos venusianos: magnetismo e receptividade, atraindo e chamando qualquer coisa para si como um ímã.

Maneiras de usar a energia venusiana: você pode explorar a energia venusiana para obter clareza em qualquer uma das áreas de empreendimentos mágicos que Vênus rege. Pode também recorrer a Vênus para aumentar sua receptividade dos sentidos psíquicos ou para atrair informações psíquicas específicas para você.

Marte

A principal função energética de Marte é a de projeção e direção da força – o tipo de energia apoiada por pura força de vontade, quase o oposto de Vênus. Proativo, talvez, às vezes em seu detrimento, Marte avança de cabeça. Puro impulso, força de vontade e iniciativa; desejo em todos os sentidos da palavra; impulsionado pela vontade, em qualquer forma que possa assumir. É a personificação do desejo e da ambição pessoal. Marte vê o que quer – e vai atrás disso. Como um vulcão em erupção ardente com lava persistente fluindo, Marte continuará marchando, destruindo qualquer coisa em seu caminho, nunca parando até que a vitória seja alcançada ou ele próprio seja destruído. Enquanto Vênus atrai, Marte aparece na porta. Dinâmico, impulsivo e ativo – Marte é uma energia de afirmação e domínio, de revigoramento, de destemor.

Por essas razões, Marte é frequentemente chamado em conflito para fornecer defesa e proteção ou para agir como um ataque energético. Esse conflito, no entanto, não é sem seu contra-ataque. Muitas vezes é esquecido que Marte é um Deus dos jardins, do crescimento – e que o impulso sempre persistente de avançar é necessário para crescer. Assim como Vênus, Marte atua como uma polaridade, impulsionando a produção, a manifestação, as ideias e o tipo de destruição necessário para a cura e a mudança.

Efeitos energéticos marciais: dinamismos e força, impulsionando, projetando para a frente como uma flecha para um alvo.

Maneiras de usar a energia marcial: você pode aproveitar a energia marcial para obter clareza em qualquer uma das áreas de empreendimentos mágicos que Marte rege. Marte também pode ser usado para romper bloqueios psíquicos e obter as informações de difícil acesso.

Júpiter

A principal função energética de Júpiter é a de expansão, elevação e aumento. Júpiter, como arquétipo, tem a posição mais elevada que um ser poderia ter não apenas como Soberano ou Deus, mas também como governante dos próprios Deuses. A energia de Júpiter é a da elevação de qualquer coisa, não apenas do status de alguém. Seja elevando as emoções de alguma pessoa para ser "jovial" ou miticamente nomeando soberanos ou deificando-os. A energia jupiteriana está focada em elevar o espírito e a mente humana e, como tal, rege a religião, a espiritualidade e a filosofia. Assim como os reis desejam expandir seus reinos, a energia jupiteriana está sempre buscando expandir e olha para o quadro geral sem se perder nos detalhes.

A energia de Júpiter é de aumento e abundância, seja no sentido da boa sorte e da abundância, seja em qualquer outra esfera da vida. Essa energia de abundância também pode ser negativa. Abundância significa apenas muito de alguma coisa (e é por isso que é desaconselhável lançar ou manifestar "abundância" sem esclarecer de que tipo exatamente). Qualquer coisa positiva que a energia jupiteriana pode aumentar, também pode aumentar o oposto. Esta energia procura romper limites e barreiras. No entanto, sem ser temperada corretamente, pode se estender e se esgotar. A energia jupiteriana sendo de natureza expansiva pode fazer com que algo se espalhe muito fino.

Efeitos energéticos jupiterianos: elevação e aumento. A energia jupiteriana é de ampliação e amplificação.

Maneiras de usar a energia jupiteriana: você pode explorar a energia jupiteriana para obter clareza em qualquer uma das áreas de empreendimentos mágicos que Júpiter rege. Júpiter pode ajudá-lo a ver o quadro maior quando se trata de psiquismo e pode ajudar a ampliar sua percepção psíquica.

Saturno

O principal arquétipo energético de Saturno é o da restrição, estruturação e diminuição. Enquanto Júpiter é a energia da expansão, elevação e do quadro mais amplo, Saturno tem a energia da constrição, declínio e dos detalhes. Saturno vê as florestas pelas árvores, por assim dizer. É o primeiro degrau na escada da Grande Obra. Na alquimia, Saturno é simbolizado pelo metal de chumbo bruto e pelos processos de calcinação e incineração. A palavra "calcinação" vem do latim medieval *calcināre*, que significa "reduzir a calx.[90] Calx é o resíduo de óxido em pó que sobrou da incineração completa de um metal com fogo. O processo espiritual de calcinação é o que poderíamos chamar de morte do ego;

---

90. https://www.etymonline.com/word/calcify#etymonline_v_27603.

queimar o que é considerado impuro, nossa super identificação com nossos egos pessoais, que nos distrai de nossa verdadeira natureza espiritual pura e de nossa Verdadeira Vontade. Em outras palavras, trata-se de reconhecer o que está nos restringindo da realização espiritual, o que muitas vezes são falsas crenças, ideias e percepções que construímos em resposta à vida e à sociedade. Metaforicamente, queimamos essas limitações autocriadas, acessando os fogos espirituais internos da transformação. É o processo da fênix morrendo e queimando em cinzas antes de poder renascer. Muitas vezes, esse é um processo humilhante e nos faz confrontar verdades duras. Este é o processo do que Jung chamou de "trabalho da sombra", que exige muita disciplina. Ser disciplinado é restringir nossos desejos pessoais em favor da força de vontade. O trabalho com a sombra também exige uma avaliação honesta de nós mesmos, e não apenas do que queremos ver ou acreditar sobre nós mesmos.

Efeitos energéticos saturninos: restrição e estruturação. A energia saturnina é aquela de refinação e diminuição.

Maneiras de usar a energia saturnina: você pode explorar a energia saturnina para obter clareza em qualquer uma das áreas de empreendimentos mágicos regidos por Saturno. Psiquicamente, Saturno pode ajudá-lo a destruir ilusões e encantos para revelar verdades. Saturno também pode ser invocado para qualquer coisa relacionada ao reino da morte, como necromancia, mediunidade ou trabalho ancestral. Magicamente, Saturno rege as restrições no sentido de criar obstáculos e barreiras para nós mesmos ou para os outros. Essas barreiras podem estar na forma de proteção psíquica ou mágica, ou podem ser sobre criá-las para outros na forma de Magia maléfica, maldições e feitiços. Saturno nos ajuda a ver o que está nos limitando e nos ensina lições que não necessariamente queremos aprender, mas precisamos, para progredir espiritualmente na vida. Você pode empregar Saturno para aumentar sua disciplina, que é o primeiro passo para dominar sua própria vida, bem como para aprender. Pode também empregar Saturno ao tentar observar detalhes e especificidades. Todo aprendizado tem que lidar com o confronto de problemas ou lições, seja espiritualmente, seja a nível mundano. Saturno é usado para reestruturar as coisas em nossa vida, e todas as estruturas precisam de regras, planos, disciplina e limites.

Horas Planetárias

Outra forma de cronometragem mágica são as horas planetárias. Tem sido uma crença mágica muito antiga que cada hora do dia é governada por um dos sete planetas clássicos. O que significa que cada hora do dia contém uma energia específica que reside em um poder planetário, e que essas horas são mais favorecidas com a energia desse planeta, que pode ser aproveitada para aumentar os feitiços relacionados à área de regência de cada um deles. O uso de horas planetárias mágicas remonta à Grécia antiga. Provavelmente tem raízes no antigo Egito, onde cada uma das vinte e quatro horas do dia era governada por uma divindade diferente.[91]

No Renascimento, quando os relógios começaram a substituir os relógios de sol, tornou-se uma tendência popular para os mágicos basear suas horas planetárias nos incrementos e divisões de sessenta minutos do relógio para a atribuição de horas planetárias.[92] O mágico cerimonial Arthur Waite, mais popularmente conhecido por seu baralho de Tarô Rider-Waite-Smith, até mesmo favoreceu esse método, preferindo os incrementos de hora de sessenta minutos "modernamente" definidos em oposição aos métodos tradicionais mais antigos, como a *Chave de Salomão* e grimórios mais antigos, que calculavam poderes planetários do nascer ao pôr do sol.[93] Discordo do método de Waite, pois sinto que a astrologia do cálculo em sua relação do nascer ao pôr do sol é muito mais poderosa e muito mais precisa. Um dos principais mal-entendidos que Waite parecia ter é que "horas" no mundo antigo não eram incrementos perfeitos de sessenta minutos, mas, sim, definidas astrologicamente pelo nascer ao pôr do sol dividido por doze, enquanto o relógio de sol calculava o tempo com base no nascer e no pôr do sol pela sombra que lançou. Enquanto o método de Waite é mais simples, nós, como Bruxos, procuramos sempre sincronizar as forças e os ciclos da natureza. Além disso, como sabemos com a Roda do Ano, a duração da luz do dia varia naturalmente ao longo do ano, mas também quando outros conceitos criados pelo homem são adicionados, como horário de verão, fusos horários e localização. Se usarmos o método de meia-noite à meia-noite de tempo mágico baseado em um relógio, isso parece cair por terra como frágil e impreciso.

---

91. DuQuette, et al. *Llewellyn's Complete Book of Ceremonial Magick.*
92. Pepper, *Witches All*, 26–27.
93. Waite, *The Book of Black Magic.*

Horas Planetárias do Dia

Hora	Domingo	Segunda-feira	Terça-feira	Quarta-feira	Quinta-feira	Sexta-feira	Sábado
1	♃	♀	♄	☉	☽	♂	☿
2	♂	☿	♃	♀	♄	☉	☽
3	☉	☽	♂	☿	♃	♀	♄
4	♀	♄	☉	☽	♂	☿	♃
5	☿	♃	♀	♄	☉	☽	♂
6	☽	♂	☿	♃	♀	♄	☉
7	♄	☉	☽	♂	☿	♃	♀
8	♃	♀	♄	☉	☽	♂	☿
9	♂	☿	♃	♀	♄	☉	☽
10	☉	☽	♂	☿	♃	♀	♄
11	♀	♄	☉	☽	♂	☿	♃
12	☿	♃	♀	♄	☉	☽	♂

Horas Planetárias da Noite

Hora	Domingo	Segunda-feira	Terça-feira	Quarta-feira	Quinta-feira	Sexta-feira	Sábado
1	☉	☽	♂	☿	♃	♀	♄
2	♀	♄	☉	☽	♂	☿	♃
3	☿	♃	♀	♄	☉	☽	♂
4	☽	♂	☿	♃	♀	♄	☉
5	♄	☉	☽	♂	☿	♃	♀
6	♃	♀	♄	☉	☽	♂	☿
7	♂	☿	♃	♀	♄	☉	☽
8	☉	☽	♂	☿	♃	♀	♄
9	♀	♄	☉	☽	♂	☿	♃
10	☿	♃	♀	♄	☉	☽	♂
11	☽	♂	☿	♃	♀	♄	☉
12	♄	☉	☽	♂	☿	♃	♀

Essencialmente, para calcular as horas planetárias, você encontra a hora do nascer e do pôr do sol de onde você mora (a maioria dos jornais ou sites meteorológicos tem essa informação) e divide por doze para criar as horas, que seguem a ordem planetária caldeia, começando pelo planeta que rege o dia. No entanto, existem muitos aplicativos disponíveis hoje que usam o GPS para identificar sua localização e obter dados sobre o nascer e o pôr do sol de onde você mora e, em seguida, calcular automaticamente as horas planetárias ao longo do dia. A maioria das Bruxas que conheço usa esses aplicativos hoje, pois economiza muito tempo e matemática.

DIAS PLANETÁRIOS

Figura 13: Dias Planetários

Um método simples para lembrar a ordem das horas planetárias é desenhar um septagrama, uma estrela de sete pontas. No topo do septagrama, comece com o primeiro dia da semana, domingo, e seu regente, o Sol. Traçando o septagrama começando de cima para baixo à direita, coloque todos os dias da semana em ordem com seu poder planetário. Depois de concluída, a ordem das horas planetárias do dia começa com o Sol (no domingo) e gira em torno de cada ponto do septagrama no sentido horário. Como há doze horas e apenas sete pontos, o círculo continuará da sétima hora de Marte de volta ao Sol como a oitava hora e continuará até chegar a Saturno, como a décima segunda hora planetária do dia. As horas planetárias da noite continuam lá, movendo-se para Júpiter depois de Saturno como a primeira hora da noite aos domingos e circulando até atingir Mercúrio como a décima segunda hora. Assim que a décima segunda hora da noite termina, o círculo reinicia e recomeça ao nascer do sol, para a primeira hora planetária do dia seguinte (por exemplo, a Lua na segunda-feira).

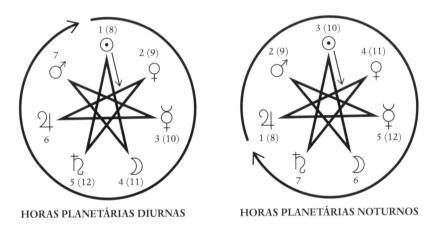

Figura 14: Horas Planetárias diurnas e noturnas

Exercício 59

Trabalhando com o Signo de Peixes para Receber Orientação Psíquica e Visão, de Durgadas Allon Duriel

Momento mágico: para um efeito ideal, execute este feitiço à noite, quando a Lua estiver em Peixes, Escorpião ou Câncer, em uma segunda-feira (dia da Lua) ou durante outro horário em que a energia do elemento Água seja amplificada na astrologia (por exemplo, Lua em conjunção com Júpiter, que é o planeta regente tradicional de Peixes).

Material:
- 1 folha de papel em branco
- 1 marcador índigo ou roxo escuro
- 1 vela branca, índigo ou roxa (faça isso à luz de velas)

Objetivo: este feitiço envolve a invocação do Pentagrama de Peixes. Em suas frequências mais altas, o signo de Peixes está associado à visão psíquica, espiritualidade e outros planos de consciência. Sintonizar-nos conscientemente com a frequência de Peixes pode nos ajudar a abrir nossos sentidos psíquicos e a receber orientação e visão de nosso Eu Superior ou de outras entidades benéficas do Plano Superior de nossa compreensão com as quais procuramos trabalhar. Às vezes, uma visão ou mensagem está ali, disponível, e precisamos apenas de um impulso extra de energia para abrir passagem para que ela chegue até nós, ou para nos colocarmos em estado de recebê-la ou para construir nossa capacidade de nos abrir psiquicamente à Vontade. Este feitiço ajuda com esse processo.

Instruções: *Nota:* desenhar o sigilo neste feitiço eventualmente se torna opcional. A princípio, o sigilo é desenhado para ajudar no desenvolvimento da forma-pensamento em nossas mentes, que é aproveitado no feitiço. Uma vez que essa forma-pensamento esteja claramente acessível para você, não precisa redesenhar o sigilo (e também pode reutilizar o papel do desenho até então, que acumulará poder por conta própria).

Primeiro, envolva-se em qualquer forma de aterramento, centramento, banimento e proteção que você usar. É importante não apenas limpar o espaço psíquico, mas também banir quaisquer influências que possam tentar confundir ou obscurecer sua visão.

Figura 15: Pentagrama de Invocação de Peixes

Em seguida, desenhe o Pentagrama de Invocação de Peixes (foto) em índigo, uma cor que alguns associam ao Terceiro Olho. É dito que a frequência do índigo facilita a abertura ou ativação do Terceiro Olho.

Após desenhar o símbolo, escreva uma pergunta que você preparou em um pedaço de papel e coloque sob o símbolo. Tente formular da maneira mais concisa e precisa possível. Se for mais um pedido de informações gerais ou uma visão, indique o tópico sobre o qual busca informações o mais especificamente possível.

Depois, entre em estado de semitranse e olhe para o símbolo por pelo menos trinta segundos. Esforce-se para sentir a energia que vem dele. Feche os olhos e visualize o símbolo no ponto entre as sobrancelhas (a localização do Terceiro Olho), com o Pentagrama de Invocação de Peixes em um orbe de luz quente e dourada. Enquanto visualiza o símbolo brilhando cada vez mais forte dentro de você, recite o seguinte encantamento três vezes, permitindo que sua voz diminua o volume de tal forma, que no final seja quase inaudível.

Sinal de visão,
Sinal de vista,
Conceda-me orientação,
Nesta noite bem quista.

Permita que a visualização desapareça e espere pela chegada de uma resposta em uma postura meditativa confortável. Tente não pressionar para que essa resposta assuma uma forma específica. Simplesmente deixe sua mente ficar em branco, permaneça no estado de semitranse e permita que as imagens apareçam. Se sentir que está lutando com a situação, pode solicitar que uma imagem apareça em uma forma que lhe seja familiar, como uma carta de Tarô. (Uma vez fiz isso em uma meditação guiada para a visão e apareceu uma carta. Mais tarde, naquele dia, tirei a mesma carta no plano físico em uma leitura de Tarô!)

Depois de receber o que parece ser um fluxo completo de imagens (e a vivacidade das imagens é menos relevante do que seu conteúdo), abra os olhos e anote o que viu. Não julgue ou faça qualquer tipo de interpretação, simplesmente registre tudo. Em seguida, comece o processo de reflexão sobre seu significado e então faça o que normalmente faz para limpar um espaço após o feitiço e retorne a seu estado mental cotidiano.

Energia Zodiacal e as Três Modalidades

Existem doze signos do zodíaco, e cada um deles está associado a um dos quatro elementos, sendo expresso de maneiras ou modalidades diferentes. Essas três modalidades, CARDINAL, MUTÁVEL e FIXA, mostram como os quatro elementos são expressos de maneiras diferentes. Os signos do elemento Fogo correspondem a Áries, Leão e Sagitário. Os do elemento Água a Câncer, Escorpião e Peixes. Em seguida, temos os signos do elemento Ar, Libra, Aquário e Gêmeos. E finalmente, temos Capricórnio, Touro e Virgem para os signos do elemento Terra. Cada um dos grupos de elementos representa uma das três modalidades CARDINAL, FIXA ou MUTÁVEL nesta respectiva ordem. Os signos CARDINAIS consistem em Áries (Fogo), Câncer (Água), Libra (Ar) e Capricórnio (Terra). Os signos FIXOS são Touro (Terra), Leão (Fogo), Escorpião (Água) e Aquário (Ar). Isso significa que Gêmeos (Ar), Virgem (Terra), Sagitário (Fogo) e Peixes (Água) são signos MUTÁVEIS.

De signo a signo, o zodíaco alterna através dos quatro elementos na ordem de Fogo, Terra, Ar e Água. Da mesma forma, de signo em signo, o zodíaco se alterna através das três modalidades. Portanto, Áries, que inicia a roda do zodíaco, é um signo de Fogo e CARDINAL. Depois de Áries vem Touro, que é um signo de Terra e FIXO. Em seguida vem Gêmeos, que é um signo de Ar e MUTÁVEL. Depois de Gêmeos está Câncer, que é um signo de Água e reinicia o padrão das três modalidades, sendo CARDINAL. O padrão continua se repetindo até que todos os doze signos do zodíaco sejam expressos como as três modalidades dos quatro elementos.

Muitas Bruxas trabalham com um conceito chamado "Roda do Ano", que marca os oito Sabbats, os dias de celebração mágica que honram os ciclos da Terra e do Sol. Os quatro Sabbats Menores são marcados pelos dois Equinócios e dois Solstícios, que ocorrem no início dos signos CARDINAIS do zodíaco. Os quatro Sabbats Maiores são marcados astrologicamente pelo cálculo do ponto médio exato entre cada Sabbat, e isso ocorre durante os signos de modalidade FIXA.

Energia Cardinal

A palavra *cardinal* vem de uma raiz latina que significa "ponto principal".[94] Como uma dobradiça em uma porta que permite que ela se abra, os quatro signos cardinais abrem a porta metafórica que conduz ao início das estações, como exploramos na Roda do Ano, com os Sabbats Menores dos Solstícios e Equinócios. É nesses pontos que a Roda do Ano realmente gira de estação para estação. Podemos pensar na energia cardinal da mesma forma que pensaríamos em uma Lua crescente, no sentido de que é um fluxo de energia surgindo. Também podemos compará-la a Clotho, do Destino Grego, a fiandeira, no sentido de tecer o fio da vida. O glifo para cardinal é o ponto do espírito dentro de um triângulo sem uma linha de base. O símbolo representa a construção e concentração do espírito. A energia cardinal pode corresponder ao Eu Inferior.

Energia Fixa

A seguir vêm os quatro signos *fixos*, que marcam o meio e o auge de uma estação. Os signos fixos são marcados pelos Sabbats Maiores e são firmes e estabilizados em sua energia e influência elemental, estando em seu auge de poder. É bem possível que seja por isso que Doreen Valiente se referiu a eles como Sabbats Maiores, não para dizer que são melhores ou mais importantes que os Sabbats Menores, mas, sim, em referência à altura da energia astrológica e elemental que vem através do zodíaco. Podemos pensar em energia fixa da mesma forma que pensaríamos em uma Lua cheia, que é quando o poder da Lua está no auge e estabilizado, nem crescente nem minguante.

Também podemos compará-la ao Destino Grego Lachesis, a outorgante, no sentido de ela manter a plenitude do fio da vida estável e constante. O glifo para modalidade fixa é uma linha dentro de um quadrado. Conforme discutido anteriormente, o quadrado é um símbolo de equilíbrio e de estabilidade, onde a energia é contida de maneira igual, mas imóvel. A linha representa o equilíbrio, enfatizando novamente que a energia é distribuída de maneira igualitária, equilibrada e estável. A energia fixa pode corresponder ao Eu Médio.

---

94. https://www.etymonline.com/word/cardinal#etymonline_v_33702.

Energia Mutável

Por fim, temos os quatro signos mutáveis, que não fazem parte da Roda do Ano. Mutável significa ser variável e marca o fim de uma temporada prestes a fazer a transição para a próxima.

Os signos são de natureza limiar, estando sempre em processo de transformação de uma coisa para outra. Podemos pensar em energia mutável de forma semelhante à Lua minguante, significando a plenitude do poder diminuindo para ser transformada na Lua nova, iniciando um novo ciclo lunar. Também podemos compará-la ao Destino Grego Átropos, que corta o fio da vida, encerrando-a. Mas a morte não é o fim, é a transição de um estado de ser para outro. O glifo para energia mutável é o ponto de espírito sob um meio círculo de alma. Em vez de ser dinâmico e focado para fora como o glifo cardinal, o semicírculo crescente ilustra um foco para dentro, bem como uma suavidade de flexibilidade. A energia mutável pode representar o Eu Superior.

- CARDINAL: criação, ação, crescimento.
- FIXA: estabilidade, equilíbrio, ápice.
- MUTÁVEL: adaptabilidade, transformação, conclusão.

Cada signo do zodíaco tem um governante planetário. Na astrologia clássica e na Magia, ele emprega apenas os sete primeiros planetas e luminares conhecidos em nosso Sistema Solar. Mais tarde, quando Urano, Netuno e Plutão foram descobertos, eles assumiram alguns dos signos do zodíaco como regentes. Esses três planetas externos mais novos são considerados oitavas superiores dos planetas, cuja regência eles assumiram. Netuno é uma oitava superior de Júpiter, Urano é uma oitava superior de Saturno e Plutão é uma oitava superior de Marte. Na regência original, cada planeta regia dois signos, enquanto o Sol e a Lua regiam um signo cada. Com a astrologia moderna, cada planeta rege um signo do zodíaco, exceto Marte, Vênus e Mercúrio, que ainda regem dois. Pessoalmente, quando se trata de realizar Magia, prefiro me ater aos sete planetas clássicos tradicionais. Eu definitivamente encorajo você a investigar os três planetas externos, familiarizar-se com sua energia, experimentá-la em sua Magia e, então, decidir qual sistema prefere. A razão pela qual prefiro o sistema de sete planetas para minha Magia (embora não em termos de astrologia em si, onde reconheço os planetas externos) não é apenas porque sinto que há mais simetria e equilíbrio nessa distribuição, mas porque, cosmologicamente, faz sentido para meu paradigma.

Como discuti em *Bruxa Psíquica*, os Sete Poderes Planetários se relacionam com a energia astral, enquanto os elementos se referem à energia etérica, que é como as forças da energia do bloco de construção do Universo se estruturam e se expressam, permitindo que as coisas tomem forma, visíveis e invisíveis. Portanto, os doze signos do zodíaco são os quatro elementos e os sete planetas unidos. Gosto de pensar nos signos do zodíaco como as sete correntes primárias de energia astral (como os planetas), pois são expressas através dos quatro canais de energia elemental, criando, assim, estruturas energéticas de influência e potencial, permitindo que as situações tomem forma e se manifestem no físico. Eu vejo a regência de um planeta como a energia astral mantida dentro do padrão etérico do elemento. As modalidades expressam as funções desses regentes planetários e elementais, mostrando se a função é de uma expressão energética crescente, minguante ou plena de energia.

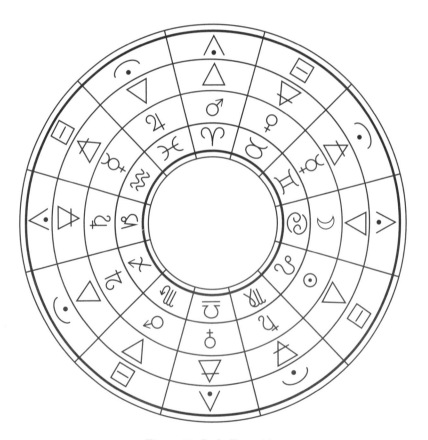

Figura 16: Roda Energética

Quando se trata do tema da astrologia, o zodíaco é provavelmente o assunto mais discutido. É fácil encontrar informações em livros ou on-line sobre quais áreas da vida cada signo rege, e há toneladas de listas com palavras-chave. Para habilidade psíquica e Magia, recomendo a meditação em um signo contemplando seu elemento, seu regente planetário, sua modalidade e a maneira como esses três combinados expressam certo tempero de energia para trabalhar. Você pode implementar energia zodiacal independentemente do signo que qualquer planeta esteja no momento, apenas tocando em seu poder, glifo e energia. No entanto, observando quais planetas estão atualmente em qual signo, você pode ver os potenciais canais de influência de energia disponíveis para ampliar e acelerar seu feitiço.

Exercício 60

Talismã de Botão-de-ouro para a Segunda Visão do "Dr. Buck", de Jake Richars

Momento mágico: melhor executado quando a Lua está em Áries.

Material:
- Agulha e linha vermelha
- Flores botão-de-ouro, uma para cada ano da pessoa
- Calcanhar da sua meia esquerda usada, cortado em um círculo
- Sal novo
- Tabaco comprado com moedas de prata

Objetivo: nos Apalaches e no Sul dos Estados Unidos, há rumores de uma crença contínua na capacidade das pessoas nascidas de determinada maneira, seja com um véu sobre os olhos, seja os "nascido azul", seja à meia-noite, seja até mesmo os nascidos em dias especiais, como no Dia das Bruxas ou no Natal. Diz-se que essas pessoas em particular têm um dom dado por Deus e pelos espíritos para ver e falar com as coisas além do véu. Esses tipos de eventos no nascimento muitas vezes podiam ser uma ameaça à vida, então os pais eram informados. Por terem passado pelas "mandíbulas da morte" e pelas "mandíbulas da vida" para nascer, essas pessoas caminham entre os véus que pendem como uma cortina entre os mundos, como caminhar no centro de um varal cheio de lençóis e vestidos que partem aqui e ali dando vislumbres para ambos os lados. No entanto, como este é um presente de nascimento e não algo a ser treinado, diz-se que o dom aparece espontaneamente no início da infância ou mais tarde na vida. Devido a sua tendência de simplesmente aparecer, ele tem o poder de enlouquecer as pessoas. Deixar literalmente louco.

Não estou dizendo aqui, no entanto, que doenças mentais corretamente diagnosticadas podem ser simplesmente aparências externas da Visão; porém, como a tecnologia médica avançou, essas condições no nascimento não são tão atendidas nem os pais informados pelo médico. Há muitas pessoas andando por aí que nasceram com a placenta intacta, a chamada "coifa"; nasceram com síndrome do bebê azul, devido à falta de oxigênio ou problemas congênitos; nasceram com alguma fratura ou nasceram com "o lado ensolarado para cima", posição fetal que pode dificultar o trabalho de parto, que não têm ideia de seu potencial para ter a Visão. Os sinais iniciais incluem visões aleatórias de eventos relacionados a pessoas ou lugares com os quais pode ou não estar familiarizado; sonhar com eventos antes que eles aconteçam ou ver pessoas e animais que morreram, mas sem estar ciente até que eles desapareçam em uma parede ou simplesmente sumam. O sinal mais comum no começo, é ver sombras flutuando em sua visão periférica, como vislumbres rápidos entre os lençóis da cama. Ter a Visão é como ter olhos extras que precisam de óculos. Ninguém pode ensiná-lo a ver, mas este amuleto que vamos preparar pode servir de óculos para que a pessoa nessas condições veja no seu próprio ritmo.

Instruções: corte o calcanhar da meia esquerda usada que não foi lavada. No centro desse lugar, coloque as flores botão-de-ouro, o sal novo comprado especificamente para isso e o tabaco que foi comprado apenas com moedas de prata, como as de vinte e cinco centavos[95]. Dobre o tecido para longe de você uma vez, dando um formato de olho oblongo ao pacote. Costure as aberturas com o fio vermelho enquanto reza para que a visão seja aliviada e, em seguida, costure uma cruz vermelha na frente, no centro. Faça um laço em um canto do pacote com o fio e amarre-o para que um barbante possa ser passado para transformá-lo em um colar. Use próximo à pele e nunca deixe ninguém o tocar; nunca deixe atingir o chão também. Polvilhe com talco e unte com uísque uma vez por semana e toda vez que a Lua estiver em Áries.

---

95. Aqui o autor se refere a moeda norte-americana. No Brasil pode ser usada qualquer moeda na cor prata, como as de cinquenta centavos, por exemplo. (N. T.)

Amarrando tudo junto

Às vezes, a Magia não pode esperar. Embora planejar feitiços com antecedência e praticar Magia regularmente possa evitar a necessidade de lançar Magia com emergência. Mas às vezes a vida simplesmente acontece e é inevitável. Os Momentos Mágicos favoráveis não são fornecidos aqui para deixar ninguém obcecado ou para fazer você pensar que não pode fazer Magia se o tempo não estiver de acordo. As operações mágicas raramente empregam todas as formas do Momento Mágico.

Em vez disso, pense nesse tempo como opções de correntes a serem utilizadas para auxiliar seu feitiço. Isso permite que você ainda conecte pelo menos um impulsionador de energia à sua Magia. Digamos que nada esteja de acordo com a intenção do seu feitiço, que é trazer algum dinheiro muito necessário, por exemplo. Não é o dia certo da semana, você perdeu a hora planetária, a Lua está na fase errada e nada no zodíaco está alinhado. No entanto, é primavera e manhã. Perfeito. Aí está sua correspondência de tempo.

Embora o planejamento prévio e a programação para realizar seus feitiços tornem sua Magia mais forte, seu tempo mágico não precisa ser perfeito. É melhor lançar um feitiço na "hora errada" do que não lançar nenhum feitiço pelo mesmo motivo. O problema é que você pode acessar qualquer momento mágico, é apenas uma questão de precisão ou amplitude de tempo que você escolhe usar. Você pode acessar o momento mágico simplesmente declarando-o em seus feitiços. Aqui está um exemplo usando todos os diferentes tipos de Momento Mágico, e eu costumo fazer declarações assim logo antes de executar o feitiço real, uma vez que meu Espaço Sagrado esteja no lugar:

Neste dia de Júpiter, na hora sagrada de Júpiter, durante a Lua crescente de Touro, na estação da primavera, enquanto o Sol está nascendo no céu, eu realizo este trabalho.

Obviamente, no entanto, nem todo feitiço vai invocar todos os aspectos do Momento Mágico, apenas aqueles que se alinham com seu objetivo. Portanto, mesmo que o único momento de alinhamento seja a posição do Sol, eu diria:

Enquanto o Sol está em seu pico de poder durante o meio-dia...

A Sabedoria de Laurie Cabot e Sybil Leek

Laurie Cabot costumava se corresponder frequentemente com a famosa Bruxa britânica Sybil Leek depois de conhecê-la por meio de cartas. Por essas correspondências, Sybil também a orientava e dava conselhos sobre como ser uma Bruxa pública, algo que não era tão comum quanto hoje. Um dos conselhos que ela deu a Laurie foi escrever no verso dos feitiços de petição as palavras: "De forma alguma este feitiço reverterá ou lançará sobre mim qualquer maldição".[96] Muito antes de conhecer Laurie, quando eu estava aprendendo Magia com os livros de Silver RavenWolf, ela emparelhava isso com uma declaração no final dos feitiços, algo como "Que este feitiço não reverta ou coloque sobre mim qualquer maldição. Que todas as correspondências astrológicas estejam corretas para este trabalho."[97] A última linha sobre correspondências astrológicas, Silver credita a Laurie Cabot, após reconhecer que a primeira linha é de Sybil Leek. Na Tradição Cabot de Bruxaria, os termos "correto" e "incorreto" têm um significado especial.[98]

Essencialmente, qualquer coisa correta, refere-se a forças e energias benéficas, enquanto qualquer coisa incorreta se refere a forças e energias prejudiciais ou não benéficas. Isso é para evitar o uso da palavra energia "positiva" e "negativa" com qualquer tipo de projeção moralista sobre essas palavras, pois elas são vistas energeticamente apenas como aspectos opostos e complementares da polaridade energética, não necessariamente "bom" ou "mau". Esta afirmação sobre as correspondências astrológicas "estarem corretas", refere-se a evitar forças astrológicas prejudiciais e invocar forças benéficas. É essencialmente uma declaração que neutraliza qualquer coisa astrologicamente que possa entrar em conflito e atrapalhar a Magia que está sendo lançada. Eu usei a declaração de Silver a maior parte da minha vida com grande sucesso no final dos feitiços, mas com o tempo mudei para que rimasse:

> *Que este feitiço não reverta*
> *Ou coloque sobre mim qualquer maldição.*
> *Que todas as correspondências astrológicas estejam corretas*
> *Para este feitiço que agora tenho em mãos.*

---

96. L. Cabot, P. Cabot, C. Penczak, *Livro das Sombras*.
97. RavenWolf, *To Ride a Silver Broomstick*.
98. L. Cabot, P. Cabot, C. Penczak, *Livro das Sombras*.

CONCLUSÃO

Comecei este livro compartilhando uma das minhas histórias mais pessoais e particulares não para invocar simpatia ou tristeza. Não vejo essa história como triste. Pelo contrário, vejo-a como um dos momentos mais triunfantes da minha vida. A Bruxaria me deu esperança. O que me permitiu mudar drasticamente em um dos momentos mais sombrios da minha vida, quando eu não tinha absolutamente nenhuma influência ou poder pessoal, e continua assim até hoje. Essa não foi a minha primeira experiência trágica nem será a última, provavelmente. Mas com a Magia desenvolvi as ferramentas certas não apenas para lidar com a vida, mas também para mudar minhas circunstâncias. Eu também quero isso para você.

Independentemente de quem é, você pode usar a Magia para mudar sua vida. Todos nós temos nossas próprias histórias, nossas provações e nossas tribulações. Você não precisa ter passado por traumas ou abusos para ter acesso à Magia. A Magia está dentro e ao redor de nós o tempo todo; tudo o que é preciso é a capacidade de reconhecê-la e de se conectar com ela. Todo ser humano tem habilidades mágicas e psíquicas. Eu não sou um caso especial. Não importa se este é o primeiro livro que você pegou sobre Bruxaria ou se já pratica há cinquenta anos. A Bruxaria pode capacitá-lo a mudar sua situação para melhor. Mais importante, pode mudar *você* para melhor, e essa transformação ajuda a mudar o mundo como um todo, por meio de um efeito cascata de influência. Todos nós temos nossas próprias histórias, e a Magia pode nos ajudar a escrever para onde essa história vai a partir daqui.

Eu o encorajo fortemente a experimentar as ideias e técnicas deste livro e, como sempre, retrabalhá-las para que sejam pessoais e reflitam seu próprio caminho espiritual pessoal. Também o encorajo fortemente a tentar realizar os feitiços deste livro em seu Templo Interior. Ao trabalhar regularmente no mundo interno e externo, sua Magia aumentará muito. Também sugiro reler este livro quando tiver uma chance. As coisas podem ter um estalo um pouco diferente em uma segunda ou terceira leitura. Lembre-se de que esta é a sua jornada. Certifique-se de cuidar de si mesmo também. Acrescentei três receitas finais de alguns de meus amigos como um presente de despedida em nossa jornada ao longo deste livro. Essas três receitas – banho, chá e incenso para sonhar – também o ajudarão a relaxar, a descontrair e, o mais importante, como uma forma de autocuidado.

Exercício 61

Banho Ritual da Jornada Psíquica, de Juliet Diaz

Momento mágico: qualquer Lua nova, de preferência à noite

Material:
- ½ xícara de carvão ativado
- 1 colher de sopa de espirulina
- 1 laranja sanguínea inteira fatiada
- 1 romã inteira fatiada
- 1 xícara de sais Epsom
- 4 ramos de alecrim
- Punhado de pétalas de rosas brancas
- Vela branca (opcional)

Objetivo: delicie-se com este banho de ativação que não apenas vai limpar sua energia, como enviará uma lembrança de sabedoria por todo o seu ser. Realizo este ritual pelo menos uma vez a cada três meses, especialmente em tempos de incerteza. Este banho de jornada psíquica destina-se a conectá-lo a um poder superior interior, que revelará a verdade para as respostas que procura. Com o tempo, você vai aprender a confiar na jornada e a se tornar mais enraizado à medida que o Espírito viaja com você nas profundezas da visão.

Instruções: comece preparando seu banho; água morna a quente funciona melhor. Antes de colocar qualquer material, fique de pé ou ajoelhe-se ao lado da banheira, agradeça ao espírito da água por estar presente. Reserve um momento para se conectar ao som da água corrente e permita que ela o preencha com sua energia ondulante. Quando estiver pronto, comece a colocar conscientemente cada material no banho enquanto agradece a esses espíritos também.

Prefiro acender uma vela branca para incluir o espírito do Fogo, que me ajuda a mergulhar melhor na visão, mas é opcional.

Entre na banheira, mergulhe na água e emerja novamente; alternativamente, você pode usar um copo para despejar a água do banho sobre sua cabeça. Feche os olhos, respire fundo três vezes e comece a visualizar a água cintilando em um azul claro brilhante, envolvendo cada centímetro do seu corpo. Faça mais três respirações profundas e, a cada inspiração, permita que esse brilho entre em seu corpo, preenchendo-o dos pés à cabeça.

Sussurre as palavras "desvende o que está oculto, aprofundando-se na visão, na verdade" sete vezes enquanto visualiza uma luz dourada logo acima de suas sobrancelhas, no centro de sua testa, irradiando para dentro e preenchendo seu cérebro.

Quando sentir vibrações ou formigamento, é hora de fazer sua pergunta ou expressar suas preocupações. Fala a pergunta em sua mente e permaneça quieto. Relaxe na água e mantenha os olhos fechados. Permita que a jornada se desenrole. Certifique-se de não deixar o material ir pelo ralo. Você pode descartá-los como quiser.

Exercício 62

Poção Psíquica da Hora do Chá, de Madame Pamita

Momento mágico: pode ser realizada a qualquer momento, mas é especialmente poderosa quando a Lua está em Peixes ou em Câncer.

Material:
- Água
- Anis-estrelado-chinês (*Illicium verum*)
- Bule de chá (opcional)
- Chaleira
- Infusor ou coador de chá
- Mel (opcional)
- Qualquer combinação do seguinte para o chá:
- Raiz de alteia (*Althaea officinalis*)
- Raiz de dente-de-leão torrada (*Taraxacum officinale* ou *Taraxacum erythrospermum*)
- Semente de anis (*Pimpinella anisum*)
- Xícara de chá

Objetivo: mesmo a Bruxa psíquica mais adepta pode sentir que seu canal intuitivo fica entupido de vez em quando. Quando isso acontece, alguma meditação, um passeio na natureza ou até mesmo um cochilo podem apertar o botão de reset, mas também podemos recorrer às nossas ervas aliadas para nos ajudar a receber mensagens claras e fortalecer nossa intuição.

Gosto muito de preparar este chá psíquico por muitos motivos. Em primeiro lugar, o ato de preparar um chá em si é um ritual que pode trazer conforto, calma e foco – coisas que ajudam a abrir seu canal psíquico. Os chás também são bastante mágicos, porque, quando ingerimos um chá abençoado, estamos na verdade levando essa bênção para a estrutura celular de nossos corpos. E porque os chás são poções! O que poderia ser mais mágico do que isso? (Se você quiser pode dizer: "Que dobrem e redobrem o trabalho e os problemas, sobre o seu copo, não vou detê-lo!")

Cada uma das ervas deste chá traz sua própria marca mágica única. A raiz do dente-de-leão é especialmente boa para abrir a clarividência e os sonhos psíquicos. O anis auxilia na clariaudiência e faz com que as mensagens divinas sejam cristalinas. A raiz de alteia (malva-branca) amplifica a clarividência, dá a você mais confiança em seus sentimentos viscerais e é excepcionalmente útil para mediunidade ou trabalho espiritual. O anis-estrelado-chinês ativa o Terceiro Olho e traz clareza, foco e consciência das verdades espirituais ao seu trabalho psíquico. (Certifique-se de ter anis-estrelado-chinês [*Illicium verum*], pois o anis-estrelado-japonês [*Illicium anisatum*] é tóxico.)

A compra dessas ervas de fontes confiáveis, como em supermercados ou lojas de produtos naturais, vai garantir que você obtenha produtos de boa qualidade ou orgânicos. Em outras palavras, não recomendo arrancar dente-de-leão do acostamento da rodovia, onde podem ter sido pulverizados com produtos químicos tóxicos. E embora todas essas ervas sejam consideradas seguras para ingestão, se você tiver alguma condição médica, é inteligente fazer alguma pesquisa para ver se há contraindicação para usá-las antes de tomá-las.

Se você está apenas começando a desenvolver seus dons psíquicos, pode tentar uma mistura de todas essas ervas juntas para aumentar suas habilidades. Se já faz trabalhos psíquicos há algum tempo, pode beber apenas as ervas que vão resolver o problema que está tendo. Você também pode tentar beber as ervas uma a uma e ver o efeito que cada uma tem em suas faculdades psíquicas.

Por último, uma das minhas coisas favoritas para fazer com este chá é servi-lo durante as reuniões de adivinhação. Tente fazer um pote para seu próximo grupo de leitura de Tarô ou sessão de tabuleiro Ouija e veja se isso não traz mais avanços psíquicos e momentos intuitivos de surpresas "ah-ha".

Instruções: coloque água de nascente fresca em uma chaleira (água de nascente em uma garrafa é boa). Coloque suas ervas no bule de chá ou infusor. Despeje a água fervente no bule ou na xícara, sobre as ervas soltas ou sobre o infusor. Ao servir, peça às ervas que façam seu trabalho e diga as seguintes palavras com convicção amorosa.

Você pode usar suas próprias palavras ou dizer este encantamento simples:

Dente-de-leão, deixe-me ver a verdade
Anis, deixe-me ouvir a verdade
Alteia, deixe-me sentir a verdade
Anis-estrelado, deixe-me saber a verdade

Feche os olhos e coloque as mãos no vapor sobre a xícara ou bule e concentre sua intenção em seu feitiço. Depois que o chá estiver fermentando por vários minutos, sua poção estará pronta. Despeje e coe o chá do bule ou retire o infusor da xícara. Ao deixar a infusão esfriar um pouco antes de beber, você terá uma pequena conversa mental (ou verbal) com as ervas, sobre o que a bebida fará por você. Por exemplo:

Alteia, você sabe que tenho tido problemas para confiar em meu instinto.
Gostaria que você fortalecesse minha intuição e me ajudasse a seguir meus
sentimentos quando sei que eles estão certos.

Deixe esse monólogo continuar por vários minutos, contando às ervas todas as maneiras pelas quais você deseja que elas o ajudem. Quando terminar a conversa, o chá terá esfriado a ponto de poder tomá-lo, impregnado com todas as suas palavras de intenção, todos os seus pensamentos e toda a sua vontade. Esta é verdadeiramente uma poção mágica. Se você gosta de uma bebida mais doce, adicione um pouco de mel à sua xícara. Em seguida, feche os olhos e, gole a gole, beba tudo. Sinta o poder da Magia permeando seu corpo, mente e espírito. Agradeça ao espírito das ervas por sua ajuda e então comece sua prática de adivinhação, vá dormir para o trabalho dos sonhos, medite ou faça qualquer prática psíquica em que esteja trabalhando.

Exercício 63

Incenso Dream de Onze Ingredientes, de Judika Illes

Momento mágico: a qualquer momento

Material:
- Artemísia (*Artemisia vulgaris*)
- Canela (*Cinnamomum zeylanicum*)
- Cardamomo (*Elettaria cardamomum*)
- Copal (*Protium copal*)
- Erva-doce (*Pimpinella anisum*)
- Folhas de louro (*Laurus nobilis*)
- Glicínias (*Wisteria* spp.)
- Hortelã-pimenta (*Mentha piperita*) (outras balas, como a de hortelã, podem ser substituídas.)
- Mirra (*Commiphora myrrha*)
- Pétalas de rosa, secas (*Rosa* spp.)
- Sândalo (*Santalum álbum*)

Objetivo: os sonhos podem estimular experiências visionárias, fornecer informações proféticas e reveladoras e aumentar e aprimorar as habilidades psíquicas. Pode-se essencialmente receber uma atualização psíquica enquanto você sonha. Isso pode parecer assustador e, é claro, como em tudo o mais – dançar, cantar, tocar piano, matemática – alguns possuem mais aptidão para a arte de sonhar do que outros. No entanto, o sonho mágico é uma arte que praticamente qualquer pessoa pode aprender com prática e persistência. Em outras palavras, se não der certo da primeira vez, continue tentando; eventualmente vai funcionar. Várias ajudas facilitam, desde amuletos e feitiços até almofadas de sonho e, não menos importante, incensos.

Esta receita de incenso não deriva de nenhuma tradição. É a minha própria mistura pessoal elaborada a partir de intensificadores de sonhos testados e comprovados. Esta combinação de plantas simultaneamente melhora a visão psíquica e fornece proteção espiritual para sonhar com coragem.

Não queime o incenso enquanto dorme. Esteja sempre atento à segurança contra incêndios. Em vez disso, prepare seu quarto de dormir como se estivesse se preparando para um ritual. Arrume a roupa de cama de modo que fique confortável. Queime o incenso antes de dormir, porém perto o suficiente para que o cheiro permaneça. Alguns ingredientes são facilmente obtidos em um jardim ou supermercado, enquanto outros, como copal ou sândalo de origem étnica, podem ser mais difíceis de encontrar. Não incluí medidas, pois é crucial que esta mistura se adapte aos seus gostos olfativos pessoais. Se você não gosta do cheiro da canela, por exemplo, use apenas uma pitada.

Instruções: combine os ingredientes listados em MATERIAL. São onze ervas, pois a forma do número onze lembra um par de pilares ou pilones – o que me lembra dos portões da Terra dos Sonhos, algo que você pode visualizar enquanto se prepara para sonhar. Triture-os com um almofariz e pilão, se desejar, mas não é necessário. Queime sua mistura de incenso em um queimador próprio.

Guarde todo o material botânico extra em uma caixa ou bolsa, para que, se acordar no meio de um sonho ou tiver dificuldade para se lembrar dele, possa abrir rapidamente o recipiente e inalar profundamente o perfume. Isso deve ajudar a reviver os sonhos ou a memória. Este incenso também pode ser complementado por outros intensificadores de sonhos mágicos. Por exemplo, coloque gardênias vivas perto de onde dorme, pois seu perfume estimula sonhos visionários, ou chame seus espíritos guardiões pessoais para guiá-lo e direcioná-lo.

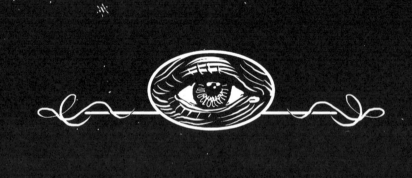

SOBRE OS CONTRIBUIDORES

JUDIKA ILHAS

Estudante ao longo da vida, amante e praticante das artes mágicas, Judika Illes é autora de vários livros dedicados a feitiços, espíritos e Bruxaria, incluindo o best-seller *Encyclopedia of 5000 Spells and Encyclopedia of Spirits; Daily Magic: Spells and Rituals for Making the Whole Year Magical; Pure Magic: A Complete Course in Spellcasting* e *Encyclopedia of Witchcraft; Encyclopedia of Mystics; Saints, and Sages; Magic When You Need It* e *The Weiser Field Guide to Witches*. Judika é editora e curadora de dois livros de ficção mística, *The Weiser Book of the Fantastic and Forgotten* e *The Weiser Book of Occult Detectives*. Aromaterapeuta certificada, ela é leitora profissional de cartas de Tarô há mais de três décadas. Natural de Nova Iorque, Judika leciona nos Estados Unidos e internacionalmente, presencial e on-line. Siga-a no Instagram @judikailles.

ASTREA TAYLOR

Astrea Taylor é autora de *Intuitive Witchcraft: How to Use Intuition to Elevate Your Craft, Air Magic: Elements of Witchcraft Book II* e *Modern Witchcraft with the Greek Gods: History, Insights, & Magickal Practice*. Ela é uma Bruxa Pagã eclética, cujos objetivos de vida incluem capacitar outros praticantes de Magia e encorajá-los a usar a intuição em seu ofício. Astrea orienta pessoas mágicas para ajudá-las a encontrar seus caminhos mais verdadeiros. Em seus livros e aulas, ela compartilha seu amor pela ciência, Magia, história, saúde mental, consciência energética e amor-próprio. A autora contribuiu com passagens para vários livros e periódicos, incluindo *Witchology; Green Egg; Llewellyn's Spell-A-Day; We'Moon; The Magical Almanac; The Witch's Book of Spellcraft; The Witches' Companion* e *The Witch's Altar*. Saiba mais em AstreaTaylor.com.

BENEBELL WEN

Benebell Wen é o autor de *Holistic Tarô* e *The Tao of Craft: Casting Fu Talismans in the Eastern Esoteric Traditions*.

LILITH DORSEY

Lilith Dorsey, MA, vem de muitas Tradições mágicas, incluindo afro-caribenha, celta e a espiritualidade indígena americana. Sua educação tradicional se concentrou em Biologia Vegetal, Antropologia e Cinema na Universidade de Rhode Island, Universidade de Nova Iorque e Universidade de Londres, e seu treinamento mágico inclui numerosas iniciações em Santeria/Lucumi, Vodoun haitiano e Voodoo de Nova Orleans. Lilith Dorsey também é uma Sacerdotisa Voodoo e tem feito Magia de sucesso desde 1991. Ela é a cineasta do documentário *Bodies of Water: Voodoo Identity and Tranceformation*, e coreógrafa/intérprete da lenda do jazz Dr. John's "Night Tripper" Voodoo Show. Dorsey há muito se compromete a fornecer informações precisas e respeitosas sobre as religiões tradicionais africanas e tem orgulho de ser uma autora negra e ter publicado de *Voodoo and African Traditional Religion*, *55 Ways to Connect to Goddess*, *The African-American Ritual Cookbook*, *Love Magic*, e o best-seller *Orishas, Goddesses and Voodoo Queens* e *Water Magic*.

JULIET DIAZ

Juliet Diaz é uma Bruxa, Vidente e Ativista Espiritual. Ela é uma indígena Taino Cubana de uma longa linhagem de curandeiros e Bruxas. Diaz acredita que a Magia vive dentro de nós e sente-se apaixonada por inspirar os outros a entrar em sua verdade, acordar para sua lembrança e se libertar do opressor interior. É autora de vários best-sellers. Seus trabalhos incluem *Witchery: Embrace the Witch Within* (vendido para mais de nove países); *Plant Witchery*, *The Altar Within* e diversos decks. A autora também é cofundadora da *Spirit Bound Press* e da *Literary Craft Society*. Foi destaque em publicações importantes, como *Oprah Magazine*; *The Atlantic*; *Wired*; *People Español*; *Mind Body Green* e *Refinery*, para citar alguns.

ADAM SARTWELL

Adam Sartwell (New Hampshire) trabalha como consultor hipnotizador certificado com a National Guild of Hypnotists e ICBCH e como leitor profissional de Tarô. Ele é cofundador do Templo da Bruxaria, uma organização religiosa sem fins lucrativos. Autor premiado de Twenty-One Days of Reiki e The Blessing Cord. Foi publicado em antologias como *Green Lovers; Ancestors of the Craft* e *Foundations of the Temple.* Para mais informações sobre seu trabalho como hipnotizador e cursos on-line, acesse www.hypnointuitive.com. Para ver mais sobre seu trabalho como autor, leitor psíquico e professor, acesse seu site www.adamsartwell.com.

THERESA REED

Theresa Reed, também conhecida como A Dama do Tarô, é uma leitora profissional de Tarô e astróloga. Autora de muitos livros, incluindo *Tarô for Kids; Tarô: No Questions Asked –Mastering the Art of Intuitive Reading* e *Twist Your Fate: Manifest Success with Astrology and Tarô.* Theresa também é a anfitriã de dois podcasts: *Tarô Bytes* e *Astrology Bytes.* Quando ela não está lendo as cartas ou escrevendo livros, você pode encontrá-la pendurada na cozinha, preparando uma tempestade com um gato por perto. Saiba mais sobre ela em: www.thetarôlady.com.

MADAME PAMITA

Madame Pamita é Bruxa da diáspora ucraniana, professora, autora, fabricante de velas, conjuradora e leitora de Tarô. Ela tem um canal popular no YouTube para ensinar Bruxaria, apresenta os podcasts *Magic and the Law of Attraction* e *Baba Yaga's Magic,* e é autora de *O Livro da Magia das Velas* e *O Livro de Bruxaria da Baba Yaga,* publicados no Brasil pela Editora Nova Senda, e do *Madame Pamita's Magical Tarô.* É também proprietária do boticário espiritual on-line, o Parlour of Wonders e mora em Santa Monica, Califórnia. Você pode encontrá-la em www.parlourofwonders.com.

STORM FAERYWOLF

Storm Faerywolf é escritor, professor experiente, poeta visionário e feiticeiro profissional. Atraído pelo ocultismo desde tenra idade, ele passou a ser treinado e iniciado em vários fluxos de Bruxaria, principalmente na Tradição Faery, onde segura a Varinha Negra de um Mestre. Storm é reitor da Modern Witch University, uma escola on-line que oferece instrução espiritual e mágica, e professor fundador do Black Rose, um curso prático de Bruxaria folclórica. Ele também é o fundador da BlueRose, uma linhagem da Tradição Faery, bem como da BlueLotus, sua escola de Reiki. Seus livros incluem *Betwixt & Between;*

Forbidden Mysteries of Faery Witchcraft; The Satyr's Kiss e *O Nome da Bruxa*, publicado no Brasil pela Editora Nova Senda. O autor mora na área da Baía de São Francisco. Para mais informações sobre seu trabalho ou para agendar uma sessão privada, visite www.faerywolf.com.

LAURA TEMPEST ZAKROFF

Laura Tempest Zakroff mora na Nova Inglaterra, é artista profissional, escritora, intérprete e Bruxa Tradicional Moderna. Ela possui um BFA da Rhode Island School of Design e seu trabalho artístico recebeu prêmios e homenagens em todo o mundo. Seu trabalho incorpora o mito e o esotérico através de seus desenhos e pinturas, joias, talismãs e outros designs. Laura é autora dos livros best-sellers da Llewellyn, *Weave the Liminal; Magia de Sigilo* e *Anatomy of a Witch*, bem como *Liminal Spirits Oracle* (artista/autor), *The Witch's Cauldron* e *The Witch's Altar* (coautoria com Jason Mankey). Laura editou *The New Aradia: A Witch's Handbook to Magical Resistance* (Revelore Press). Ela é a força criativa por trás de vários eventos comunitários e ministra *workshops* on-line e em todo o mundo. Visite-a em www.LauraTempestZakroff.com.

MELANIE BARNUM

Melanie Barnum (Connecticut) é psíquica, médium, autora internacional, conselheira intuitiva, coach de vida e realiza profissionalmente a hipnose há mais de vinte anos. A maneira discreta e prática de Melanie, além de uma incrível percepção psíquica, tornam suas leituras únicas e poderosas para ajudá-lo com questões de relacionamentos, família, oportunidades de carreira e educação, além de se comunicar com guias e entes queridos falecidos. Além disso, ela oferece orientação psíquica e apoio para aqueles que buscam expandir suas próprias habilidades intuitivas e/ou cumprir a missão de sua alma. Melanie gosta de ajudar outras pessoas a se conectarem por meio de sessões particulares, *workshops* e orientação. Seus vários livros foram traduzidos para vários idiomas e incluem seu mais recente, *Intuition @ Work*, publicado pela Llewellyn Publications. Também está disponível o baralho de cartas de Melanie, *Psychic Symbols Oracle Cards*. A autora apareceu em várias revistas, podcasts, programas de rádio e livros e pode ser encontrada em www.MelanieBarnum.com.

CHRISTOPHER PENCZAK

Christopher Penczak é um Bruxo moderno que trabalha na tradição e na comunidade do Templo da Bruxaria que ele ajudou a fundar. Sua prática se concentra na interseção de Amor, Vontade e Sabedoria como um ethos para a Bruxa de hoje e nas relações com o reino vegetal, os padrões da astrologia e o uso do transe na Arte. Ele é autor de muitos livros, incluindo a série *Temple of Witchcraft* e *The Mighty Dead*. Sua visão é de uma cultura de Bruxaria em evolução, tornando a Magia acessível a todos, mas preservando o cerne do mistério. Para mais informações, visite www.christopherpenczak.com e www.templeofwitchcraft.org.

DURGADAS ALLON DURIEL

Durgadas Allon Duriel (San Francisco, CA) é assistente social clínico licenciado e profissional certificado de saúde holística, exercendo em consultório particular. Ele também é astrólogo, iogue e magista, tendo praticado Magia desde a infância e eventualmente descoberto o Paganismo moderno e a Wicca no ensino médio e mais tarde iniciando uma ordem hermética em 2005. Durgadas treinou intensivamente por dois anos e meio, concentrando-se em Astrologia, Cabala, Ioga, Tarô e rituais, que ele continua a estudar e praticar. O autor possui mestrado em bem-estar social pela UCLA.

KATE FREULER

Kate Freuler mora em Ontário, Canadá, e é autora de *Of Blood and Bones: Working with Shadow Magick and the Dark Moon*. Ela possui e opera a White Moon Witchcraft, uma boutique de Bruxaria on-line. Quando não está criando feitiços e amuletos para clientes ou para si mesma, ela adora escrever, pintar, ler, desenhar e criar. Visite-a em www.katefreuler.com.

DEVIN HUNTER

Devin Hunter (San Francisco, CA) é o autor best-seller da série *Witch Power*, bem como do aclamado formulário pictórico *Modern Witch: Spells, Recipes, and Workings* (Llewellyn, 2020). Iniciado em várias ordens ocultas, Devin é o fundador da Sacred Fires Tradition of Witchcraft (Tradição do Fogo Sagrado da Bruxaria), bem como cofundador da Sacred Fires Tradition of Witchcraft. Além de seu podcast favorito do AV Club e da Glamour Magazine,

Modern Witch, Devin foi visto em programas de televisão como To Tell the Truth, da ABC, e espera o lançamento de seu quinto livro, *Crystal Magic for the Modern Witch*, no verão de 2022, pela Llewellyn Worldwide.

JAKE RICHARDS ("DR. BUCK")

Jake Richards, mantém sua herança Apalache-Melungos em seu sangue e ossos. Sua família viveu no sudoeste da Virgínia, no Leste do Tennessee e no Oeste das Carolinas por uns bons quatrocentos anos. Ele passou a maior parte de sua infância na casa de sua bisavó em Big Ridge, na Carolina do Norte, atravessando o Rio Watauga perto de sua casa ancestral no cume e percorrendo as montanhas. Jake pratica a Magia popular dos Apalaches há mais de uma década. Além de ser escritor, ele é membro da Melungeon Heritage Association, ocupa um assento no conselho da WAM: We Are Melungeons e é criador da HOM: House of Malungia, sociedade cultural de Melungeon. Siga-o no Instagram em @jake_richards13.

SKYE ALEXANDER

Skye Alexander é autora de mais de quarenta livros de ficção e não ficção, incluindo *The Modern Guide to Witchcraft; The Modern Witchcraft Book of Tarô; The Modern Witchcraft Spell Book* e *Magickal Astrology*. Ela também escreve a série de mistério Lizzie Crane. Suas histórias foram publicadas em antologias internacionalmente e seu trabalho foi traduzido para mais de uma dúzia de idiomas. O Discovery Channel a apresentou realizando um ritual em Stonehenge, para o especial de TV Secret Stonehenge. Depois de morar em Massachusetts por mais de trinta anos, ela agora mora no Texas. Visite o site www.skyealexander.com.

BIBLIOGRAFIA

Anonymous. *The Kybalion: Centenary Edition*. Penguin Publishing Group, 2018.

Auryn, Mat. *Bruxa Psíquica: um guia metafísico para meditação, magia e manifestação*. Editora Nova Senda, 2020.

Barton, Tamysn. *Ancient Astrology*. Taylor & Francis, 2002.

Betz, Hans Dieter (translator). *The Greek Magical Papyri in Translation, Including the Demotic Spells, Volume 1*. University of Chicago Press, 1996.

Blackthorn, Amy. *Blackthorn's Botanical Magic: The Green Witch's Guide to Essential Oils for Spellcraft, Ritual and Healing*. Weiser Books, 2018.

Bogan, Chas. *The Secret Keys of Conjure: Unlocking the Mysteries of American Folk Magic*. Llewellyn Worldwide, Ltd., 2018.

Bowman, Sarah Lynne, and Kjell Hedgard Hugaas. "Magic is Real: How Role-playing Can Transform Our Identities, Our Communities, and Our Lives." In *Knutepunkt Book Project 2021*. Oslo, Norway, 2021.

Buckland, Raymond. *Buckland's Book of Spirit Communications*. Llewellyn Worldwide, Ltd., 2004.

Cabot, Laurie, Penny Cabot, and Christopher Penczak. *Laurie Cabot's Book of Shadows*. Copper Cauldron, 2014.

Cabot, Laurie, and Christopher Penczak. *Laurie Cabot's Book of Spells and Enchantments*. Copper Cauldron Publishing, 2014.

Cabot, Laurie, and Tom Cowan. *Power of the Witch: The Earth, the Moon, and the Magical Path to Enlightenment*. Random House Publishing Group, 2013.

Case, Paul Foster. *An Introduction to the Study of the Tarot*. Azoth Publishing Company, 1920.

Castaneda, Carlos. *Tales of Power*. Atria Books, 2013.

Crowley, Aleister. *The Equinox: Keep Silence Edition, Vol. 1, No. 2*. Scott Wilde, 2018.

——. *Liber II: The Message of the Master Therion*. Pangenetor Lodge Publications/The O.T.O., 1994.

——. *Magick Without Tears*. New Falcon Publications, 1991.

Crowley, Aleister, Leila Waddell, and Mary Desti. *Magick: Liber Aba: Book 4*. Red Wheel/Weiser, 1997.

CROWLEY, Aleister, and Rose Edith Crowley. *The Book of the Law, Liber al vel legis, with a facsimile of the manuscript as received by Aleister and Rose Edith Crowley on April 8,9,10, 1904* e.v. Weiser Books, 2004.

CROWTHER, Patricia. *Lid Off the Cauldron: A Handbook for Witches*. Muller, 1981.

CUNNINGHAM, Scott. *Wicca: A Guide for the Solitary Practitioner*. Llewellyn Worldwide, Ltd., 2010.

DAIMLER, Morgan. *Pagan Portals—Fairy Witchcraft: A Neopagan's Guide to the Celtic Fairy Faith*. John Hunt Publishing, 2014.

DISPENZA, Joe. *Becoming Supernatural: How Common People Are Doing the Uncommon*. Hay House, Inc., 2019.

DIONNE, Danielle. *Magickal Mediumship: Partnering with the Ancestors for Healing and Spiritual Development*. Llewellyn Worldwide, Ltd., 2020.

DOMINGUEZ JR., Ivo. *Casting Sacred Space: The Core of All Magickal Work*. Red Wheel/Weiser, 2012.

____. *The Four Elements of the Wise: Working with the Magickal Powers of Earth, Air, Water, Fire*. Red Wheel/Weiser, 2021.

____. *Keys to Perception: A Practical Guide to Psychic Development*. Red Wheel/Weiser, 2017.

____. *Practical Astrology for Witches and Pagans: Using the Planets and the Stars for Effective Spellwork, Rituals, and Magickal Work*. Red Wheel/Weiser, 2016.

____. *Spirit Speak: Knowing and Understanding Spirit Guides, Ancestors, Ghosts, Angels, and the Divine*. Red Wheel/Weiser, 2008.

DuQUETTE, Lon Milo; et al. *Llewellyn's Complete Book of Ceremonial Magick (Llewellyn's Complete Book Series)*. Llewellyn Worldwide, Ltd., 2020.

____. *Low Magick: It's All in Your Head ... You Just Have No Idea How Big Your Head Is*. Llewellyn Worldwide, Ltd., 2011.

EASON, Cassandra. *Scrying the Secrets of the Future: How to Use Crystal Ball, Fire, Wax, Mirrors, Shadows, and Spirit Guides to Reveal Your Destiny*. Red Wheel/Weiser, 2006.

ELLIOTT, John H. *Beware the Evil Eye (Volume 2): The Evil Eye in the Bible and the Ancient World: Greece and Rome*. Lutterworth Press, 2016.

FAY, Elizabeth A. *Romantic Egypt: Abyssal Ground of British Romanticism*. Lexington Books, 2021.

FAERYWOLF, Storm. *Betwixt and Between: Exploring the Faery Tradition of Witchcraft*. Llewellyn Worldwide, Ltd., 2017.

FORTUNE, Dion. *Applied Magic*. Red Wheel/Weiser, 2000.

FOXWOOD, Orion. *Mountain Conjure and Southern Rootwork*. Red Wheel/Weiser, 2021.

FREULER, Kate. *Of Blood and Bones: Working with Shadow Magick and the Dark Moon*. Llewellyn Worldwide, Ltd., 2020.

GARDNER, Gerald B. *The Meaning of Witchcraft*. Red Wheel/Weiser, 2004.

GRAYLE, Jack. *The Hekatæon*. Ixaxaar Occult Literature, 2020.

GRIMASSI, Raven. *Encyclopedia of Wicca and Witchcraft*. Llewellyn Publications, 2000.

____. *Spirit of the Witch: Religion and Spirituality in Contemporary Witchcraft*. Llewellyn Publications, 2003.

HAUCK, Dennis William. *The Complete Idiot's Guide to Alchemy*. Alpha Books, 2008.

HERBERT, Frank. *Dune, 40th Anniversary Edition (Dune Chronicles, Book 1)*. Ace Books, 2005.

HOLDEN, James H. *A History of Horoscopic Astrology*. American Federation of Astrologers, 2006.

HOROWITZ, Mitch. *Initiates, Three. The Kybalion Study Guide: The Universe Is Mental*. Ascent Audio, 2020.

HOWARD, Michael. *Educating the Will*. Waldorf Publications, 2015.

HUNTER, Devin. *Modern Witch: Spells, Recipes and Workings*. Llewellyn Worldwide, Ltd., 2020.

____. *The Witch's Book of Mysteries*. Llewellyn Worldwide, Ltd., 2019.

____. *The Witch's Book of Power*. Llewellyn Worldwide, Ltd., 2016.

____. *The Witch's Book of Spirits*. Llewellyn Worldwide, Ltd., 2017.

HUSON, Paul. *Mastering Witchcraft: A Practical Guide for Witches, Warlocks, and Covens*. iUniverse, 2006.

JENKINS, Greg. *The Theban Oracle: Discover the Magic of the Ancient Alphabet That Changes Lives*. Red Wheel/Weiser, 2014.

KYNES, Sandra. *Crystal Magic: Mineral Wisdom for Pagans and Wiccans*. Llewellyn Worldwide, Ltd., 2017.

LÉVI, Éliphas. *Transcendental Magic*. Red Wheel/Weiser, 1968.

MAGDALENE, Misha. *Outside the Charmed Circle: Exploring Gender and Sexuality in Magical Practice*. Llewellyn Worldwide, Ltd., 2020.

MANKEY, Jason. *Transformative Witchcraft: The Greater Mysteries*. Llewellyn Worldwide, Ltd., 2019.

____. *Witch's Wheel of the Year: Rituals for Circles, Solitaries and Covens*. Llewellyn Worldwide, Ltd., 2019.

MATHIESEN, Robert, and Theitic. *Rede of the Wiccae*. Witches Almanac Ltd., 2006.

MATTHEWS, Caitlin, John Matthews, Gareth Knight, and Virginia Chandler. *Arthurian Magic: A Practical Guide to the Wisdom of Camelot*. Llewellyn Worldwide, Ltd., 2017.

MILLER, Jason. *The Elements of Spellcrafting: 21 Keys to Successful Sorcery*. United States: Red Wheel/Weiser, 2018.

____. *The Sorcerer's Secrets: Strategies in Practical Magick*. United States: Red Wheel/Weiser, 2009.

MOONEY, Thorn. *O Caminho da Bruxa – Elevando suas habilidades mágicas ao próximo nível*. Editora Nova Senda, 2023.

MORRISON, Dorothy. *Everyday Moon Magic: Spells and Rituals for Abundant Living*. Llewellyn Worldwide, 2003.

_____. *Everyday Sun Magic: Spells and Rituals for Radiant Living.* Llewellyn Worldwide, 2005.

_____. *Utterly Wicked: Hexes, Curses, and Other Unsavory Notions.* Red Wheel/Weiser, 2020.

MURPHY-HISCOCK, Arin. *Spellcrafting: Strengthen the Power of Your Craft by Creating and Casting Your Own Unique Spells.* Adams Media, 2020.

ORAPELLO, Christopher, and Tara-Love Maguire. *Besom, Stang and Sword: A Guide to Traditional Witchcraft, the Six-Fold Path and the Hidden Landscape.* Red Wheel/Weiser, 2018.

ORPHEUS. *The Hymns of Orpheus: With the Life and Poetic Theology of Orpheus.* Pantianos Classics, 2020.

PAMITA, Madame. *O Livro da Magia das Velas: rituais e feitiços de magia com velas.* Editora Nova Senda, 2022.

PEARSON, Nicholas. *Flower Essences from the Witch's Garden: Plant Spirits in Magickal Herbalism.* Inner Traditions/Bear, 2022.

_____. *Stones of the Goddess: Crystals for the Divine Feminine.* Inner Traditions/Bear, 2019.

PENCZAK, Christopher. *Foundations of the Temple: A Witchcraft Tradition of Love, Will and Wisdom.* Copper Cauldron Publishing, 2014.

_____. *Magick of Reiki: Focused Energy for Healing, Ritual, and Spiritual Development.* Llewellyn Publications, 2004.

_____. *The Outer Temple of Witchcraft: Circles, Spells and Rituals.* Llewellyn, 2004.

_____. *The Plant Spirit Familiar.* Copper Cauldron Publishing, 2011.

_____. *The Temple of High Witchcraft: Ceremonies, Spheres, and the Witches' Qabalah.* Llewellyn Publications, 2007.

_____. *The Three Rays of Witchcraft: Power, Love and Wisdom in the Garden of the Gods.* Copper Cauldron Publishing, 2010.

PEPPER, Elizabeth. *Witches All: A Treasury from Past Editions of the Witches' Almanac.* Witches' Almanac, 2003.

RAVENWOLF, Silver. *HexCraft: Dutch Country Magick.* Llewellyn Publications, 1995.

_____. *Solitary Witch: The Ultimate Book of Shadows for the New Generation.* Llewellyn Worldwide, 2003.

_____. *Teen Witch: Wicca for a New Generation.* Llewellyn Publications, 1998.

_____. *To Light a Sacred Flame: Practical Witchcraft for the Millennium.* Llewellyn Publications, 1999.

_____. *To Ride a Silver Broomstick: New Generation Witchcraft.* Llewellyn, 1993.

_____. *To Stir a Magick Cauldron: A Witch's Guide to Casting and Conjuring.* Llewellyn Worldwide, Ltd., 2013.

_____. *The Witching Hour: Spells, Powders, Formulas, and Witchy Techniques that Work.* Llewellyn Worldwide, Ltd., 2017.

REGARDIE, Israel, and John Michael Greer. *The Golden Dawn: The Original Account of the Teachings, Rites, and Ceremonies of the Hermetic Order.* Llewellyn Publications, 2015.

REED, Theresa. *Astrology for Real Life: A Workbook for Beginners (a No B. S. Guide for the Astro-Curious)*. Red Wheel/Weiser, 2019.

SEBASTIANI, Althaea. *By Rust of Nail & Prick of Thorn: The Theory & Practice of Effective Home Warding*. N.p.: Althaea Sebastiani, 2017.

SIMMONS, Robert, Naisha Ahsian, and Hazel Raven. *The Book of Stones: Who They Are and What They Teach*. Inner Traditions/Bear, 2015.

STEINER, Rudolf. *Knowledge of the Higher Worlds and Its Attainment*. Read Books Ltd., 2013.

VALIENTE, Doreen. *Natural Magic*. Crowood Press, 1999.

_____. *Witchcraft for Tomorrow*. Crowood Press, 2018.

WACHTER, Aidan. *Changeling: A Book Of Qualities*. Red Temple Press, 2021.

_____. *Six Ways: Approaches and Entries for Practical Magic*. Red Temple Press, 2018.

WACHTER, Aidan. *Weaving Fate: Hypersigils, Changing the Past, and Telling True Lies*. Red Temple Press, 2020.

WAITE, Arthur Edward. *The Book of Black Magic*. Red Wheel/Weiser, 1972.

WESCHCKE, Carl Llewellyn, and Joe H. Slate. *The New Science of the Paranormal: From the Research Lab to Real Life*. Llewellyn Worldwide, Ltd., 2016.

WHITELEY, C. M. K. "Aphantasia, imagination and dreaming." *Philos Stud* 178, 2111–2132 (2021). https://doi.org/10.1007/s11098-020-01526-8.

ZAKROFF, Laura Tempest. *Anatomy of a Witch: A Map to the Magical Body*. Llewellyn Worldwide, Ltd., 2021.

_____. *Weave the Liminal: Living Modern Traditional Witchcraft*. Llewellyn Worldwide, Ltd., 2019.

Conheça outros livros da Editora Nova Senda
www.novasenda.com.br

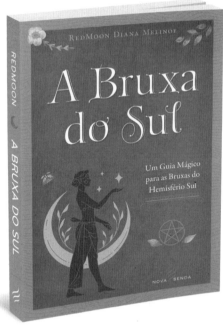